담장을 넘는 크리스천

Gaining by Losing

Copyright © 2015 by J. D. Greear
Originally published in English as *Gaining by Losing* by Zondervan, Grand Rapids, MI, USA.
All rights reserved.

This Korean Edition Copyright © 2016 by Duranno Ministry, Seoul, Republic of Korea

Published by arrangement with The Zondervan Corporation L.L.C., a division of
HarperCollins Christian Publishing, Inc. through rMaeng2, Seoul, Republic of Korea

이 한국어판의 저작권은 알맹2 에이전시를 통하여 Zondervan과 독점 계약한 두란노에 있습니다.
신 저작권법에 의하여 한국 내에서 보호받는 저작물이므로 무단 전재와 무단 복제를 금합니다.

담장을 넘는 크리스천

지은이 | J. D. 그리어
옮긴이 | 정성묵
초판 발행 | 2016. 2. 15
17쇄 발행 | 2024. 7. 12
등록번호 | 제1988-000080호
등록된 곳 | 서울시 용산구 서빙고로65길 38
발행처 | 사단법인 두란노서원
영업부 | 02)2078-3333 FAX | 080-749-3705
출판부 | 02)2078-3330

책값은 뒤표지에 있습니다.
ISBN 978-89-531-2440-0 03230

독자의 의견을 기다립니다.
tpress@duranno.com www.duranno.com

두란노서원은 바울 사도가 3차 전도 여행 때 에베소에서 성령 받은 제자들을 따로 세워 하나님의 말씀으로 양육
하던 장소입니다. 사도행전 19장 8-20절의 정신에 따라 첫째 목회자를 돕는 사역과 평신도를 훈련시키는 사역,
둘째 세계선교™와 문서선교 단행본·잡지 사역, 셋째 예수문화 및 경배와 찬양 사역, 그리고 가정·상담 사역 등을
감당하고 있습니다. 1980년 12월 22일에 창립된 두란노서원은 주님 오실 때까지 이 사역들을 계속할 것입니다.

교회 밖으로, 세상 속으로

담장을 넘는 크리스천

J. D. 그리어 지음

정성묵 옮김

두란노

추천의 글

어릴 적에 아버지에게서 '내어 주는 장기'란 게임을 배운 기억이 난다. 게임 방법은 간단하다. 말을 상대편에게 먹힐 수 있는 곳에 놓아 모두 '내어 주면' 이긴다. 요컨대 지는 사람이 이기는 게임이다. 당시는 몰랐지만 아버지는 내게 사업과 결혼생활, 목회에 관한 중요한 교훈을 가르쳐 주신 것이다. 이 모든 영역에서 가장 많이 내어 주는 사람이 결국에는 가장 많이 얻는다.

이 책에서 J. D. 그리어는 잃음으로써 얻는다는 이 단순하면서도 심오한 원칙이 교회에 어떻게 적용되는지를 보여 준다. 그는 탄탄한 신학과 반박할 수 없는 논리, 다양한 사례를 통해 '내어 주는 교회'가 되는 법을 가르쳐 준다.

이는 우리가 모두 배워야 하는 원리다. 왜냐하면 하나님의 경제에서는 가장 많이 '보내는' 교회가 가장 많이 '얻기' 때문이다. 하지만 실제로 '내어 주는 교회'가 되기 위해 노력하는 목사나 교회는 드물다. 심지어 그런 시도를 하려는 사람도 찾아보기 힘들다.

이유는 간단하다. 우리 사회는 남의 나무에서 열매를 맺히게 하는 사람을 별로 부러워하지 않는다. 하나님 나라를 넓힌 사람들이 칭찬을 받을지는 모르지만, 실제로 사람들의 눈길은 수적으로 성장한 교회 쪽으로 쏠린다. 하나님 나라가 우선이라고 말하면서 정작 교회의 성공은 얼마나 많은 사람을 '보냈느냐'가 아니라 얼마나 많은 사람을 '모았느냐'로 가늠한다. 교계에서는 가장 많은 성도를 얻은 목사나 교회가 승승장구한다.

왜 이렇게 된 것인가? 어쩌다 말로는 지상대명령과 하늘에 쌓인 보화, 섬김의 리더십을 이야기하면서 실제로는 보내지 않는 지경에 이르렀는가? '내어 주는 교회'라는 개념에는 박수를 보내면서 막상 그런 교회가 되는 걸 거부하는 이유는 무엇인가?

나는 '반쪽짜리 복음'(truncated gospel)이 하나의 이유라고 생각한다. 교리 얘기를 하려는 게 아니다. 무슨 말이냐면, 난 복음을 잘 안다. 설득력 있게 가르칠 수도 있다. 하지만 나도 사람들처럼 머리의 지식에만 머물 때가 너무 많다. 예수님의 희생과, 우리 같은 반역자를 왕의 온전한 아들과 딸로 삼아 주신 말도 안 되는 은혜를 가슴으로도 온전히 이해하기란 쉽지 않다. 예수님이 나를 위해서 해 주신 일과 앞으로 이루어질 모든 일을 진정으로 이해한다면 내가 맡은 사람과 자원, 기반을 결코 움켜쥘 수 없다.

두 번째 이유는 오랫동안 이어져 온 '성직자 중심 사역'의 역사다. 사역을 직업으로 삼은 사람(목사와 전도사, 선교사)을 특별히 부름받은 특별 계층으로 격상시키다 보니 뜻하지 않게 보냄의 유통 경로를 제한하고 축소하게 됐다.

하지만 모든 그리스도인이 전임 사역으로 부름을 받았다. 일단 선을 넘어 예수님을 따르기 시작하면 그분을 대표해 모든 행동을 그분의 이름으로, 그분의 나라를 넓히겠다는 목적으로 해야 한다. 그런데 성직자 중심의 교회들은 이 점을 중시하지 않는 경향이 있다. 이런 교회는 잘 훈련된 선교사들을 찾아 파송하고 모든 자금을 지원하는 과정에서 뜻하지 않게 사역의 장벽을 너무 높여 웬만한 사람은 넘지 못하게 만들었다.

반면, '내어 주는 교회'는 진입 장벽을 낮춘다. 이 교회는 어디든 복음 전파가 필요한 곳으로 직장을 옮길 만큼 복음의 열정으로 타오르는 엔지니어나 회계사, 사업가, 교사, 트럭 운전자들을 찾아 보낼 줄 안다. 즉 이 교회는 복음 전파와 사역의 최전선이 교회 담장 안이 아니라 사업과 일의 현장에 있다는 사실을 이해한다.

'내어 주는 교회'가 그토록 드문 세 번째 이유는 인간 본래의 '영적 근시안' 때문이다. 우리는 우리 성(castle)을 하나님 나라로 너무 쉽게 혼동한다. 오해하진 마라. 나는 교회 성장이나 대형교회에 반대하지 않는다. 나도 꽤 큰 교회를 담임하고 있다. 그렇지만 하나님 앞에 섰을 때 내 목회와 청지기 역할의 궁극적인 성공 기준은 주말에 우리 교회 건물에 얼마나 많은 사람을 채워 넣었느냐가 아님을 안다. 내 목회는 교인들이 건물을 떠나서 무엇을 했느냐에 따라 평가를 받을 것이다.

최근에 오리건 주의 한 작은 교회에서 배출한 66명의 목사와 교회 개척자 중 한 명인 지인과 저녁식사를 했다. 그들 중 상당수가 소위 대형교회를 세웠다. 개중에는 미국 최대 규모의 교회 중 하나로 꼽히는 곳들도 있다. 바로 이것이 '내어 주는 교회'의 위력이다. 이 교회의 목사와 교인은 보냄의 기하급수적인 번식력을 정확히 알았다. 그래서 보냄을 희생이 아닌 투자로 보았다.

내가 목회하는 교회는 놀라운 성장과 지역사회에 미치는 선한 영향력으로 찬사를 받아 왔지만, 내가 장차 예수님 앞에 설 때에는 이름 모를 작은 교회의 알려지지 않은 목사가 나보다 더 큰 상을 받을 게 분명하다. 이것이 내가 이어지는 책의 내용에서 소개된 원칙과 실천 방안을 찬찬히 읽고 깊이 묵상하라고 강권하는 이유다. 이 책에서 반쪽짜리 복음과 성직자 중심의 사역, 하나님 나라에 대한 근시안의 늪지대에서 탈출할 수 있게 도와주는 지도를 얻을 것이다. 또한 '내어 주는 교회', 즉 언젠가 "잘하였도다, 착하고 충성된 종아"라는 칭찬을 들을 교회가 되기 위한 방법도 발견할 수 있을 것이다.

래리 오스본 _노스코스트교회 담임목사, 《바벨론에서 그리스도인으로 살기》 저자

와! 좀처럼 책을 읽고 감동을 받지 못하는 내게도 이 책은 실로 놀라웠다. 이 책에 담긴 성경적 진리를 실천하기만 하면 교회 건강에 대한 우리의 모든 염려가 눈 녹듯이 사라지리라 믿는다. 그만큼 강력한 책이다.

톰 레이너 _라이프웨이 크리스천 리소스 회장

J. D. 그리어는 예수님이 생각하시는 '성공'의 기준을 받아들이게 된 과정을 굉장히 솔직하고 흥미진진하게 전해 준다. 그 성공 기준은 수용 능력이 아니라 '보내는 능력'이다. 그리고 나서 그는 우리의 개인 삶과 교회로서의 삶을 제자화와 교회 개척, 보냄을 중심으로 재편하는 위험천만한 작업을 시작한다. 물론 이는 위험한 작업이지만 분명 하나님의 작업이다. 하나님은 우리도 이 변화의 과정 속으로 초대하신다. 이 과정 속으로 뛰어들면 그리스도의 영광은 물론이고, 교회와 우리 영혼에 유익한 열매를 거둘 수 있을 것이다. 이 책을 읽고, 행하라!
스티브 티미스 _서유럽권 액츠29 대표, 《일상 교회》 저자

이 책은 그리스도인에게 가장 중요한 것, 즉 '가서 제자를 삼으라'라는 주님의 명령으로 돌아가라는 외침이요 도전이다. 교회 리더에게든 비즈니스 리더에게든 보내고 세우는 일은 그리스도의 제자로서 우리 모두의 첫 번째 의무다. 그런데 이 책에서 J. D. 그리어는 더 높은 수준의 헌신을 촉구한다. 교회의 편안한 안락의자에서 벌떡 일어나 주변 세상 속으로 달려가라! 운동은 움직이는 것이며, 교회는 바로 하나님의 운동이다. 우리는 모두 흩어져 보내지는 운동의 일부다. 이 글을 읽고 한동안 흥분을 가라앉힐 수 없었다. 당신도 그럴 것이다!
브래드 로메닉 _카탈리스트 컨퍼런스 전 회장

지상대명령에 순종한다는 건 국내 및 해외의 교회 개척에 헌신한다는 뜻이다. J. D. 그리어는 이 점을 정확히 이해하고 있다. 그는 이 책에서 분명한 성경적 근거에 따라, 건강한 교회는 막대한 손해를 감수하더라도 다른 교회들을 세운다고 주장한다. 그리스도의 명령에 순종하기를 원하는 교회 리더라면 이 책에서 용기와 실질적인 방안을 얻을 수 있을 것이다.

앨버트 몰러 주니어 _남침례교신학교 총장

올해 노스우드교회는 베트남 사역 20주년을 축하했다. 그 20년 동안 우리는 2,500명의 교인들을 참여시키고 수백만 달러를 헌금했으며 100명의 교환학생들을 초청하고 말 그대로 수백만 명의 삶에 영향을 끼쳤다. 그런데 그 과정에서 오히려 우리가 놀랍게 변했다. 그곳에서의 경험이 이곳에서의 삶을 바꿔놓았다. 이 책을 읽으며 감탄한 건, 내가 오랜 기간에 걸쳐 배우고 믿게 된 것들이 다 이 책에 있다는 점이었다. 정말 감사했다. 새로운 세대가 서구 교회를 다른 눈으로 볼 뿐 아니라 세상을 새로운 눈으로 보기를 간절히 소망한다. 이 책에서 J. D. 그리어는 세상으로 나아가 제자 삼기 위한 수많은 실질적인 방안과 신선한 아이디어를 제시한다. 이제 그대로 실천할 차례다!

밥 로버츠 주니어 _노스우드교회 담임목사

우리에게 절실하게 필요한 책이 나왔다. 이 책을 써 준 내 친구 J. D. 그리어에게 진심으로 감사한다. 이 책은 목회 성공의 잣대를 근본적으로 변화시키고, 우리를 신약의 부름으로 돌아가게 만든다. 우리는 사람들을 붙잡아 머릿수를 센 뒤에 자리에 앉히는 게 아니라 그들을 제자로 삼아 하나님 나라의 확장을 위해 내보내도록 부름을 받았다. 이 책을 천천히 읽으라. 하나님 나라에서의 성공을 평가하는 당신의 기준이 완전히 달라질 때까지 이 책의 메시지에 푹빠져들라.

브라이언 블로이 _웨스트릿지교회 목사

경고! 이 책을 펴는 순간, 당신 마음속의 숨은 우상을 훤히 비추는 성경의 거울이 나타날 것이다. 이 책에서 J. D. 그리어는 자신이 실천하는 것을 설파하며, 독자로 하여금 자신의 내면 깊은 곳을 들여다보게 만든다. 이 시대에 꼭 필요한 지혜가 담겨 있다!

D. A. 호튼 _리치라이프 미니스트리 대표

이 책에서 나와 똑같은 보냄의 열정을 발견했다. 나아가, 보냄의 열정에 교회 개척의 열정까지 더해진 모습에 큰 도전을 받았다. 이 책은 우리 삶에 절박감과 방향성을 더해 준다. 당신의 교인들에게 꼭 추천하기를 바란다.

조니 헌트 _우드스톡제일침례교회 담임목사

설교단에서 선교를 외치는 소리는 어디서든 들을 수 있지만 실제로 선교를 실천하는 교회는 찾아보기 힘들다. 서밋교회와 그리어 목사는 말로만 선교를 외치지 않고 10년 넘게 꿋꿋이 선교를 실천해 왔다. 이 책은 분명한 선교 전략을 제시하고 간결하면서도 강력한 '다림줄'로 교회의 미래에 희망의 빛을 비춘다. 하나님은 영광을 받으시고 우리를 그리스도의 형상으로 성장시키시며 지상대명령을 이루시기 위해 우리를 보내신다. 이 책을 읽고 세상을 향한 하나님의 비전에 순종하는 모험을 시작하라.

다니엘 몽고메리 _소전커뮤니티교회 담임목사

차례

추천의 글 4

들어가는 글. 우리는 잃음으로써 얻는다 18

Part 1.

이대로 교회 안에만
숨어 있으면
공멸한다

1. 이 시대, 여전히 교회는 희망일 수 있는가 30

2. 몰래 키워온 '내' 왕국을 흔드시다 50

Part 2.

예수 복음을 품고
교회 밖으로, 세상 속으로

'보내는 교회'와 '보냄 받은 성도'를 위한 10가지 다림줄

1. 죄책감과 탐욕만으로는 시동이 쉬이 꺼진다   70

2. 자기 생업의 자리부터 출발하라   86

3. 고개를 돌리라, 거기 예수 만나야 살 사람들이 있다   104

4. 교회, 군중으로 들어와 군대가 되어 나가는 곳   130

5. 서로 사랑하는 삶만 한 변증이 없다   152

다림줄 1. "복음은 단지 풀(pool)에 들어가기 위한 다이빙대가 아니라 풀 그 자체다"

다림줄 2. "모든 사람이 자기 자리에서 부름 받았다"

다림줄 3. "주일만큼 주중의 삶도 중요하다"

다림줄 4. "교회는 리더십 양성소다"

다림줄 5. "교회는 보이지 않는 예수님을 보이게 한다"

6. 제자 삼기는 한때의 유행이 아니다 172

7. 다른 건 몰라도 '선교'는 좀 부담스럽다? 196

8. 완전하지 못한 연합이라도, 다양성을 껴안으라 212

9. 할지 말지가 아니라, 내가 할 모험이 무엇인지 물으라 238

10. 세상 속으로 함께, 끝까지, 계속 가자 256

다림줄 6. "언제나 모든 일의 초점은 제자 삼기다"

다림줄 7. "모든 목사가 선교 목사, 모든 성도가 선교사"

다림줄 8. "반짝 다문화 행사를 여는 게 아니라, 다문화적인 삶을 산다"

다림줄 9. "모험은 언제나 옳다"

다림줄 10. "비전을 입이 닳도록 말한다. 그래야 누군가에게 겨우 들려진다"

부록 1. 목회자와 교회 리더십을 위한 해외 선교 전략 세우기 272
부록 2. 목회자와 교회 리더십을 위한 국내 교회 개척 전략 세우기 298
감사의 말 324
주 327

들어가는 글.

우리는 잃음으로써 얻는다

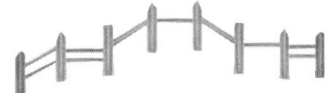

    1930년대 말 미국 오클라호마 주의 농부들은 매우 고통스러운 선택을 마주했다. 1920년대는 내내 비가 충분히 내려서 풍년이 거듭된 시기였다. 그로 인해 북동부 도시의 노동자들이 줄줄이 공장을 떠나 부가 꿈틀거리는 중서부로 향했다. 1929년의 주식 시장 폭락은 사람들의 서부 행을 더욱 부추겼다.

    그러나 1931년, 비가 그쳤다. 엎친 데 덮친 격으로, 가뭄에도 습기를 머금고 있던 풀들이 수년간의 잘못된 농사법으로 전멸하고 말았다. 마른 땅에서 일어난 막대한 먼지바람은 그나마 남아 있던 밭마저 초토화시켰다. 사방 천리를 뒤덮은 무시무시한 회색 눈보라가 그

많던 부를 흔적도 없이 쓸어 갔다.

    1939년 가을, 수많은 농부가 빈손으로 동부로 돌아왔다. 남아 있는 사람들은 매우 고통스러운 선택 앞에 섰다. 일단 가족들이 1년 정도 먹을 곡식은 있었다. 하지만 그 이상은 어려웠다. 만약 이 곡식을 땅에 심었다가 비가 오지 않으면 온 가족이 굶어 죽을 수밖에 없었다. 그렇다고 이 곡식을 빻아 빵을 만들면 수확할 기회는 영영 날아가 버리는 셈이었다.

    그러나 많은 사람이 비가 올 줄 믿고서 씨앗을 심었다. 그리고 1939년 가을, 거짓말처럼 비가 내렸다.[1]

    심는 것에는 언제나 위험이 따른다. 몇 배로 불어 돌아올 줄 믿고서 당장 필요한 것에 대한 통제권을 내려놓아야 한다. 그렇게 내려놓으면 그것을 당장 우리 자신을 위해 사용할 수 없다. 하지만 심는 행위가 선행되지 않으면 수확은 불가능하다.

    예수님은 제자들에게 이 땅에서 그분의 나라를 확장하는 법을 가르치면서 이런 수확법을 이야기하셨다.

> 내가 진실로 진실로 너희에게 이르노니 한 알의 밀이 땅에 떨어져 죽지 아니하면 한 알 그대로 있고 죽으면 많은 열매를 맺느니라(요 12:24).

    예전에는 씨앗이 땅에 떨어져 '죽는다'라는 표현이 이해가 되질 않았다. 오히려 살기 시작하는 것 아닌가? 그런데 가만히 생각해 보니 어떤 면에서 심긴 씨앗은 죽어 간다. 겉껍질이 분해되어 씨앗으로서의 독립적인 존재됨이 끝난다. 씨앗을 심는 건 곧 땅에 주는 것이다. 마찬가지로, 우리가 하나님께 받은 것의 작은 일부를 내놓을 때, 그것을 통제하려는 욕구에 대해서 '죽고' 그것을 세상 속에 심을 때만이 비로소 하나님 나라가 확장된다. 그러려면 목숨만큼이나 소중한 씨앗을 오클라호마 주의 먼지 날리는 평야에 뿌리고 나서 비가 오기만을 간절히 기도한 농부들처럼 극심한 두려움 속으로 걸어 들어갈 수밖에 없다.

내 손에 있는 씨앗으로

교회 사역을 하는 목회자든 하나뿐인 인생을 어떻게 사용할지 고민하는 평범한 성도든 이 책을 읽는 동안 이 한 가지 질문에 반드시 답하라. "내가 받은 복 하나하나를 천국 씨앗으로 본다면 그중 얼마나 하나님 나라의 밭에 뿌리고, 그중에 얼마나 곡식 창고에 저장하고 있는가?"

목사나 교회 리더라면 자신이 이끄는 조직에 대해 이 질문을 꼭 던지기 바란다. "하나님이 복으로 주신 씨앗 중에서 어느 정도나 하나님 나라의 밭에 심고 있는가? 엄청난 잠재력을 품고 있지만 우리 조직의 순익에는 별로 도움이 되지 않을 수도 있는 이 밭에 얼마나 많은 씨앗을 심고 있는가?"

솔직히 얘기해 보자. 교회의 리더들은 '교회 성장'이라는 오직 한 가지 기준에 따라서 목회의 성공을 판단하는 경우가 너무 많다. 교회 건물이 얼마나 큰가? 출석수가 얼마나 많은가? 예산이 얼마나 많은가? 그래서 우리는 출석수와 예산, 수용 능력을 높여 줄 부분에 모든 투자를 집중한다.

그러나 요한복음 12장 24절에 따르면, 예수님은 우리가 창고를 얼마나 '크게' 늘리느냐가 아니라 씨앗을 얼마나 넓게 퍼뜨리느냐에 따라 우리 목회의 성공을 평가하신다. 예수님이 주목해서 보시는 부분은 수용하는 능력이 아니라 내보내는 능력이다.

예수님은 교회 리더에게나 일반 성도에게나 똑같이 매우 분명한 선택사항을 제시하셨다. 씨앗을 '보존하다가' 잃을 것인가? 아니면 그분을 위해 씨앗을 심어서 영원토록 보존할 것인가?(요 12:25)

모든 교회, 사역 단체, 그리스도의 제자는 하나님 나라를 위해 자신이 가진 것을 심어야(내어 주어야) 한다. 그렇다고 대형교회를 반대하는 건 아니다. 나도 대형교회를 목회하고 있다. 하지만 나는 인력과 자원을 내어 주는 교회가 하나님 나라를 미래로 확장하는 교회라고 믿는다. 이 책에서 이 점을 최대한 설명해 보이겠다.

하나님이 우리 교회(그리고 나 자신)를 이런 결론으로 이끄신 여정은 결코 쉽지 않았다. 쉽기는커녕 때로는 죽을 만큼 고통스러웠다. 한창 혈기왕성한 젊은 목사가 으레 그렇듯이 나는 신학교를 졸업하자마자 이름만 대면 알아주는 대형교회를 세우겠다는 목표만을 바라보며 달려갔다. 출석수와 예산이 큰 교회를 세우고, 그런 교회를 일궈 낸 목회자에게 온갖 찬사가 날아오도록 하는 게 내 목표였다. 다행히 하나님은 이런 우상숭배적이며 자기중심적인 목회 방식에 재빨리 제동을 걸어 주셨다. 하나님은 내가 말로는 "[주의] 나라가 임하옵시며"라고 기도하지만 사실상 '내' 나라가 임하기를 원한다는 사실을 깨우쳐 주셨다.

우리가 인생의 새로운 계절마다, 그리고 하나님이 맡겨 주신 모든 자원에 대해 그리스도의 제자로서 계속해서 던져야 할 기본적인 두 가지 질문이 있다.

* 실제로 누구의 나라를 세우고 있는가? 우리 자신의 나라? 아니면 하나님 나라?
* 우리가 하나님께 받은 것을 '내어 줄' 때 그분의 나라가 가장 빠르게 확장된다고 정말로 믿는가?

이 책에서 12가지 '다림줄'을 소개할 생각이다. 이것은 우리가 보냄 중심의 사역과 삶을 유지하기 위해 우리 교회 안에서 의도적으로 사용하는 주요 표현을 말한다. 이 표현들로 당신의 삶과 사역이 어떤 상태이며 어떤 궤적을 그리고 있는지 판단해 볼 수 있을 것이다.

교회 리더들은 이 책을 통해 하나님이 기뻐하시는 리더십의 열쇠는, 주일 예배로 사람들을 끌어모으고 유지하는 능력이 아니라 그들을 훈련시켜 씨앗으로서 하나님 나라 속으로 보내는 능력이라는 점을 새롭게 깨닫기 바란다.

일반 성도들도 자신이 교회의 미래를 위해 중요한 역할을 맡고 있다는 사실을 깨달아야 한다. 기독교의 미래는 '당신' 손에 달려 있다. 그냥 기분 좋으라고 하는 말이 아니라 엄연한 사실이다. 교회의 위대함에 관한 예수님의 약속은 평범한 사람들이 성령으로 충만해지면 온 세상을 뒤엎는다는 것이다. 리더의 역할은 사람들을 모아 감동시키고 기금을 조성하는 게 아니라 사람들이 내주하신 성령의 능력과 잠재력을 발견하도록 돕는 것이다.

이 책을 통해 당신, 즉 평범한 성도가 복음이라는 창의 끝이라는 사실을 깨닫기 바란다. 역사상 가장 위대한 복음 운동들은 교회 리더들이 아니라 평신도들이 촉진시켰다. 따라서 교회 리더들이 당신을 보내 하나님이 부르신 일을 하게 하고, 당신이 기꺼이 그 일을 맡아서 할 때 지상대명령이 완성될 수 있다.

당신에게도 복음을 맡기셨다

로마서 1장 14절에서 바울은 자신의 삶과 사명을 단어 하나에 집약했는데, 이는 교회 리더에게나 성도에게나 똑같이 막대한 의미를 지니는 단어다. 바울은 아직 복음을 듣지 못한 모든 이에 대해 자신이 "빚진 자"라고 말한다.

빚더미에 오른 사람의 삶은 사실상 자기 게 아니다. 그의 삶은 이제 채권자의 것이나 다름없다. 돈이 생겨도 자기 마음대로 쓸 수 없다. 회사에서 명절 보너스를 받아도 그 돈을 고향에 내려갈 여비로 사용할 수 없다. 그의 돈을 어떻게 쓸지는 전적으로 채권자에게 달려 있다. 예전에 막대한 빚을 진 교회에 가 본 적이 있다. 매주 헌금 시간이면 은행에서 파견된 직원이 지키고 섰다가 헌금이 걷히는 대로 즉시 은행에 가져가는 것을 봤다. 그중에서 얼마를 교회에 돌려줄지는 전적으로 은행이 판단했다.

바울은 자신을, 예수님에 관한 복음을 듣지 못한 사람들에게 빚진 자로 여겼다. 그의 삶은 자유롭지 못했다. 바울은 도대체 왜 자신을 그렇게 여겼던 것일까? 자신이 누구보다도 복음을 들을 자격이 없는 사람임을 절실히 깨달았기 때문이다. 바울은 자신이 하나님의 은혜를 받을 아무 자격이 없음을 정확히 알았다. 그로 인해 바울은 그 은혜에 큰 빚을 졌다고 생각했다. 아무리 많은 교육을 받았고 지체 높은 가문 출신이라 해도 그의 삶은 이제 그의 것이 아니었다. 동전 한 닢까지, 젖 먹던 힘까지, 1분 1초까지, 그의 삶은 남김없이 '채권자'이신 은혜의 하나님께 속했다.

데이비드 플랫 목사는 이런 표현을 썼다. "구원받은 모든 사람은 구원받지 못한 모든 사람에게 복음의 빚을 지고 있다." 구원받은 사람은 온 세상을 구원하는 일에 자기 삶을 바칠 의무가 있다. 그러므로 교회의 리더에게는 그 일을 위해 당신을 훈련한 다음 세상 속으로 보낼 의무가 있다.

우리 목회자들은 안위에 빠져서 살 자유가 없다. 목회자에게는 아직 복음을 듣지 못한 세상의 구석구석까지 복음으로 물들이기 위해 할 수 있는 모든 일을 할 의무가 있다. 그러기 위해서는 우리가 이미 받은 씨앗을 내어 줘야(심어야) 한다. 우리 교회에 직접 도움이 되지 않는다 해도 하나님 나라의 추수를 위해 교회가 가진 가장 좋은 것을 내놓아야 한다.

복음은 예수 그리스도가 죄인들을 대신해 돌아가심으로 그분을 믿는 모든 이를 위한 선물이 되셨다는 것이다. 예수님은 부활을 통해 새로운 나라를 시작하셨다. 언젠가 그 나라는 이 땅에 최종적이고도 궁극적인 치유를 가져올 것이다. 그때까지 그 나라는, 죄인들이 그분과 화목할 때마다 계속 확장된다. 우리가 살아야 할 삶을 예수님이 대신 사시고, 우리가 죽어야 할 죽음을 대신 죽으신 덕분에 우리가 하나님과 화목할 수 있게 되었다.

하나님은 모든 사람에게 이런 화목의 메시지를 전할 사명을 교회에 주셨다. 우리는 치유와 나눔의 행위를 통해 이 새로운 나라의 메시지를 구체화해야 한다. 다른 이들이 우리를 통해 예수님이 어떤 나라를 세우고 계신지를 볼 수 있어야 한다(고후 5:14-21 참조). 하나님과 화목하게 된 모든 사람은 이 사명을 위해 보내심을 받았다. 우리는 구주를 영접한 순간, 선교 대상에서 선교사로 변한다.

가장 소중한 아들을 보내신 분

우리 하나님은 '보내시는' 하나님이다. 하나님은 우리를 구원하기 위해 가장 소중한 아들을 세상에 보내셨다. 신약에서 예수님은 44번이나 '보냄 받은' 분으로 소개된다. 예수님은 부활하신 후 이런 정체성을 제자들에게도 물려주셨다. "아버지께서 나를 보내신 것 같이 나도 너희를 보내노라"(요 20:21).

예수님이 '모든' 제자에게 주신 명령은 "가라"다(마 28:19 참조). 모두 해외 선교지로 나갈 수는 없겠지만 모두 가야 한다. 가지 않으면 제자가 아니며, 교인들이 가지 않으면 교회의 리더는 제 임무를 다하지 않은 것이다. 아무리 수천 명이 출석하는 교회를 이끈다 해도 교인들이 "영문 밖으로"(히 13:13) 나가 그리스도의 사명과 부르심을 추구하지 않는다면 그 리더는 직무태만의 과실을 범한 것이다.

심고, 투자하고, 보내려면 희생이 따를 수밖에 없다. 상처를 입는다. 하지만 제자의 길은 취하는 길이 아니라 내어 주는 길이다. 디트리히 본회퍼의 말처럼 "그리스도의 부르심은 와서 죽으라는 부르심이다."[2] 예수님은 와서 '성장하라고' 말씀하신 게 아니라 와서 '죽으라고' 말씀하셨다. 그렇게 말씀만 하신 게 아니라 그 의미를 몸소 실천해 보이셨다.

예루살렘의 그 언덕에서 생명을 내어놓으실 때 예수님께는 아무것도 남아 있지 않았다. 병사들은 예수님의 마지막 소유물을 놓고 내기를 했다. 그렇게 예수님은 이 땅에서 소유하셨던 것을 모조리 내어 주거나 빼앗기셨다. 하지만 이 죽음에서 생명이 나왔다. 예수님은 전부를 내어 주심으로써 우리를 얻으셨다. 하나님은 예수님의 부활을 통해 이 세상, 곧 당신과 나에게 상상할 수 없는 생명을 주셨다. 예수님은 땅에 심겨져 죽은 수많은 씨앗의 '시작'이셨다.

지금도 하나님의 능력이 같은 방식으로 온 땅에 퍼지는 게 당연하다. 세상을 위한 생명은 교회의 죽음을 통해서만 찾아온다. 이는 꼭 육체적 죽음만을 말하는 건 아니다. 때로는 그런 죽음도 포함되지만 우리의 자원을 내어 준다는 의미에서의 죽음이 필요하다. 개인적인 꿈을 내려놓는다는 의미에서의 죽음, 점점 더 적대적으로 변해 가는 세상 속에서 충성스럽게 복음을 전한다는 의미에서의 죽음, 우리의 소중한 자원과 가장 뛰어난 리더들, 가장 친한 친구들을 보낸다는 의미에서의 죽음.

개인에 대해서든 교회와 사역 단체에 대해서든 예수님의 부르심은 언제나 와서 죽으라는 부르심이다. 하나님은 우리의 '성공'을 통해서가 아니라 우리의 '희생'을 통해서 세상을 구하신다. 하나님은 우리를 강단이 아닌 제단으로 먼저 부르신다.³

세상을 살리기 위한 하나님의 방식은, 제자인 우리의 삶을 풍요롭게 하고 우리 이름을 높여 줄 수적 성장을 주시는 게 아니다. 그분의 방식은 죽음에서 부활을 이끌어 내시는 것이다. 우리는 목숨을 잃음으로써 산다. 내어 줌으로써 얻는다. '우리'가 개인적인 기반을 구축함으로써 얻는 것보다 우리가 믿음으로 내어 준 것으로 '하나님'이 이루시는 게 비교할 수 없이 크다.

이 역설적인 진리를 머리로 아는 것과 실천하는 건 다른 문제다. 이 책은 처음부터 끝까지 이 진리에 관한 것이다. 우리 개인 삶 속에서, 사역 속에서, 섬기는 교회 속에서 보내고 보냄 받는 삶이란 구체적으로 어떤 건가?

마음을 단단히 먹으라. "예, 예수님처럼 죽음으로써 살겠습니다." 주먹을 불끈 쥐며 이렇게 말하기는 쉽다. 그러나 다음 단계는 그만큼 쉽지 않다. 가장 소중히 여기는 자원을 투자하거나 각자 새로운 뭔가를 시작하기 위해 사랑하는 사람에게 작별을 고하기란 어려운 일이고, 시간이 지난다고 해도 절대 쉬워지지 않는다. 하지만 이것이야말로 하나님 나라가 자라는 방식이다.

우리는 잃음으로써 얻는다. 이것이 어떤 의미인지 이제부터 본격적으로 확인해 보자.

Part 1

**이대로 교회 안에만
숨어 있으면
공멸한다**

1

이 시대, 여전히 교회는 희망일 수 있는가

주일 예배에 빠지지 않으면서 십일조도 내고 최대한 신앙인답게 굴려고 애쓰고는 있지만, 문득문득 '예수님 믿는다는 게 이런 건가? 이게 다인가?' 하는 의문이 고개를 든다. 뭔가 의미 있는 일에 참여하고 싶지만 그것이 뭔지 통 감이 오질 않는다. 교회에 가면, 예수님이 그분의 교회를 세우고 "음부의 권세"(the gates of hell; 지옥의 문, KJV)가 그 교회를 이기지 못할 것(마 16:18 참조)이라는 설교를 듣지만 아무리 봐도 자신이나 교회는 음부의 권세를 이기지 못하는 것 같다.

이렇듯 수많은 성도가 신앙생활에 지루함을 느끼고, 교회는 교회대로 무기력증에 빠져 있다. 새로운 식구가 들어온 때가 언제인지 기억도 나질 않는다. 진정으로 어둠에서 빛으로 넘어온 사람을 본 지 꽤 되었다. 믿지 않는 사람들을 생명으로 인도하는 일에 '개인적으로' 참여해 본 기억이 없다.

그리스도인 대부분이 복음을 전해 본 적이 없다는 연구 결과가 잇따라 발표되고 있다. 무려 '복음주의자'의 90퍼센트가 가족 외에 누구에게도 복음을 전한 적이 없다고 한다. 그러고도 우리가 왜 자신을 '복음주의자'라고 부르는지 이해할 수가 없다.

교회는 사탄의 영역으로 진격하기는커녕 자기 성을 지키기에도 바쁘다. 하지만 음부의 권세(지옥의 문)는 공격용 무기가 아니라 방어용 문이다. 따라서 음부의 권세를 이긴다는 건 사탄이 우리의 텃밭에 들어오지 못하도록 막는 게 아니라 사탄의 나라를 정복한다는 뜻이다. 라이프 리서치의 최근 연구에 따르면, 7년 안에 미국에서 55,000개의 교회가 문을 닫고 주말 예배에 참석하는 교인의 숫자가 17퍼센트에서 14퍼센트로 급감할 것이라고 한다. 미국 교회 중 20퍼센트만 겨우 성장하고 있으며, 그나마도 잃은 양을 찾음으로써 성장하는 교회는 1퍼센트에 불과하다.[1] 우리가 그토록 자랑해 마지않는 교회 성장의 95퍼센트는 단순히 기존 교인들이 이동하는 현상일 뿐이다.

이 두 가지 문제점, 즉 제자를 양성할 줄 모르는 신자들과 점점 줄어드는 서구 교회가 어떤 식으로든 서로 연관되어 있다고 생각되지 않는가? 그러나 제자를 양성할 수 있는 리더들을 키워 내는 것을 주된 목표로 삼는 목회자와 교회 리더는 우리 주변에서 좀처럼 찾아보기 힘들다. 우리는 오로지 크기로만 성공을 가늠한다. 그로 인해 교회를 다음 세대, 나아가 땅끝까지 확장해 줄 열쇠가 무시되고 있다. 그 열쇠는 바로 제자를 키워 내는 성령 충만한 제자들이다.

우리 교회, 유람선인가 전함인가

교회의 사명에 관한 '우리의 생각'을 근본적으로 바꿔야 한다. 세 가지 종류의 배를 예로 들어 설명해 보겠다. 어떤 교인들은 교회를, 스포츠나 문화 활동, 아이 교육, 인맥 같은 서비스를 제공하는 '유람선'으로 본다. 그들은 오직 혜택을 누리려는 목적으로 교회에 나온다. '이 교회에 가면 종교생활을 편하게 할 수 있을까? 주일학교 시설이 잘 갖춰져 있나? 목사님이 내 상황에 꼭 맞는 설교를 재미있게, 시간을 엄수해서 하나? 음악은 들어 줄 만하나?'

현재 다니는 교회가 입맛에 맞지 않아도 걱정할 것 없다. 항구에 다른 유람선들이 즐비하니까. 사실, 서너 개의 유람선을 번갈아 타는 사람들이 꽤 많다. 유람선 1은 음악이 탁월하고, 유람선 2는 주일학교 프로그램이 괜찮고, 유람선 3은 친교와 성경 공부가 마음에 드는 식이다. 여기다가 매번 배꼽 잡는 이야기로 귀를 즐겁게 해 주는 젊은 목사의 팟캐스트도 가끔 듣는다.

교회를 '전함'에 가깝게 여기는 교인들도 있다. 그들의 시각에서 교회는 선교를 위해 존재한다. 그래서 교회의 성공은 선교를 위해 얼마나 요란하게 싸우느냐에 달려 있다. 일단, 유람선 교인들보다 나은 건 사실이다. 문제는 그들에게 교회는 주로 싸우는 곳이라는 것이다. 교인의 역할은, 목사가 표적을 찾아 매주 자신들이 보는 앞에서 총을 쏘는 일에만 전념할 수 있도록 월급을 주는 것이다. 그들은 교회의 프로그램과 예배, 사역을 선교의 주된 도구로 본다.

여기서 교회의 세 번째 모형을 제시하고 싶다. 그것은 바로 '항공모함'이다. 항공모함은 전함과 마찬가지로 전투에 참여하지만 그 방식은 조금 다르다. 항공모함은 전투기들이 다른 곳에서 전투를 수행할 수 있도록 준비시킨다. 우리 할아버지는 제2차 세계대전 당시 'USS 요크타운'이란 항공모함에서 복무하셨다. 할아버지의 말에 따르면 항공모함이 가장 싫어하는 전투 장소는 바로 자신의 갑판 위다. 전투가 선체에서 최대한 멀리 떨어진 곳에서 벌어지게 해야 한다. 그래서 항공모함은 비행기를 적지로 보내 전투를 벌이게 한다.

교회가 '음부의 권세를 이기려면' 자신을 항공모함으로 봐야 한다. 전함은 안 되고, 유람선은 더더욱 안 된다. 교인들은 목사의 도움 없이 '지역사회 속에서' 스스로 복음을 전하는 법을 배워야 한다. 교회 밖에서 사역과 성경 공부 모임, 심지어 다른 교회를 개척할 수 있어야 한다. 교회는 제자 양성소가 되어야 한다. 교회는 교인들이 적지에서 전투를 수행할 수 있도록 훈련해서 파병하는 '파송' 기관이 되어야 한다.

교회의 성공에 대해 크기가 아닌 새로운 기준이 필요하다. 그렇다면 어떤 기준이 옳은 기준일까? 뭔가의 성공을 제대로 평가하려면 먼저 그것의 기능부터 충분히 이해해야 한다.

다이너마이트에 불을 붙여 100미터 상공에서 폭발시켰다면 성공한 것인가? 어떤 면에서는 그렇다고 말할 수도 있겠다. 다이너마이트는 폭발하기 위해 만들어졌고, 그 목적대로 폭발을 일으켰으니 말이다. 덕분에 많은 사람의 관심을 끌었다. 몇 킬로미터 떨어진 곳에서도 사람들이 무슨 일인지 보려고 하늘을 향해 고개를 들었을 것이다. 하지만 폭발한 뒤에는 화약 냄새와 멍한 표정으로 하늘을 응시하는 구경꾼들 외에는 아무런 폭발의 흔적도 남지 않을 것이다.

그러나 같은 다이너마이트를 암벽 사이에 넣고 불을 붙이면 다른 종류의 '성공'을 얻을 수 있다. 폭발음은 훨씬 작겠지만 이번에는 커다란 구멍이 뚫릴 것이다.

복음을 들고 세상 속으로 침투하려는 교회는 주일 아침의 폭발보다는 교인들이 잃은 양의 산에 구멍을 뚫을 수 있도록 훈련하는 일에 더 집중해야 한다.

'보내는 교회'만 살아남는다

기독교의 미래가 보내는 교회의 것인 이유, 복음으로 세상을 물들이려면 모으고 계산하는 일보다 키우고 내보내는 일에 더 집중해야 하는 이유 네 가지를 차례로 살펴보자.

탈기독교화 사회가 되었다

첫째, 이 탈기독교화 시대에는 우리가 아무리 교회를 '매력적인' 곳으로 만들어도 비신자들이 좀처럼 찾아오지 않는다. 오랫동안 서구 교회는 누구나 기독교의 언어를 알기 때문에 복음을 쉽게 전할 수 있다는 이점을 누려 왔다. 물론 모두 교회에 다닌 건 아니었지만 문화가 기본적으로 기독교 문화였다. 그래서 교회의 초점은 '탕자들'을 선조의 하나님께로 다시 데려오는 것이었다.

그러나 이제 서구 세상은 급변하고 있다. 인구 조사에서 '무교'에 표시하는 사람들이 매년 기하급수적으로 늘어나고 있다.[2] 그들은 어떤 이유로도 교회에 가지 않는다. 우리는 그들을, 완전히 다른 종교를 믿는 사람과 같다고 봐야 한다.

예전에 몇 년간 이슬람 국가에서 산 적이 있는데, 그곳에서 사귄 친구들은 매주 이슬람 사원에 갔다. 물론 나는 한 번도 그들을 따라가겠다고 생각해 본 적이 없다. 이슬람 명절에도 갈 생각이 없었다. 이슬람교 지도자가 삶에 유익한 내용을 아무리 재미있게 설명해 준다 해도 관심조차 없었다. 내게 이슬람교는 완전히 다른 세계였다. 이슬람교는 내가 속한 세상이 아니었다. 그래서 가지 않았다.

그런데 한 친구의 계속된 부탁을 차마 거절할 수 없어서 결국 이슬람 사원을 방문했다. 하지만 결국 크게 후회했다. 오랜 시간 동안 괴상하고도 불편한 자세로 앉아 있느라 인내심의 한계를 느꼈다. 또한 예배의 각 순서마다 무슨 말을 해야 하는지 나만 모르는 것 같아 내내 안절부절못했다. 어느 순간 모두 갑자기 일어서면 나도 정신없이 일어서야 했다. 다리의 감각이 완전히 없어진 상태에서 벌떡 일어나려고 애쓴다고 생각해 보라.

나만 빼고 모두 똑같은 옷을 입고 있어서 내 티셔츠와 청바지가 너무도 이상하게 느껴졌다. 어느 순간 다들 아멘 송을 합창했다. 나는 그것이 고향의 침례교회에서 불렀던 아멘 송인 줄 알고 따라 불렀다. 하지만 당연히 같은 곡이 아니었기에, 주변 모든 사람이 고개를 돌려 나를 쳐다봤다. 쥐구멍에라도 들어가고 싶은 심정이었다.

다시는 기억하고 싶지 않은 경험이었다. 그 뒤로 친구가 몇 번이나 부탁했지만 매번 핑계를 대고 가지 않았다. 이슬람 사원은 완전히 다른 세계로 들어가는 문이었다. 내게는 불편을 감수하면서까지 그 세상의 낯선 방식을 배울 만한 이슬람교 신앙이 없었다.

서구의 탈기독교화 문화 속에서 사는 사람들이 교회에 오면 이와 비슷한 느낌을 받을 것이다. 내 영국인 친구인 스티브 티미스는 최근 영국에서 이루어진 한 연구를 자신의 책에서 인용했다. 이 연구에 따르면 영국인의 70퍼센트는 어떠한 이유로도 교회에 나갈 생각이 없다고 한다. 그들은 부활절에도, 결혼식에도, 장례식이나 크리스마스 이브 예배 때도 교회에 가지 않는다. 영국인의 3분의 2 이상은 교회에 관심조차 없다. 스티브는 이런 자료를 바탕으로 다음과 같은 결론을 내렸다.

> 이는 새로운 예배 스타일로는 그들에게 다가갈 수 없다는 뜻이다. 새로운 교회 경험으로는, 알파(Alpha)나 기독교 폭발(Christianity Explored) 같은 코스로는, 강한 첫 인상으로는 그들에게 다가갈 수 없다. 술집에서 여는 교회 모임으로는 그들에게 다가갈 수 없다. …… 교회에 다닌 적이 없거나 다니다가 떠난 사람들의 절대 다수는 개인적으로 힘든 일이나 국가적인 재난이 닥쳐도 교회로 돌아갈 생각이 없다. 교회 모임과 전도 행사의 '상품을 개선하는 것'이 문제가 아니다. 모임이나 행사가 열리는 곳 밖에서 사람들에게 다가가야 한다.[3]

영국의 세속화가 미국보다 몇 년 빠르기는 하지만 '무교'에 표시하는 사람들의 숫자가 늘어나는 속도로 보아 미국도 오래지 않아 영국 꼴이 날 게 분명하다. 교회 밖에서 복음을 전할 사람들을 키우지 않으면 결국 교회 안이 텅텅 비는 날이 오고 말 것이다. 겉만 화려한 대형교회들이 점점 줄어드는 파이를 놓고 아귀다툼을 벌이게 될 것이다. 이게 싫다면 우리는 파이를 키워야 하는데, 그러려면 교인들이 담장을 넘어 교회 '밖'에서 사람들을 전도하도록 훈련해야 한다.

곱셈이 덧셈을 이긴다

둘째, 언제나 곱셈이 덧셈을 이긴다. 지상대명령을 제대로 수행하기 위해서 보냄에 집중해야 하는 두 번째 이유는 수학적인 것이다. 혹시 다음과 같은 수학 문제를 본 적이 있는가?

30일간 매일 하루에 만 달러를 받는 것과 0.01달러를 매일 두 배로 늘려서 받는 것 중에서 무엇을 선택하겠는가?

거의 대부분이 '하루에 만 달러'를 선택한다. 일주일 뒤에 살 수 있는 것을 생각해 보라. 7만 달러면 웬만한 외제차를 사고도 남을 돈이다. 그리고 30일 뒤에는 무려 30만 달러를 손에 쥘 수 있다!

그러나 수학을 잘 아는 사람이라면 하루에 만 달러 대신 0.01달러에서 매일 두 배씩 늘어나는 것을 선택할 것이다. 그러면 30일 뒤에 거의 천만 달러에 가까운 거금을 손에 쥔다는 것을 계산해 낼 수 있기 때문이다. 0.01달러를 매일 두 배로 늘리면 30일이면 10,737,418.23달러가 된다![4] 넉 달이면 무려 13,292,279,957,849,158,729,038,070,602,803,364달러다. 하지만 하루에 만 달러씩 받았을 때는 겨우 120만 달러다.

많은 교회가 여전히 '하루에 만 달러' 모델로 성공을 추구하고 있다. 10년 연속으로 한 달에 천 명씩 교인을 늘릴 방안을 들고 대형교회를 꿈꾸는 근처 교회의 목사를 찾아가면 필시 그가 신발도 신지 않은 채 달려 나올 것이다. 첫해가 다 가기도 전에 그 방안을 아는 리더는 전국의 강연회에 불려 다니고, 전국의 기독교 잡지는 앞다퉈 그의 얼굴을 표지에 실을 것이다. 리더들은 그의 책을 사고 자신의 책에 사인을 받기 위해 모퉁이를 돌아서까지 길게 줄을 설 것이다.

하지만 만약 어떤 사람이 1년에 딱 한 명을 훈련해서 다른 사람을 그리스도께로 인도하게 하고 다시 그 사람이 다른 사람을 전도하는 식으로 30년이 지나면, 그가 혼자서 매달 천 명씩 전도하는 것보다 거의 10억 명이나 많은 사람을 얻을 수 있다.

문제는, 처음 몇 주간은 0.01달러에서 두 배씩 늘리는 것보다 하루에 만 달러가 훨씬 더 좋게 '느껴진다는' 것이다. 0.01달러에서 두 배씩 늘리는 방식을 채택하면 일주일 뒤에는 겨우 2달러 정도를 손에 쥐는 반면, 하루에 만 달러를 선택한 친구는 7만 달러를 들고 백화점으로 쇼핑하러 갈 것이다. 친구는 그 돈으로 해변의 근사한 별장을 사지만 당신은 여전히 부모님 집 지하실 신세를 벗어나지 못한다.

마찬가지로, 1년에 천 명씩 더하는 식의 출석수 성장에 집중하는 게 훨씬 더 효과적으로 보인다. 당장 결과가 눈에 보이니 말이다. 금방 성과를 내서 주변에 자랑할 수 있다. 하지만 그것은 장기적으로 봤을 때도 그렇고, 진정성 면에서도 하나님 나라 성장으로 가는 길이 아니다.

금년에 우리 교회는 큰 성과를 거두었다. 거의 천 명에 가까운 성장을 이루어 5년 연속 〈아웃리치 매거진〉에서 가장 빨리 성장하는 100대 교회로 선정된 것이다. 하지만 우리가 세운 교회들의 전체 출석수는 금년에 1,100명 이상이 늘었다. 다시 말해, 우리 교회보다 우리가 세운 교회들이 하나님 나라에 더 많은 숫자를 더했다. 불과 5년 만에 벌써 곱셈의 위력이 나타나고 있다. 하나님의 은혜로 격차는 점점 더 벌어질 것이다. 언젠가 우리 서밋교회의 출석수보다 우리가 세운 교회들의 출석수가 100배가 되는 날이 올 것이다.

자기 교회의 출석수 성장과 제자 파송 중에서 단 하나를 선택하라는 뜻은 아니다. 책의 뒷부분에서 설명하겠지만 두 가지를 다 추구할 수 있고, 추구해야만 한다. 다만 사역의 장기적인 성공을 원한다면 제자를 키워 내보내는 것이 우선시되어야 한다.

보내심에 순종한 사람과 동행하신다

셋째로, 하나님은 그분이 보내신 자들과 동행하신다. 교인들이 예수님을 진정으로 알기 원한다면 그들에게 '보냄 받는 삶'을 가르쳐야 한다. 우리 하나님은 보내시는 하나님이시다. 그래서 성경에서 하나님이 누군가에게 하신 말씀은 대부분 사명을 주어 보내는 명령의 말씀이다.

예컨대, 하나님은 아브라함을 부르실 때 그를 위해 주실 복이 단순히 그만을 위한 게 아님을 분명히 밝히셨다. 하나님은 그를 통해 "땅의 모든 족속"에게 복을 주고자 하셨다(창 12:1-3 참조). 시편 67편의 기자는 이 약속을 묵상하면서, 이스라엘에 복을 주심으로써 "주의 도를 땅 위에, 주의 구원을 모든 나라에게 알리소서"(2절)라고 기도했다.

구약의 요나서는 자신의 복만을 추구한 나머지 이 명령으로부터 도망치는 안타까운 나라의 슬픈 이미지를 보여 준다. 이스라엘 국가 전체를 상징하는 선지자 요나는 하나님이 열국을 향해 선포하라고 주신 긍휼과 축복의 메시지보다 자신의 안위와 개인적인 복수심에 눈이 멀어 있었다.

이에 예수님은 새로운 이스라엘로서 이 세상에 오셨다. 그분은 요나와 달리 보내심에 기쁨으로 순종한 선지자셨다. 예수님은 요한복음에서 44번 이상 '보냄 받은' 분으로 묘사되고 있으며, 그분이 모든 제자에게 주신 명령도 바로 그것이었다.

아버지께서 나를 보내신 것같이 나도 너희를 보내노라(요 20:21).

마르틴 루터의 말처럼 예수님이 수없이 돌아가신다 해도 그 소식을 아무도 듣지 못한다면 아무런 의미가 없다. 예수님은 죽음과 부활로 시작하신 구원의 역사를 우리를 통해 '이어가고' 계신다(골 1:24; 행 1:1 참조). 그런 의미에서 그분의 역사는 아직 '완성되지' 않았다.

크리스토퍼 라이트는 "하나님의 사명은 창세기 12장에서 나타나는 열국의 흩어짐과 요한계시록 22장에 나타난 열국의 치유 사이의 간격을 채우는 것이다"라고 말했다.[5] 라이트에 따르면, 예수님이 돌아오실 때까지 하나님의 전 세계적인 사명이 모든 신자의 주된 일이 되어야 한다.

따라서 자신을 보내진 자로 보지 않으면 사실상 예수님의 제자라 말할 자격이 없다. 예수님은 우리를 어딘가로 보내, 그분을 아직 알지 못한 사람들을 제자로 삼게 하신다.

우리는 선교사들을 하나님의 '슈퍼 제자'요 예수님의 해병대쯤으로 여긴다. 그러나 성경에서 '선교사'란 말은 단 한 번도 등장하지 않는다. 그것은 하나님의 '모든' 백성이 보냄 받은 자들이기 때문이다. 하나님의 모든 백성이 가라는 명령을 받았다. 특별히 보내심을 입은 자들이 따로 있는 게 아니다.

그러므로 문제는 우리가 보냄 받았는지 아닌지가 아니라 어디로 어떻게 보냄을 받았는가 하는 것이다. 예수님이 이미 "아버지께서 나를 보내신 것같이 나도 너희를 보내노라"(요 20:21)라고 말씀하셨건만 하늘에서 명령이 내려오기만 기다리는 사람이 너무 많다. 우리에게 이 구절이 있으니 따로 음성을 기다릴 것 없다.

찰스 스펄전은 이렇게 말했다. "모든 그리스도인이 선교사 아니면 그리스도인인 체하는 사기꾼이다."[6]

하나님을 영적 회오리바람에 비유하는 말을 들은 적이 있다. 그렇게 하나님은 우리를 끌어당기셨다가 곧바로 튕겨 내보내신다.[7]

교회를 향한 예수님의 약속을 보라

교회의 '위대함'에 관한 예수님의 약속은 보냄과 관련이 있다. 보내는 일에 헌신하는 자들에게 주신 예수님의 약속은 실로 엄청나다. 너무 엄청나서 때로는 믿기 힘들 정도다. 요한복음에서 예수님은 제자들에게 자신이 떠나면 '또 다른 보혜사'를 보내 주실 테니 오히려 기뻐하라고 말씀하셨다. "내가 떠나가는 것이 너희에게 유익이라 내가 떠나가지 아니하면 보혜사가 너희에게로 오시지 아니할 것이요 가면 내가 그를 너희에게로 보내리니"(요 16:7).

이 말씀이 제자들에게는 얼마나 황당했을지 상상해 보라. 예수님이 떠나시는 게 더 유익하다고? 예수님을 담임목사로 모시면 얼마나 좋을까? 모든 설교와 모든 선교 전략, 모든 의사결정이 완벽 그 자체일 것이다. 신학적인 질문이 생기면 곧바로 완벽한 대답을 들을 수 있다. 교회에 헌금이 부족하면 그분이 집사 한 명을 보내 천 달러를 입에 문 물고기를 낚아오게 하실 수 있다(마 17:27 참조).

그런데 예수님 말씀에 따르면 그 모든 유익이 성령의 도우심보다 못하단다. 성령의 도우심을 받는 '평범한 그리스도인들'의 교회가 더 큰일을 해낼 수 있다고 말씀하신다.

《지저스 컨티뉴드》(*Jesus Continued*, 두란노 역간)에서 나는 교회가 이 약속을 있는 그대로 받아들이지 못하고 있다는 점을 지적했다. 여전히 우리는 강력하게 기름부음을 받은 소수의 슈퍼 그리스도인들이 커다란 건물에 사람들을 몰아넣는 방식으로 세상을 얻을 수 있다는 착각에 빠져 있다. 그러나 예수님은 성령 충만한 교회가 소수의 슈퍼 그리스도인들보다, 심지어 예수님 자신보다도 더 큰일을 해낼 수 있다고 말씀하셨다(요 14:12 참조).

사도행전은 성령의 능력으로 사역하고 다른 이들에게도 그렇게 하도록 가르친 열두 명이 예수님이 이끄실 때보다 더 큰일을 해냈다는 증거다.

예수님은 많은 무리를 모으는 것에 반대하시지 않았다. 예수님도 15,000명까지 모아 놓고 설교를 하셨고, 예수님과 제자들도 사람들이 많이 모인 것에 흡족해했다. 하지만 하늘로 올라가실 때 예수님은 120명의 제자만 남기셨다. 그런데 그 120명이 성령을 받자 불과 두 세대 만에 세상을 뒤엎었다.

오늘날의 기준으로 보면, 평생 목회를 해서 120명의 교회를 일군 것은 아주 대단한 성공이라고 말할 수 없다. 하지만 예수님은 장기적인 관점으로 사역을 바라보셨다. 그분은 곱셈의 힘을 아셨기 때문에 대형교회를 세우기보다 '보내는 공동체'를 이루셨다. 그분은 자신의 설교에 감동한 만 명의 교인들을 남기시지 않고, 복음을 세상 속으로 가져갈 준비가 된 120명의 제자들에게 가라고 명령하셨다.

사도 바울도 장기적인 관점에서 사역을 했다. 그래서 그는 장기적인 리더 양성을 사역의 필수적인 요소로 보았다. 바울이 젊은 제자인 디모데에게 한 말을 보면 이 점을 분명히 알 수 있다.

> 또 네가 많은 증인 앞에서 내게 들은 바를 충성된 사람들에게 부탁하라 그들이 또 다른 사람들을 가르칠 수 있으리라(딤후 2:2).

에베소 교회에 보내는 편지에서 바울은 교회 리더들을 향한 하나님의 주된 목적이 교회 안에서 다른 리더들을 기르는 것이라고까지 말했다(엡 4:11-12 참조). 목사들은 성도들이 사역을 할 수 있도록 준비시키기 위해 존재한다. 다시 말해, 사역은 주로 목사가 아니라 성도(보통 그리스도인에 대한 바울의 표현)가 하는 것이다. 바울의 말을 근거로 나는 우리 교인들에게 내가 목사가 되는 순간 사역을 그만두었다고 말하곤 한다. 이제 내 역할은 '교인들'이 사역을 할 수 있도록 훈련하는 것이다.

그런데 오늘날을 보면 앞뒤가 완전히 뒤바뀌었다. 우리는 탁월한 설교자의 말을 듣기 위해 수많은 무리가 몰려들면 성공한 것으로 여긴다. 하지만 사람들을 모으는 것은 예수님의 목표가 아니었다. 예수님은 그런 식으로 사역을 키우시지 않았다.

물론 많은 무리가 관심을 보이는 것 자체가 문제는 아니다. 다만 많은 무리를 끌어모으는 데 노력의 대부분을 쏟는 것은 문제다. 아무리 기적을 보여서 사람들을 끌어모아도 군중은 오래가지 않는다. 우리가 예수님보다 더 재미있거나 기억에 남는 설교를 전할 수 있을까? 절대 그럴 수 없다. 그런데 예수님이 십자가에서 돌아가실 때 그분에게 떡과 생선을 얻어먹었던 5천 명은 다 어디로 갔던가. 필시 그들은 예수님을 꽤 따라다녔을 것이다. 하지만 '예수님'의 설교와 기적조차도 그것만으로는 끝까지 남는 제자들을 키워 낼 수 없었다.

예수님도 군중을 모으긴 하셨지만 장기적인 운동은 몸집 부풀리기를 통해 일어나지 않는다. 충분한 시간을 두고 다른 사람의 마음속에 우리의 믿음을 복제해 낼 때만이 비로소 장기적인 운동이 탄생한다.

예수님처럼 우리도 세상에 강력하고 장기적인 영향을 미칠 수 있는 것에 집중적으로 투자해야 한다. 진정한 열매를 맺고 싶다면 몇 년, 심지어 평생이 걸리더라도 그런 것에 투자해야만 한다.

인류 역사상 가장 위대한 복음 운동 중에는 꽃을 피우기까지 오랜 시간이 걸린 운동이 많다. 심지어 운동의 창시자가 자기 노력의 결과를 제대로 보지 못하고 세상을 떠난 경우도 많다. 예를 들어, 미국 최초의 선교사인 아도니람 저드슨은 미얀마에서 7년 동안 피땀을 흘려 복음을 전했지만 단 한 명도 전도하지 못했고, 다시 6년 동안 밤낮없이 뛰어다닌 끝에 겨우 교회 하나를 세웠다.[8]

하지만 그의 말년에는 미얀마에서 7천 명의 현지 그리스도인이 하나님을 찬양했다. 단 한 명도 예수님의 이름을 듣지 못했던 복음의 불모지에서 결국 기적이 일어났다. 그의 사후 10년 안에 이루어진 한 연구에서는 미얀마에 21만 명의 그리스도인이 있었다고 보고한다. 이것이 성령의 곱셈 능력이다. 성령은 저드슨이 심고 눈물을 뿌려 키운 씨앗을, 한 나라를 변화시키는 거대한 운동으로 발전시켜 주셨다.

저명한 역사가 로드니 스타크는 교회가 언제나 이런 식으로 성장했다고 말한다. 우리는 사도행전에 나타난 초대교회의 '급격한 성장'을 이야기하지만, 스타크에 따르면 1세기 말 교인의 숫자는 약 5만 명에 불과했다. 그렇지만 그들은 대부분 진정한 제자들이었고, 새로운 세대의 리더들을 키우는 일에 헌신했다. 그러자 얼마 있지 않아 하나님 나라의 곱셈 기계가 가동하기 시작했고, AD 400년에는 무려 3,400만 명이 신앙을 고백했다(로마 제국의 '절반'이 그리스도인이었다고 추정하는 이들도 있다).[9]

당장 아무런 결과가 나타나지 않는 것 같아도 사역에 대한 '장기적인 관점'으로 운동을 일으키려는가? 그렇다면 머릿수를 늘리는 일보다 리더를 키우는 일에 집중하라. 내게 이것은 단순한 이론이 아니라 삶 자체다. 1975년 우리 부모님(린과 캐럴 그리어)은 노스캐롤라이나 주 윈스턴세일럼으로 이사를 왔고, 거기서 아버지는 새로운 직업을 가지셨다.

두 분은 문화적 그리스도인일 뿐 예수님의 신실한 제자는 아니었다. 그런데 어느 날 두 분은 아버지의 직장 동료를 따라 생명력이 넘치는 교회에 가셨고 거기서 완전히 복음에 붙잡히셨다. 두 분은 그곳에 매주 빠짐없이 출석하기 시작했고, 오래지 않아 하나님은 두 분의 믿음을 새롭게 회복시켜 주셨다.

이 교회는 수적 성장 못지않게 제자 양성에 힘을 쏟는 교회였다. 그 교회의 E. C 시한 목사님은 우리 아버지에게 특별한 관심을 갖고 기도할 때나 전도하러 나갈 때 아버지를 동참시키셨다. 아버지는 설교를 듣는 것보다 함께 활동을 하면서 지켜보는 것을 통해 더 큰 영향을 받았다고 말씀하셨다. 시한 목사님은 우리 부모님에게 성경 읽는 법과 복음 중심의 가정을 세우는 법을 가르쳐 주었다.

덕분에 나는 나날이 성장하는 두 영적 거인의 보살핌 아래서 자랄 수 있었다. 두 분은 내 누이와 내게 복음을 전해 주었고, 지금 우리도 우리의 자녀에게 그렇게 하고 있다. 가끔, 부모님이 간 교회가 수적 성장에만 집착하는 교회였다면 내 삶이 어떻게 되었을까 생각해 보기도 한다. 그랬다면 그 교회는 총회에서 성도 숫자를 자랑할 수는 있었겠지만, 지금 우리 아버지의 손자들이 예수님의 제자로 자라나지 못하고 있을지도 모른다.

제자 양성은 사명에 참여하는 사람들의 숫자를 기하급수적으로 늘리며, 이는 다가올 미래에 기하급수적인 영향을 미친다.

더 늦기 전에 사명을 위해 움직이자

패트 후드 목사의 말처럼 우리는 빈스 롬바르디에게서 배워야 한다.[10] 그린 베이 패커스의 유명한 감독 롬바르디는 시즌이 시작될 때마다 팀 전원 앞에서 공을 들고 이렇게 말했다고 한다. "제군들, 이것이 공이다." 그의 팀은 언제나 기본기부터 시작했다.

우리 앞에 서서 빈스 롬바르디처럼 말해 줄 사람이 필요하다.

"제군들, 이것이 교회다."

교회는 사명을 위해 존재한다. 크리스토퍼 라이트에 따르면 "예수님은 그분의 교회에 사명을 주신 게 아니라 그분의 사명을 위해 교회를 세우셨다."[11] 전도의 사명을 망각한 교회는, 교회가 아니라 불순종하는 사람들의 집단일 뿐이다.

교회는 기관이기 이전에 운동이다. 그리고 운동의 가장 중요한 특징은 바로 움직인다는 것이다. 움직이지 않으면 운동이라고 부를 수 없다. 그리고 움직이지 않는 사람들은 아무리 기관의 일원이라 하더라도 운동의 일부는 아니다.

당신은 사명을 위해 움직이고 있는가? 복음을 들고 교회 '밖으로' 나가 세상 속으로 들어가고 있는가? 당신의 교회는 이 방향으로 움직이고 있는가? 아니면 사람들을 교회 담장 안으로만 끌어들여 교인 숫자만 늘리고, 그들의 삶을 '완성해 줄' 종교적 예배를 제공하는 데만 주력하는가?

교회가 '전도하고 제자 삼는 사명'이라는 핵심을 회복하는 것보다 더 중요한 일은 없다. 이번 장의 첫머리에서 말했듯이, 음부의 권세가 이길 수 없다는 교회가 어찌된 일인지 서구에서는 전진은커녕 후퇴하고 있다(마 16:18 참조). 따라서 이제는 극단적인 조치를 취해야 할 때다. 다시 말해, 철저히 기본으로 돌아가야 한다.

보냄에 초점을 맞춘다는 것이 구체적으로 어떤 모습인지를 이 책에서 함께 탐구해 보자. 당신이 개인적으로 어떻게 보냄을 받았는지, 그리고 당신의 교회나 사역에서 어떻게 하면 보냄의 문화를 창출할 수 있는지를 논해 보자. 하지만 그에 앞서 우리 교회가 이런 확신에 이르게 된 과정을 나누고 싶다. 이는 매우 고통스럽고, 약간은 굴욕스럽기까지 한 이야기다.

2

몰래 키워온 '내' 왕국을 흔드시다

내가 목회하는 교회는 보내는 교회로 시작되지 않았다. 이곳에서의 처음 몇 년간 나의 관심사는 오로지 교회를 키우는 것뿐이었다. 멸망으로 가는 사람들을 예수님께로 인도하고 싶은 순수한 열망이 있었지만, 그에 못지않게 나 자신의 이름을 높이려는 마음도 있었다. 나는 아주 큰 교회를 원했고, 하나님도 그것을 원하시리라 확신했다. 그것이 누이 좋고 매부 좋은 것으로 보였다.

그러나 성경을 처음부터 끝까지 보면, 항상 하나님은 성령 안에서 위대한 것을 세우실 때 먼저 육체의 노력을 허물어뜨리신다. 하나님은 언제나 우리 자신의 왕국에서 눈을 떼게 하신 뒤에 그분의 나라를 세우신다. 하나님은 우리 교회에서도 그런 작업을 시작하셨고, 그중 가장 먼저 나를 다루셨다.

당신이 사는 도시를 사랑하는가

목회 2년 차 때 사도행전 강해를 했는데 그때 사도행전 8장에서 빌립이 사마리아에서 부흥을 일으킨 이야기를 발견했다. 누가는 빌립의 사역으로 그 성에 "큰 기쁨"(8절)이 있었다고 말한다. 다음 장에서 누가는 다비다라는 여제자의 이야기를 전한다. 다비다는 옷이 없는 동네 사람들에게 옷을 지어 주었다. 누가에 따르면 그녀가 죽자 사람들이 그녀의 침상에 모여 눈물을 흘렸다고 한다(행 9:36-39 참조). 당시 설교에서 나는 교인들에게 우리의 사역 덕분에 우리 도시에 '큰 기쁨'이 있었는지, 우리가 '죽으면' 지역 주민들이 우리의 침상에 모여 눈물을 흘릴지 생각해 보라고 말했다. 말은 안 해도 다들 그렇지 않다고 생각하는 게 분명했다. 아무리 봐도 우리의 사역은 초대 교인들만큼 지역사회에 큰 영향을 끼치지 못하고 있었다.

당시 나는 전에 내가 2년간 머물면서 교회를 세웠던 동남아 이슬람 국가의 작은 도시를 단기선교로 다녀온 참이었다. 그 도시의 성문을 통과하는데 예전에 그 도시에 대해 느꼈던 온갖 감정이 내 안에서 다시금 생생하게 살아났다. 한창 그곳에서 사역할 당시 그 도시는 '내' 도시였다. 사방 수백 킬로미터 내에서 내가 유일한 교회 개척자였으니까 말이다. 하나님이 내게 그 도시를 맡기신 것 같았다. 나는 그 도시의 거리를 거닐 때마다 늘 기도하며 걸었다. 그곳의 학교도 '내' 학교요 그곳의 문제들도 '내' 문제였다. 그렇게 옛 감정을 떠올리는데 문득 한 가지 질문이 뇌리를 스치고 지나갔다.

'지금 살고 있는 도시를 향해서도 이런 감정을 느껴야 하지 않을까?' 서밋교회가 있는 롤리-더럼 지역에 대한 나의 감정은 바이러스가 숙주에 대해 느끼는 감정과 흡사했다. 그러니까 우리는 주민들을 도시에서 끌어내 우리 유기체, 곧 우리 교회 속으로 흡수하기 위해 노력했다. 일단 그들이 우리 시스템 속으로 들어오면 우리의 몸집을 키우기 위해 그들의 에너지와 시간, 돈을 사용할 수 있다. 하지만 빌립과 다비다는 자신들이 사는 곳을 다른 시각으로 바라봤다. 그들에게 중요한 것은 사역의 크기를 키우는 게 아니라 자신들이 사는 곳을 섬기고 복음을 전하는 것이었다.

감사하게도 하나님은 내 눈을 열어 내 초점이 얼마나 잘못되었는지를 보게 해 주셨다. 나는 교인들에게 함께 회개하자고 촉구했다. "더는 교회 성장에 초점을 맞추지 말아야 합니다. 그보다는 지역사회 주민들을 전도하고 그들에게 복을 전해 주는 일에 힘씁시다."

물론 지역사회에 복을 전해 주기 위해서는 큰 교회를 세우는 게 유리할 수도 있다. 하지만 그와 동시에 우리 자원을 아낌없이 나눠 줄 줄도 알아야 한다. 우리 교회에 별로 도움이 되지 않을 사람들에게도 기꺼이 다가가 섬기고, 우리 교회의 '수익'에 도움이 되기는커녕 오히려 우리와 '경쟁'하게 될 교회들을 세울 수도 있어야 한다. 목표는 도시를 전도하고 섬기는 것이고 교회 성장은 오로지 그 목표를 위한 수단이어야 한다. 그 전까지만 해도 나는 주객이 전도된 사역을 하고 있었다. 이전의 내게는 교회의 규모를 키우는 것이 목표였고, 도시를 전도하는 게 그 수단이었다.

우리의 기도는 "'하나님, 최대한 많은 사람을 끌어모아 크게 성장하게 하소서"에서 "하나님, 이 도시에 복과 기쁨을 전해 주는 교회가 되게 하소서"로 바뀌었다. 두 기도의 차이는 작아 보이고, 어찌 보면 말장난처럼 보일 수도 있다. 하지만 우리에게 그 차이는 이루 말할 수 없이 컸다. 롤리-더럼에서 하나님 나라를 넓히는 데 좋은 것이

'항상' 우리 교회(기관)에 좋은 것은 아니고, 우리 교회에 좋은 것이 '항상' 하나님 나라에 좋은 건 아니다.

'내' 나라에 집착하던 우상숭배를 통회하다

이 변화의 과정 속에서 하나님은 내 나라에 대한 나의 집착이 생각보다 훨씬 더 심각함을 드러내셨다. 어느 날 오후 나는 우리 도시의 거대한 부흥을 위해 기도하고 있었다. 향후 200년 동안 우리 도시의 영적 지형을 완전히 바꿔놓음으로써 역사책에 기록될 만한 부흥을 원했다. 그런데 어느 순간 갑자기 하나님의 영이 내게 물으시는 것처럼 느껴졌다. '내가 이 기도를 들어 준다면, 롤리-더럼 지역에 네 상상을 초월하는 부흥을 일으킨다면, 수백 년 동안 사람들의 입에 오르내릴 부흥을 일으킨다면. 단, 내가 '다른' 교회를 통해 그 부흥을 일으킨다면? 그래서 그 교회는 급속도로 성장하고 네 교회는 정체된다면 어떻게 하겠느냐?'

그 순간, 내 이기적인 마음에서 종교의 껍데기가 떨어져 나가고 내 실체가 훤히 드러나는 것을 느꼈다. 나는 그저 '내' 교회가 성공하고 '내' 나라가 커지고 '내' 이름이 유명해지는 것만을 원했다. "[주의] 나라가 임하시오며"가 "내 나라가 임하시오며"와 뒤섞여 있었다. "그는 흥하여야 하겠고 나는 쇠하여야 하리라"(요 3:30)라고 기도했던 세례 요한과 달리 '예수님, 제가 흥하기만 하면 당신이야 쇠하든 말든 상관없습니다'라는 게 내 솔직한 마음이었다. 사역은 성공이라는 우상을 숨기기가 더없이 좋은 영역이다. 하나님을 위해 큰일을 한다는 명목 아래 우리의 이기적인 야망을 감쪽같이 숨길 수 있다.

이것이 내가 우리 교회보다 더 빨리 성장하거나 더 많은 관심을 받는 교회가 보일 때마다 질투심에 불타올랐던 이유임을 깨달았다. 내 태도가 세례 요한과 얼마나 다른지 절실히 느꼈다! 예수님이 공생애를 시작하시기 전에 잠시나마 이스라엘 전역에서 세례 요한의 인기는 선풍적이었다. 그는 전 국민이 가장 좋아하는 선지자였고, 강사 섭외 1순위였다. 하지만 사촌인 예수님이 나타나시자 그 많은 추종자가 요한에게서 그분께로 순식간에 옮겨 갔다. 결국 요한을 따르는 사람들은 그가 처음 사역을 시작할 때보다도 훨씬 적어졌다. 말년에 세례 요한은 사람들에게 잊힌 채 무일푼으로 감옥에서 생을 마감했다. 이런 추락에 대한 그의 반응은? "그는 흥하여야 하겠고 나는 쇠하여야 하리라"(요 3:30).

요한은 자신의 사역을 신랑 들러리에 비유했다(요 3:28-29 참조). 결혼식의 주인공은 당연히 신랑과 신부다. 결혼식의 하이라이트는 식장 뒤편의 커다란 문이 열리고 신랑을 위해 완벽하게 단장한 신부가 보이는 순간이다. 나는 결혼식 주례를 꽤 많이 해 봤지만 그 순간에 황홀한 표정을 짓지 않는 신랑을 단 한 명도 보지 못했다. 그때 모든 하객이 식장 앞뒤를 번갈아 보며 신랑과 신부의 반응을 살핀다. 이 순간의 주인공은 신랑과 신부다.

그런데 이 순간, 신랑의 들러리가 신랑의 어깨 너머로 고개를 내밀고 신부에게 윙크를 하며 음흉한 눈빛으로 쳐다본다고 해 보자. 그 모습을 보면 하객들은 너 나 할 것 없이 "뭐하는 짓이야? 왜 신부가 신랑에게 관심을 집중하지 못하게 방해하지?"라고 수군거릴 것이다. 이토록 신성한 순간에 타인이 둘 사이에 끼어드는 건 있을 수 없는 일이다.

예수님의 나라보다 자기 사역의 크기에 더 신경을 쓰는 목사가 바로 그런 짓을 하는 것이다. 스스로 창피해해야 마땅하다. 교회는 예수님의 신부다. 교회의 리더들은 신부를 하늘의 신랑께 안내하는 종일 뿐이다. 주인공은 우리가 아니라 신랑과 신부다. 우리가 눈에 보이지 않을 때, 최소한 아무도 우리에게 관심을 기울이지 않을 때 비로소 우리의 역할을 제대로 하고 있는 것이다.

나는 내 사역과 관련된 우상숭배를 회개해야 했다. 하나님의 은혜로 회개하고 나니 사역에 대한 내 마음가짐과 접근법이 완전히 달라졌다. 성공과 인기라는 내 우상을 아직도 완전히 극복하지는 못했지만, 그날 오후는 내 초점이 내 나라 건설에서 하나님 나라 건설로 이동하는 전환점이 되었다.

그렇게 해서 세례 요한이 얻은 것은 무엇인가? 무엇보다도 그는 예수님의 칭찬을 받았다. 예수님은 그를 역사상 가장 위대한 선지자로 꼽으셨다(눅 7:28 참조). 이보다 더 좋은 상이 있을까?

'보내는' 사역은 언제나 마음의 시험으로 시작된다. 사람들을 내보내고 자원을 내어 주면 당장 교회의 '수익'에 손해가 된다. 보낸다는 것은 가장 뛰어난 리더들을 내보내고 정말로 필요한 자원을 포기한다는 뜻이다. 그것은 기회를 포기하고, 내가 쉽게 해낼 수 있는 일로 남들이 찬사를 받는 것을 묵묵히 지켜보는 것이다.

이렇게 하려면 예수님의 나라를 내 나라보다 더 사랑해야 한다. '내 왕국이 임하시오며'가 내 진정한 기도라면 절대 보내는 일에 열심인 사람이 될 수 없다. 심지어 보낼 시도조차 하지 않게 된다.

물밀듯이 찾아온 청년들

우리가 보내는 교회로 변화하는 과정에서 세 번째로 결정적인 순간은 2003년 대학생들이 우리 교회를 '발견한' 순간이었다. 어느 주일 다섯 명의 대학생이 우리 교회를 방문했다. 대학생들은 원래 몰려다니기 때문에 우리 교회의 예배가 마음에 든 그들은 다음 주에 무려 300명의 친구를 데리고 왔다. 그리하여 약 3주 만에 교인 숫자가 두 배로 늘었다. 그에 반해 주일 헌금은 겨우 13.48달러가 증가했다. 대학생들이 우리 교회에 정말 좋은 것을 많이 가져오지만 거기에 돈은 포함되지 않는다.

어느 주일 아침, 한 집사가 대학생들이 헌금함에 넣은 것이라며 내 사무실로 베이컨과 달걀, 치즈 비스킷을 가져왔다. 그 위에는 사도행전 3장 6절 말씀이 쓰여 있었다. "은과 금은 내게 없거니와 내게 있는 이것을 네게 주노니."

우리는 나날이 불어나는 이 대학생들이 교회 예산에는 별로 도움이 되지 않을지는 몰라도 그들 중에서 많은 선교사가 나올 수 있다는 사실을 깨달았다. 그래서 우리는 졸업을 앞둔 4학년 학생들에게 직장을 고를 때 선교 사명을 가장 중요한 요소로 고려할 것을 권하기 시작했다. "이왕 일할 것이라면 선교 사명을 수행할 수 있는 곳에서 일하십시오."

우리는 졸업을 앞둔 4학년 학생들에게 졸업할 때까지 특별히 하나님의 음성을 듣지 못하면 졸업한 후 처음 2년 동안 우리의 교회 개척 프로그램에 참여하라고 권유한다. 우리는 4학년 학생들을 만나 우리가 선교 사명을 가장 효과적으로 수행할 수 있는 직장을 추천할 수 있도록 '백지 위임'을 하겠는지 묻는다. 작년에는 거의 100명에 가까운 졸업생이 이 제안을 받아들였다. 우리는 그들이 우리의 교회 개척 프로그램이 진행되는 곳에서 직장을 얻도록 도와주었다. 그들이 새로운 교회의 리더로서 사역에 참여할 수 있도록 물심양면으로 지원해 준 고마운 분들도 있었다.

모든 교회에 대학생이 이렇게 많은 건 아니다. 따라서 이런 이야기를 하는 건 우리를 그대로 따라하라는 뜻이 아니라 당신이 어떤 독특한 자원을 받았고, 그것을 어떻게 지혜롭게 내어 줄지에 관해 진지하게 고민하라는 뜻이다. 모든 교회, 모든 공동체, 모든 사람에게는 하나님 나라를 위해 쓰일 수 있는 특별한 자산이 있다.

진지하게 고민해 보라. 우리 동네에 세계 복음화에 꼭 필요하지만 우리 교회의 수익에 도움이 되지 않는다는 이유로 무시해 왔던 선교지가 있는가? 우리가 우리 자신에게 이익이 되는지에 따라서만 사역 기회를 평가하고 있는가? 아니면 당장 우리에게 도움이 되지 않아도 하나님 나라에 도움이 되는 사역 기회를 찾고 있는가?

교회 리더라면 더 구체적으로 고민해야 한다. 당장은 자신이나 자신의 교회, 자신의 입지에 도움이 되지 않지만 장기적으로 봤을 때 중요한 사역 기회에 참여하고 있는가?

영적 회오리바람 속으로 끌어당기시다

하나님은 이 외에도 여러 상황을 통해 나로 하여금 내 왕국에서 눈을 떼고 보내는 일에 집중하게 도와주셨다. 하나님은 영적 회오리바람이시다. 우리를 끌어당기셨다가 곧바로 튕겨 내보내신다. 이 강력한 회오리바람 속으로 들어가는 건 곧 자살행위처럼 느껴진다. 하지만 이 속으로 들어가야만 하나님이 우리 '씨앗'의 껍데기를 까 주신다. 물론 고통스럽지만 그건 우리에게 유익한 고통이다. 그 고통 속에서 복음의 삶이 나오기 때문이다.

내 지난 삶을 가만히 돌아보니 하나님은 내내 나를 보내는 일로 부르고 계셨다. 나는 원래 법과 대학에 진학했는데, 어느 날 하나님은 복음을 모른 채 죽어 가는 22억 명에 관한 안타까움을 내 마음속에 가득 채우셨다. 대학 3학년의 어느 금요일 아침, 로마서를 읽다가 예수님을 믿는 것이 구원으로 가는 유일한 길이라는 진리가 마침내 완전히 믿어졌다. 그렇다면 수많은 사람이 예수님과 떨어진 채 아무런 희망도 없이 멸망으로 가고 있는 셈이었다. 내 영혼 깊은 곳에서 그 22억 명에 대한 의무감이 느껴지기 시작했다.

그날 아침 나는 그들에게 가서 복음을 전해도 되겠느냐고 하나님께 물었다. 그때까지만 해도 이 사명에 참여하라는 하늘의 음성이 들려올 때까지 기다려야 하는 줄 알았다. 하지만 하나님은 이미 더없이 분명히 말씀해 주셨다. "나를 따라오라 내가 너희를 사람을 낚는 어부가 되게 하리라"(마 4:19). 예수님을 따르라는 부르심이 그분의 사명에 참여하라는 부르심이 아니고 무엇이겠는가.

그런데 그때 나는 계속 하나님의 뜻이 무엇인지 물었고, 사람들에게 '내 인생을 향한 하나님의 뜻을 찾기 위해' 애쓰고 있다고 말하고 다녔다. 지금 와서 생각하니 이것이야말로 가장 어리석은 말 중 하나다. 하나님의 뜻은 찾을 필요가 없다. 애초에 잃어버린 적이 없으니 말이다. "주께서는 …… 아무도 멸망하지 아니하고 다 회개하기에 이르기를 원하시느니라"(벧후 3:9). 하나님의 뜻은 우리가 이 선교 사명에 동참하는 것이다.

그 학기, 내 기도는 "하나님, 가라고 명령하시면 가겠습니다"에서 "하나님, '어디로' '어떻게' 가기를 원하시는지 보여 주십시오"로 바뀌었다.

내가 받은 첫 번째 임무는 복음을 모르는 한 무리의 이슬람교도들 속으로 들어가 함께 사는 것이었다. 그런데 그곳을 떠나기 전에 한 사람과 나눈 대화는 내 인생의 방향을 송두리째 바꿔놓았다. 말 그대로 공항으로 떠나기 몇 분 전, 내가 수차례 복음을 전했던 한 이슬람 친구가 찾아와 꿈 얘기를 했다.

"꿈에 땅 위에 서 있는데 갑자기 코앞에서 천국으로 이어지는 '곧고 좁은 길'이 열렸어요. 그 길을 따라 올려다보니 이럴 수가…… 당신이 보이는 겁니다! 당신이 천국으로 가는 길을 걷고 있었어요! 당신을 불렀지만 듣지 못하더군요. 이윽고 당신이 천국의 문 앞에 도착했어요. 거대한 철문이었죠. 솔직히 당신이 그 문을 통과하지는 못할 거라고 생각했어요. 그런데 그때 안에서 누군가가 당신의 이름을 부르는 소리가 들렸죠. 곧 문이 활짝 열리고 당신이 들어갔어요. 순간, 내 가슴이 무너져 내렸어요. 나도 당신과 함께 들어가고 싶었거든요. 털썩 주저앉아 절망감에 사로잡혀 있는데 문이 다시 열리고 당신이 나왔어요. 그러고는 왔던 길을 다시 내려와 내게 손을 뻗어 함께 천국으로 데려갔어요."

그는 나를 지그시 바라보다가 이내 입을 열었다. "이게 무슨 꿈일까요?"

나는 전통적인 침례교 가정에서 자랐다. 그래서 꿈이니 환상이니 하는 것과는 거리가 먼 삶을 살았다. 하지만 그 순간, 무슨 말을 해야 할지 본능적으로 알았다. "형제여, 정말 운이 좋군요. 내 영적 은사가 바로 해몽입니다!"

나는 (또다시) 그에게 한 시간 넘게 복음을 설명했지만, 여전히 그에게는 믿기 어려운 이야기였다. 그렇지만 그가 마지막으로 한 말을 평생 잊을 수 없을 것 같다. "내 꿈의 의미를 알 것 같아요. 하나님이 구원의 길을 찾게 도와주려고 '당신'을 내게 보내신 거예요. 하지만 당신은 곧 집에 가고 내가 아는 그리스도인은 당신밖에 없으니, 이제 누가 내게 구원의 길을 보여 주죠?"

교회를 세우기 위해 우리 교인들을 파송할 때마다 내 친구 아메드의 얼굴이 떠오른다. 그때마다 왜 하나님이 나를 구원해서 사역자로 부르셨는지 다시 기억한다. 하나님은 다른 이들에게 복의 통로가 되라고 내게 복을 주신 것이다.

복음에는 책임이 따른다. 복음을 받아들이는 순간 우리는 아직 복음을 듣지 못한 사람들에게 '빚진 자'가 된다. 우리는 이제 마음대로 살 수 있는 '자유인'이 아니다. 우리가 가진 모든 자원과 재능, 미래는 세상의 아메드에게 '빚진' 것들이다.

이런 관점에서 내 삶을 돌아보니 목회자로의 부르심이 선교 현장으로의 부르심으로 시작되었다는 사실이 눈에 들어왔다. 예수님은 열국으로의 부르심을 철회하신 적이 없다. 그분은 목사로서의 내 사역을 통해 그 일을 이루신다.

당신이 받은 소명의 구체적인 내용은 나와 다르겠지만 본질은 동일하다. 예수님은 모든 제자를 열국을 향한 선교 사명으로 부르신다. 구체적인 임무는 다르지만 궤적은 동일하다.

문제는 우리가 부르심을 받았느냐 하는 게 아니라 어디로 어떻게 부르심을 받았느냐 하는 것이다. 당신은 이제 어디로 어떻게 부르심을 받았는지만 알아내면 된다. 이런 생각에 따라 살면 당신의 삶이 어떻게 달라질까?

복음의 저수지에서 복음의 강으로

몇 해 전 하나님이 내게만 보냄의 DNA를 불어넣으신 게 아니라 우리 교회를 보냄의 기초 위에 세우셨다는 사실을 깨달았다. 우리 교회는 1962년 샘 제임스 목사님이 개척했다. 하나님은 샘 목사님과 레이첼 사모님을 베트남 선교사로 부르셨다. 그런데 큰아들의 병으로 출발이 지연되었다. 샘 목사님은 답답한 가운데서도 그 시간을 노스캐롤라이나 주 더럼 북부에 교회를 개척하는 일에 썼다. 8개월간의 노력 끝에 1962년 3월 4일 홈스테드하이츠침례교회(the Homestead Heights Baptist Mission)가 공식적으로 문을 열었다.

샘 목사님이 창립 첫 주일에 전한 설교의 본문은 선교사 윌리엄 캐리로 인해 유명해진 이사야 54장 2-3절이었다.

네 장막터를 넓히며 네 처소의 휘장을 아끼지 말고 널리 펴되 너의 줄을 길게 하며 너의 말뚝을 견고히 할지어다 이는 네가 좌우로 퍼지며 네 자손은 열방을 얻으며 황폐한 성읍들을 사람 살 곳이 되게 할 것임이라.

300여 년 전 캐리는 이 본문으로 복음의 축복에는 그것을 남들에게 전할 책임이 따른다는 사실을 영국 교회에 일깨워 주었다. 샘 목사님도 새로운 교회의 교인들에게 이 점을 전해 준 뒤에 그날 오후로 베트남 행 비행기에 몸을 실었다.

나는 2009년 샘 목사님을 처음으로 만났다. 그때 목사님께 이런 말을 들었다. "영어권 세계를 향한 윌리엄 캐리 선교사의 꿈이 이 교회를 향한 제 꿈이었습니다. 출발은 좋았어요. 그런데 몇 년 뒤에 교회는 방향을 잃고 현상 유지에 급급한 모습을 보였지요. 하지만 저는 하나님이 이 교회에 열방을 전도하기 위한 특별한 사명을 주셨다는 점을 한 번도 의심한 적이 없어요."

2012년 샘 목사님은 홈스테드하이츠침례교회를 서밋교회로 새롭게 출범시키는 10주년 창립 예배 때 참석해서 자리를 빛내 주었다. 우리 교인들 대부분은 창립자인 샘 제임스 목사님에 관해 한 번도 들은 적이 없었다. 그날 목사님은 눈물을 글썽이며 강단에 서서 떨리는 목소리로 말했다. "하나님이 열국에 선교사를 파송하는 교회 개척의 꿈을 제게 주셨는데, 이제 여러분을 보고 하나님이 열국 가운데서 여러분을 어떻게 사용하시는지 듣고 보니 이 늙은이의 꿈이 이루어진 것을 알겠습니다."

그 주말, 우리 교회는 심오한 진리 하나를 다시금 깨달았다. 하나님이 '보내는 일'을 위해 우리 공동체를 세우셨다는 것이다.

하나님은 당신을 구원하실 때도 보내는 일을 계획하셨다. 하나님이 당신에게 복을 주신 데는 복의 통로가 되라는 뜻이 담겨 있다. 하나님은 당신 안에서 역사를 시작하실 때 당신의 가족과 친구들, 지역사회, 나아가 다른 나라들까지 염두에 두셨다. 당신이 복음의 저수지가 되는 건 하나님의 뜻이 아니다. 하나님은 당신이 복음의 강이 되길 원하신다.

예수님은 아버지의 약속 위에 교회를 탄생시키셨다. "내게 구하라 내가 이방 나라를 네 유업으로 주리니 네 소유가 땅끝까지 이르리로다"(시 2:8). 사도들은 이 약속의 땅에 첫 교회의 씨앗을 심었고, 그 뒤로 모든 교회는 이 약속을 물려받았다.

'정말 나와 함께 있기를 원하느냐'

아마도 교회에서 가장 자주 들리는 기도는 이것일 것이다. "하나님, 오늘 이곳에 임하시길 원합니다." 모든 교회가 하나님의 임재를 원한다. 그런데 내주하심에 관한 예수님의 약속 중 얼마나 많은 약속이 세계 복음화에 대한 우리의 참여와 관련되어 있는지 아는가?

> 그러므로 너희는 가서 모든 민족을 제자로 삼아…… 내가…… 너희와 항상 함께 있으리라(마 28:19-20).

> 사람이 나를 섬기려면 나를 따르라 나 있는 곳에 나를 섬기는 자도 거기 있으리니(요 12:26).

> 그런즉 우리도 그의 치욕을 짊어지고 영문 밖으로 그에게 나아가자(히 13:13).

예수님과 함께하려면 그분이 가시는 곳으로 따라가야 한다. 우리가 예수님의 임재를 요청할 때마다 그분이 도리어 초대를 하시지 않을까 싶다. '정말로 나와 함께 있기를 원하느냐? 그렇다면 내가 있는 곳으로 오라. 편안한 자리를 떠나 열방으로 나를 따라오라.'

보냄의 DNA는 예수님을 따르는 모든 교회 속에 이미 들어가 있다. 당신이 어디로 어떻게 보냄을 받을지는 성령이 차차 밝혀 주시겠지만, 당신이 보냄을 받았다는 사실만큼은 하나님의 말씀에 이미 분명히 선포되어 있다. 예수님과 가까이 동행하고 그분이 당신을 구원하기 위해 하신 일을 깊이 이해할수록 보냄이 자연스러워진다. 다른 모든 영적 열매와 마찬가지로 보냄은 건강한 복음의 문화에서 자라난다.

그렇다면 우리가 섬기는 교회, 우리의 사역, 우리 마음속에서 실제로 어떻게 그런 문화를 기를 수 있을까? 이것이 우리의 다음 주제다.

Part 2

예수 복음을 품고
교회 밖으로,
세상 속으로

'보내는 교회'와 '보냄 받은 성도'를 위한
10가지 다림줄

나는 목공에 소질이 전혀 없다. 아이들을 위해 나무집을 만들려고 시도해 본 적조차 없는데 그건…… 솔직히 고백하자면 아내가 절대 허락하지 않기 때문이다. 아내는 자식들을 너무 사랑해서 아이들의 목숨을 놓고 모험을 하지 못한다. 아내는 내 손으로 만든 것이 툭 하면 무너진다는 걸 알기 때문에 우리 아이들을 절대 그 안에 들어가게 하지 않는다. 내가 뭔가를 잘 만들지 못하는 이유 중 하나는 아무래도 인내심의 부족인 듯하다. 나는 각을 똑바로 잡고 정확하게 측정하는 식으로 꼼꼼하게 작업하지 못한다. 그런데 작은 부분까지 꼼꼼하게 작업해야 구조물이 오래간다.

건축가들은 각을 똑바로 잡기 위해 다림줄을 사용한다. 다림줄이란 줄에 추를 단 것으로, 정확한 수직을 잡아 준다. 다림줄을 사용해서 벽이 한쪽으로 기울어지지 않게 할 수 있다. 벽이 수직을 이루어야 비로소 구조물이 세월의 무게를 이겨 낼 수 있다.

우리 교회는 '예수 복음 중심'과 '파송하는 교회'라는 구조물의 방향을 잡아 줄 수많은 다림줄을 개발했다.[1] 이 다림줄은 '보냄 받은 우리'의 삶과 '보내는 교회'의 모든 사역을 같은 방향으로 정렬시켜 주는 나침반의 정북과 같다.

　　이제부터 이 10가지 다림줄을 소개하고자 한다. 우리 교인들은 저 다림줄을 입에 달고 산다. 우리 교회 교역자들은 잠자다가도 이 다림줄을 중얼거리는 바람에 배우자들에게 불평을 들을 정도다. 내가 그만큼 이것을 많이 말했다는 뜻이다. 담임목사가 이 다림줄을 질리도록 말해야 교역자들이 겨우 한 번 들을까 말까 하고, 교역자들이 질리도록 들어야 교인들 귀에 한 번 들릴까 말까 하기 때문이다. 이것은 이렇게까지 강조할 만한 가치가 있는 메시지들이고, 그렇게 해야 비로소 누군가의 마음에 가닿아 실천으로 옮겨진다.

　　이 다림줄은 우리 삶과 사역이 지상대명령과 수직을 이루게 해준다.

1

죄책감과 탐욕만으로는
시동이
쉬이 꺼진다

다림줄 1. "복음은 단지 풀(pool)에 들어가기 위한 다이빙대가 아니라 풀 그 자체다"

우리 첫째 딸은 갓난아기였을 때 헬륨 풍선을 유난히 좋아했다. 그래서 녀석의 세 번째 생일에 내가 50개의 풍선을 내 숨으로 '직접' 불어 주었다. 정말 힘든 작업이었다. 그래서 딸이 고마워했을까? 녀석은 파티 장소로 들어와 풍선 하나를 집더니 심드렁하게 말했다. "아빠, 풍선이 왜 이래요? 놀이공원에서 본 풍선처럼 하늘에 뜨지 않잖아요."

풍선이 우리 숨으로 가득 차 있으면 몇 초 간격으로 계속 쳐올려야 공중에 떠 있을 수 있다. 쳐올리기를 멈추는 순간, 다시 땅바닥에 떨어져 버린다. 선교 사명에 꾸준히 참여시키기 위해 이 풍선처럼 다뤄야 하는 사람이 너무도 많다. 그들에게는 매주 "베푸십시오!"라고 크게 소리를 질러야 한다. 그러면 그 주에는 헌금함에 꽤 많은 헌금을 넣는다. "친구들을 전도하십시오!"라고 외치면 한 주간은 친구들과의 대화 속에 어떻게든 4영리를 끼워 넣으려고 애쓴다. "교회에서 봉사하십시오!"라고 외치면 잠시나마 유아부에서 봉사한다. 쳐올릴 때마다 순종의 공중에 잠시 떠 있다가 이내 안주하는 삶으로 돌아간다. 다음 주에는 돈을 움켜쥐고, 야심차게 시작한 유아부 봉사는 똥 기저귀 한 번으로 막을 내린다.

하지만 풍선을 헬륨으로 채우면 스스로 떠오른다. 애써 쳐올릴 필요가 없다. 잃은 양을 향한 열정으로 마음을 가득 채우면 파송의 기술은 저절로 길러진다. 잃은 양을 찾아 나서라고 소리 지를 것도 없다. 보내는 일을 잘하지 못하는 건 능력이 부족해서가 아니라 확신이 부족하기 때문이다. 기술이 아니라 열정이 부족한 게 문제다.

오해하지는 마라. 전략과 구조에 대해서도 사고의 전환이 필요하다. 하지만 경영의 대가 피터 드러커는 "문화는 전략을 아침 식사로 먹어치운다"라는 유명한 말을 남겼다. 조직이 가장 잘하는 것은 가장 사랑하는 것에서 나온다. 효과적으로 보내려면 하나님의 영광과 잃은 양을 그 무엇보다도 사랑해야 한다. 그러면 파송은 자연스럽게 이루어진다.

보냄을 중시하는 문화는 자연스럽게 보냄에 필요한 구조를 만들어 낸다. 프랑스 작가 생텍쥐페리는 이렇게 말했다.

> 사람들로 하여금 배를 만들게 하고 싶다면 조선(shipbuilding) 매뉴얼을 주지 마라. 작업팀을 조직해 나무를 제공하지 마라. 그보다는 끝없이 펼쳐진 바다를 동경하게 만들라.[1]

바다를 동경하게 되면 당장은 기술이 없어도 어떻게든 익혀서 바다로 나가고야 만다. 우리의 문제는 세상을 전도하기 위한 프로그램이 부족한 게 아니다. 하나님의 영광으로 온 세상을 뒤덮겠다는 열망이 부족한 것이다. 열망이 부족하니 사람들을 그리스도께로 인도하고 그들의 마음속에서 그분의 영광이 깨어나는 모습을 보기 위해 필요한 배들을 짓지 않는 것이다.

외적인 프로그램으로는 마음의 문제를 바로잡을 수 없다. 기껏해야 피상적인 구조를 사람들에게 강요하게 될 뿐이다. 그래서는 결과를 만들어 낼 수 없을뿐더러 사람들의 저항과 분노만 일으킨다. 사람들은 대부분 영혼 깊은 곳에서 내키지 않기 때문에 선교 사명을 위해 희생하지 않는다. 그들에게 선교 사명은 희생할 만한 가치가 없는 일이다.

사도 바울은 자신이 교회의 그 어떤 리더들보다도 열심히 일한다고 말했다. 잃어버린 유대인 형제들에 대한 안타까움을 매일 영혼 깊이 느꼈기 때문이다. 바울은 동포들이 구원 받는 것이 "내 자신이 저주를 받아 그리스도에게서 끊어질지라도 원하는 바"(롬 9:3)라고 말했다. 영혼을 위한 이런 열정이 그의 사역에 효과를 더해 주었다. 열정이 있었기에 바울은 닫힌 문을 여는 법, 후배 사역자들을 훈련하는 법, 죽음을 앞둔 감옥에서 자신이 죽고 2천 년이 지난 뒤에도 사람들을 깨우칠 수 있는 서간문을 쓰는 방법과 지혜를 기어코 알아냈다. 이렇듯 열정은 사명을 이룰 길을 뚫어 낸다.

따라서 바울의 기술을 차용하기 전에 그의 정신부터 배워야 한다. 어떻게 해야 우리 자신과 우리가 이끄는 사람들 속에 이런 정신을 불어넣을 수 있을까?

바울은 열정의 근원을 이렇게 설명한다. "우리가 생각하건대 한 사람이 모든 사람을 대신하여 죽었은즉 …… 살아 있는 자들로 하여금 다시는 그들 자신을 위하여 살지 않고 오직 그들을 대신하여 죽었다가 다시 살아나신 이를 위하여 살게 하려 함이라"(고후 5:14-15). 선교 사명의 열정은 복음에 대한 깊고도 개인적인 경험에서 비롯한다. 하나님이 구원을 통해 보여 주신 은혜에 깊이 감격하면 다른 이들을 구원으로 인도하기 위해 피땀을 흘리는 게 전혀 손해처럼 느껴지지 않는다. 구원하시는 하나님의 영광이 온 세상에 펼쳐지고 우리가 그리스도 안에서 발견한 것을 이웃들도 발견하기를 간절히 원하게 된다.

그리스도의 십자가는 바울에게 희생할 '동기'(그리스도의 사랑), 희생의 '정도'(그리스도의 십자가 죽음), 희생을 통한 '사명'(사람들과 하나님을 화목하게 만드는 것, 고후 5:14-21 참조)이었다. 바울은 자신처럼 다른 이들도 하나님과 화목하게 되기를 원했다.

바울은 사람들에게 미쳤다는 소리를 들을 만큼 사명을 위해 철저히 희생했다(고후 5:13 참조). 당신은 정신 상태를 의심받을 만큼 사명을 위해 큰 희생을 감수한 적이 있는가? 복음에 진정으로 사로잡히면 사람들이 고개를 갸웃거릴 만큼 큰 희생을 하게 된다. 마치 정신 나간 괴짜처럼 보일 수 있다(벧후 3:15-16 참조).

이런 과할 정도의 희생은 하나님이 우리를 위해 해 주신 일에 대한 깊은 깨달음에서만 나올 수 있다. 복음은 우리 마음에 열정을 가득 채워 사명의 하늘로 날아오르게 만드는 헬륨이다. 그리스도인 삶의 '모든 것'은 복음에서 흘러나온다. 당신과 당신이 이끄는 사람들이 복음 속으로 더 깊이 들어갈 때 사명의 하늘로 더 높이 날아오를 수 있다.

후히 받은 그 은혜를 인하여

우리 교회에 오면 "복음은 단지 풀(pool)에 들어가기 위한 다이빙대가 아니라 풀 그 자체다"라는 말을 흔히 들을 수 있다. 복음은 단순히 기독교의 출발점이 아니다. 단지 우리가 하나님과의 동행을 시작할 때 드리는 기도가 아니다. 복음은 그리스도인 삶의 처음이자 끝이다.

많은 그리스도인이 복음을, 기독교의 '고급 과정'(종말신학이나 헬라어 공부, 구약 역사, 십일조 등)으로 넘어가기 전에 밟아야 하는 '기초 과정'쯤으로 생각한다. 나도 그리스도의 용서가 필요함을 인정하고 그분이 기꺼이 용서해 주신다는 사실을 믿은 뒤에는 용서해 달라고 기도하는 게 기독교의 기초라고 배웠다. 그 다음에는 신앙서적을 읽고 선교 여행을 가고 휴거에 관한 설교를 듣는 것 같은 고급 과정으로 들어갈 수 있다. 그러나 팀 켈러 목사에 따르면, 복음은 기독교의 출발점이 아니라 처음이요 끝이다. 그리스도인 삶의 모든 덕목은 복음을 깊이 경험할 때만이 나온다.[2] 영적 성장은 복음을 넘어서는 게 아니라 복음 속으로 더 깊이 들어가는 것이다.

바울은 고린도 교인들에게, 그리스도를 통한 하나님의 선물 속에서 그분의 영광을 볼수록 그들이 더 '영광스러워질' 것이라고 말했다(고후 3:18; 4:4 참조). 또한 로마 교인들에게는, 그들을 향한 하나님의 과분한 긍휼을 통해 "마음을 새롭게"(롬 12:1-2) 하면 그분의 뜻을 이루게 될 것이라고 말했다.

'예수님을 닮기 위한 10단계 과정'을 밟는다고 해서 더 좋은 제자가 되는 게 아니다. 하나님이 우리를 구하러 오기 위해 밟으신 10억

걸음을 깊이 이해하면 그리스도의 열정적인 제자가 될 수밖에 없다.[3]

바울은 우리에게 베풂의 정신을 불어넣기 위해 '우리를 향한' 그리스도의 후하심을 상기시킨다. 반면, 내가 베풂을 이끌어 내기 위해 오랫동안 애용했던 도구는 죄책감이었다.

'굶어 죽는 사람이 수십만인데 어떻게 혼자서만 사치스럽게 살 수 있는가? 커피 한 잔 값이면 얼마나 많은 고아를 먹일 수 있는지 아는가? 비참하게 사는 사람이 그토록 많은 이 세상에서 그토록 풍족하게 살고도 나중에 예수님 앞에서 떳떳하게 얼굴을 들 수 있겠는가?'

물론 가난한 자들의 신음 소리에 귀를 닫는다면 죄책감을 느껴야 마땅하다!(암 5:21-22; 사 58:6-7 참조) 하지만 이런 식의 동기유발은 오래가지 않는다. 죄책감은 즉각적이고도 극적인 반응을 이끌어 내지만 인간의 정신은 죄책감을 극복하는 메커니즘을 지니고 있다. 우리는 남들에 비해 낫다는 식으로 죄책감을 완화시킨다. 그러면서 사치를 합리화하고, 남들의 고통을 느끼는 감각을 마비시킨다. 따라서 죄책감으로 우리를 '쳐올려 봐야' 지속적인 베풂은 나타나지 않는다.

어떤 목사들은 베풂을 이끌어 내기 위한 무기로 '탐욕'을 사용한다. 한번은 텔레비전에서 다음과 같은 설교를 들었다.

하나님께 복을 받고 싶나요? 그렇다면 지금 화면 오른쪽에 보이는 전화번호로 이 사역에 기부하세요. 하나님은 남들을 위해 헌신하는 사람들에게 복을 주십니다. 낡아빠진 중고차를 모는 게 지겨운가요? 새 차의 복을 받고 싶나요? 이 사역에 최소한 천 달러를 기부하세요. 신용카드 빚에서 벗어나고 싶나요? 지금 신용카드의 남은 한도액을 이 사역에 기부하세요. 그러면 하나님이 빚을 완전히 없애 주실 겁니다.

아, 내가 지어낸 말이라면 좋으련만! 물론 하나님은 베푸는 자들에게 복을 주시고 부하게도 하신다(잠 4:9-10; 고후 9:6-15 참조). 하지만 바울은 고린도 교인들에게서 베풂을 이끌어 내려고 할 때 '먼저' 하나님이 복으로 갚아 주신다는 약속부터 제시하지 않았다. 바울은 죄책감이나 탐욕이 아닌 '은혜'를 통해 베풂을 이끌어 내고자 했다.

> 우리 주 예수 그리스도의 은혜를 너희가 알거니와 부요하신 이로서 너희를 위하여 가난하게 되심은 그의 가난함으로 말미암아 너희를 부요하게 하려 하심이라(고후 8:9).

진정으로 후한 마음을 만들어 내는 것은 해야 할 일을 하지 않은 데 대한 죄책감도 아니요 하나님이 복으로 갚아 주실 것이라는 기대감도 아니다. 그리스도가 십자가에서 우리를 위해 이미 해 주신 일에 대한 감사가 바로 그 열쇠다. 예수 그리스도의 은혜를 기억하는 것이 죄책감을 자극하거나 복의 약속으로 기대감을 자극하는 수백 번의 설교보다 후한 마음을 길러 내는 데 더 효과적이다.

이 점을 보여 주는 이야기 중에서 내가 특히 좋아하는 건 만 달란트를 탕감 받은 남자에 관한 예수님의 비유다(마 18:21-35 참조). 당시 만 달란트는 아주 큰 액수였다. 1달란트는 일반 노동자의 약 20년치 월급이었다.[4] 게다가 '만'은 헬라 세계에서 가장 큰 숫자였기 때문에 그야말로 무한대나 다름없었다. 이 남자는 아무리 애를 써도 영원히 갚을 수 없을 만큼 많은 액수를 빚진 것이다.

어느덧 빚을 갚을 날이 왔다. 만약 빚을 갚지 못하면 감옥에 들어가 빚을 다 갚을 때까지 그 자신만이 아니라 가족들까지 노역에 시달려야 한다. 돈도 희망도 없는 채무자는 채권자 앞에 바짝 엎드려 자비를 구하기 시작한다. "시간을 조금만 더 주시면 꼭 갚겠습니다! 제발 우리 아이들을 감옥에 보내지 말아 주세요!" 시간을 조금만 더 달라고? 이건 무한대의 빚이다. 이 광경을 보는 사람마다 안타까움을 느꼈을 것이다. 빚쟁이들은 큰 빚에 대해 '더 많은 시간'을 주지 않는다.

그런데 예수님의 이야기는 뜻밖의 반전을 이룬다. 채권자는 비참하게 비는 남자에게 연민을 느낀다. 여기서 예수님은 '폐부 깊은 곳에서 우러나오는 연민'을 의미하는 헬라어 '스플랑크나'를 사용하셨다. 영혼 깊은 곳에서 우러나오는 연민. 채권자의 눈에 눈물이 가득 고이고, 아랫입술이 부르르 떨린다. 채권자는 눈물을 억지로 삼키며 채무자에게 말한다. "시간을 더 달라는 요청은 받아들이지 않겠네. …… 왜냐하면 빚을 아예 탕감해 줄 생각이니까. 자, 이제 그만 가도 좋네."

채무자는 물론이고 그 자리에 있던 누구도 예상치 못한 일이 일어났다. 채무자는 무릎을 꿇고 목숨을 살려 준 은인에게 감사를 표시한다. 법정을 걸어 나오는 내내 여전히 꿈인가 생시인가 싶다. 참으로 오랜만에 자유를 얻었다.

그때 법원 앞에서 자신에게 1.5달러를 빚진 친구가 걸어가는 게 보인다. 그가 대번에 소리부터 지른다. "이봐. 1.5달러는 언제 갚을 거야?" 친구가 머리를 긁적이며 말한다. "미안하네, 친구. 요즘 통 벌이가 좋지 않았어. 한 주만 더 기다려 줘. 다음 주에는 꼭 갚을게." "안 돼!" 남자는 호통을 치며 친구의 멱살을 잡는다. "당장 갚지 않으면 감옥에 처넣을 줄 알아!"

예수님께 이 이야기를 듣는 청중이 이 대목에서 어떤 반응을 보였을까? 아마도 혀를 차며 이렇게 말하지 않았을까 싶다. "에이! 수백만 달러를 탕감 받은 사람이 1.5달러 빚진 사람을 감옥에 처넣을 리가 없어!" 이때 예수님도 맞장구를 치시지 않았을까? "그렇다! 이토록 큰 빚을 용서받은 사람이라면 절대 남들에게 가혹하게 굴지 않지." 예수님은 계속해서 설명해 주신다. 다른 이에게 베풀 줄 모르는 사람은 자신을 향한 하나님의 용서를 경험하지 못한 게 틀림없다. 그는 자신이 영원한 빚을 용서받았다는 사실을 진정으로 깨닫지 못한 게 분명하다.

복음을 진정으로 믿는 사람이 복음처럼 살지 않는 건 불가능하다. 진정으로 은혜를 경험하고 나면 남들을 위해 기꺼이 큰 희생을 할 줄 아는 사람으로 변하게 된다. 후한 정신을 기르고 싶다면 예수님이 우리를 위해 치르신 막대한 희생을 더 깊이 느껴야 한다. 복음은 뿌리고, 희생정신은 그 열매다.

예수 복음에 푹 젖는 것이 먼저다

최근에 우리는 열두 명의 교인을 우리 교회의 '거주팀'으로 임명했다. 거주팀이란 우리 도시 내의 다른 지역으로 이사해 그곳에서 복음을 삶으로 실천해 보이는 팀이다. 여름성경학교나 부활절 초청 행사 같은 프로그램만 진행했을 때는 그 지역에서 전도의 열매를 별로 맺지 못했다. 그래서 생각해 낸 것이 이 지역의 사람들과 함께 살면서 매일 그들 앞에서 복음을 실천해 보이자는 것이었고, 이 전략은 효과를 발휘했다.

지금까지 젊은 전문인들, 자녀를 둔 가정, 은퇴 부부들을 비롯해서 100명이 넘는 교인이 거주 프로그램에 참여했다. 그들은 난민촌, 외국 학생들이 운집한 허름한 아파트촌, 빈민가 등지로 이사를 했다. 이사를 한 뒤에는 계속해서 우리 교회를 다니거나 그곳에서 새로운 교회를 세운다. 두어 번은 그 지역 사람들을 전도하는 데 더 적합한 교회로 옮길 것을 권하기도 했다.

결과는 놀라웠다. 교회가 있는 쪽은 쳐다보지도 않을 사람들까지 속속 세례를 받는 역사가 나타났다. 최근에 한 남자는 교인들 앞에서 거주 팀에 합류하게 된 이유를 다음과 같이 설명했다.

> 예수님은 사명을 위해 모든 것을 떠나셨습니다. …… 우리도 똑같이 해야 마땅하지 않겠습니까? 우리가 사람들을 전도하기 위해 직장과 가족, 친구, 익숙한 환경, 고향, 심지어 우리가 사랑하는 서밋교회까지 떠나야 하지만 그래 봐야 예수님이 우리를 위해 떠나신 것에 비하면 여전히 아무것도 아니지 않습니까?

몇 해 전 우리 교회 아시아 지역 교회 개척팀에 속했던 20대 청년 '클라라'가 현지 이슬람 근본주의자에게 납치되는 사건이 일어났다. 클라라는 어떤 단서나 유괴범의 협박 편지도 없이 그냥 바람처럼 사라져 지금까지 발견되지 않았다.

다음은 그 사건과 이후에 일어난 일에 대해 그 나라 현지 팀 리더가 전해 준 소식이다.

어느 이른 아침, 클라라는 사역지로 가는 길에 납치를 당했습니다. 며칠 동안 아무 소식도 듣지 못하다가 현지 소식통을 통해 산악 지대에 붙잡혀 있다는 첩보를 입수했고, 이후 다섯 달간 저희는 인질범들과 협상을 벌였습니다. 그동안 저희는 클라라가 이리저리로 끌려다니고 있다는 소식을 전해 들으며 마음을 졸였습니다. 미군은 몇 번이나 구조 작전을 벌였고, 그중에서 두 번은 거의 성공할 뻔하기도 했습니다. 나중에 안 일이지만, 한번은 미군이 현장에 도착했을 때 클라라가 바로 옆집으로 이송되었다고 합니다. 또 한번은 클라라가 지하실에 갇혀 있는데 구조팀이 모르고 지나간 적도 있었습니다. 구조대원들이 지척에서 그냥 지나쳐 갔을 때 클라라는 얼마나 낙심했을까요? 그 좌절감을 저희는 감히 상상조차 할 수 없습니다.

이 이야기가 결국엔 행복한 결말을 맞았다고 말할 수 있으면 좋으련만……. 클라라가 어떻게 되었는지 지금도 저희는 정확히 알지 못합니다. 클라라가 이 마을 저 마을로 끌려다니며 여러 악당들의 손을 거쳤다는 가슴 아픈 이야기만 전해 들었습니다. 아프가니스탄 남동부의 '죽음의 사막'을 방랑하는 무기 밀수업자들에게 넘겨졌다는 소식을 마지막으로 클라라에 대한 이야기를 듣지 못했습니다. 그들은 클라라의 컴퓨터에서 기독교 문서가 발견되었다는 이유로 살해 협박을 했다고 합니다. 하지만 살해된 증거도, 시체도 없습니다. 실종된 상태로 클라라의 소식을 듣지 못한 지 벌써 7년이 넘었습니다.

클라라의 납치 소식이 알려지자 이 이슬람 근본주의 사회에서 여성들이 분노하며 일어났습니다. 이 지역의 역사상 처음으로 300명의 여성이 주지사의 관저 앞에 모여 클라라의 석방을 위해 조치를 취할 것을 촉구했습니다. 이 여성들은 클라라에게서 도움을 받은 사람들이었습니다. 그들은 클라라에게서 그리스도를 보았습니다.

하지만 솔직히 저로서는 클라라를 '영웅'이라고 부르는 게 어색합니다. 제 기억 속에 있는 클라라는 미국에서 건너온 평범한 여자 청년일 뿐이었습니다. 잘 웃는 친구였어요. 저희와 똑같이 날씨가 뜨거우면 견디기 힘들어하고, 놀기를 좋아했습니다. 주님의 부르심에 믿음으로 순종해서 편한 자리를 박차고 나온 평범한 젊은이였습니다.

클라라가 이곳 중앙아시아에 온 것은 오로지 복음 때문이었습니다. 그리스도가 자신을 위해 "자기를 비워 종의 형체"로 십자가에서 돌아가셨다는 사실이 그녀를 편안한 미국 남동부에서 이 버려진 땅으로 이끌었습니다. 매일같이 모래 폭풍이 일어나는 곳, 언제 폭발이 일어날지 몰라 창문마다 방폭 필름을 붙여

놓는 곳, 선풍기를 돌릴 전기가 없어 여름에는 37도를 오르내리는 곳, 아주 가끔씩만 인터넷으로 가족들에게 이메일을 보내거나 고향 소식을 들을 수 있는 곳, 복음을 혐오하는 이슬람 무장 세력이 무자비한 짓을 저지르고도 처벌받지 않는 곳. 클라라가 그런 곳으로 온 것은 그리스도가 우리를 위해 훨씬 더 큰 위험과 더 큰 외로움, 더 큰 불편을 감수하셨다는 사실을 깊이 이해했기 때문입니다.

납치를 당하기 바로 한 주 전에 클라라는 우리 팀의 여성들에게 깊은 감명을 받은 성경 구절을 나누었습니다. "그리스도를 위하여 너희에게 은혜를 주신 것은 다만 그를 믿을 뿐 아니라 또한 그를 위하여 고난도 받게 하려 하심이라"(빌 1:29).

클라라는 이런 일을 당할 수 있다는 사실을 알면서도 왜 이곳에 왔을까요? 사람들이 그렇게 물으면 그녀의 답변은 늘 간단했습니다. "예수님이 나를 위해 오시지 않았다면 내가 어떻게 되었을까요? 우리가 편안한 삶을 선택하면 이 나라의 수많은 사람이 그렇게 될 거예요. 우리가 이곳에서 그들과 같이 살면서 예수님에 관해 말해 주지 않으면 그들은 그분을 모르고 그분의 이름을 부를 수도 없을 거예요."

복음을 진정으로 믿으면 예수 그리스도를 닮게 된다. 가장 멀리까지 가서 가장 많이 주는 사람들은 예수님이 자신을 구원하기 위해 얼마나 멀리 오셔서 얼마나 많이 주셨는지를 가장 절실히 깨달은 자들이다. 클라라 같은 복음 전도의 영웅들은 특별한 기술을 가진 슈퍼 히어로들이 아니다. 그들은 우리와 똑같은 평범한 사람들이다. 차이점이라면 복음을 진지하게 받아들이고 그 의미에 관해 깊이 생각한 사람들이라는 것이다.

다른 이를 전도하기 위해 큰 고생을 마다하지 않는 사람이 되고 싶은가? 당신이 이끄는 사람들을 열정적인 전도자로 키우고 싶은가? 그렇다면 복음을 공부하라. 단, 시험 준비를 위해 교리를 공부하는 신학생처럼 하지 말고 할 말을 잃게 만드는 장엄한 석양을 한없이 관찰하는 여행자나 약혼자가 보고 싶어서 그녀의 사진을 자세히 뜯어 보는 군인처럼 하라. 예수님의 은혜에 대한 놀라움과 그분의 재림에 대한 기대감은 세상 끝이라도 기꺼이 찾아가는 강렬한 열정을 낳는다.

교회 안에 보냄의 문화를 정착시키고 싶은 목회자라면 교인들에게 그리스도가 해 주신 일이 얼마나 감격스러운지를 깊이 깨닫고 기뻐하도록 가르치라. 매주 그 은혜에 놀라워하라. 교인들의 눈이 열려 그들을 향한 하나님의 사랑이 얼마나 넓고 깊은지를 보게 해 달라고 기도하라. 그들이 그 사랑을 '느끼게' 해 달라고 기도하라. 그들의 마음이 활활 타오를 때까지 그 사랑이 그들 속에서 끓어오르게 하라. 그러면 장담컨대 그들이 세상을 전도할 방법을 알아서 찾아낼 것이다. 당신이 매번 쳐올리지 않아도 그들이 알아서 사명의 하늘로 날아오를 것이다.

분명히 말하건대, 복음 중심의 진정한 마음의 변화가 없으면 보냄의 문화가 교회 안에 절대 뿌리를 내리지 못한다. 마음의 변화가 일어나면 그 열정을 무엇도 막을 수 없다. 그러나 마음의 변화가 없으면 잠시 약간의 반응을 이끌어 낼 수 있을지는 몰라도 아주 작은 어려움만 닥쳐도 그 풍선은 이내 바닥으로 떨어진다. 변화되지 못한 마음은 희생할 가치를 느끼지 못하기 때문이다.

복음만이 꺼지지 않는 열정을 일으킬 수 있다. 프로그램과 제도가 열정을 지피는 데 도움이 될 수는 있지만 그것만으로는 한계가 있다. 오직 복음만이 열정을 끝까지 유지시켜 준다. 그러니 철저히 복음에 집중하고, 교인들도 그렇게 하도록 가르치라. 보냄의 열매는 복음의 깊은 뿌리에서 자연스럽게 자라난다.

예수님은 "나를 떠나서는 너희가 아무것도 할 수 없음이라"(요 15:5)라고 말씀하셨다.

2

자기 생업의
자리부터
출발하라

다림줄 2. "모든 사람이 자기 자리에서 부름 받았다"

성공한 사업가이자 좋은 아버지이며 교회의 충실한 평신도 리더인 제임스는 하나님이 왜 자신을 전임 사역자로 부르지 않으셨는지 의아하게 생각했다. 하나님은 20대 중반에 극적인 사건을 통해 그를 구원해 주셨고, 당시 그는 이미 산업공학 분야에서 탄탄대로를 달리고 있었다. 제임스는 예수님을 진정으로 사랑했고, 다른 이들도 그분을 알기를 진정으로 원했다. 그는 이 세상에 복음 전파보다 중요한 것은 없다는 걸 알고 있었다. 실제로 직장 동료들을 꽤 그리스도께로 인도했다. 그는 사회에서는 나름대로 성공했지만 하나님이 자신을 전임 사역자라는 '대표팀'으로 소집하시지 않는 이유를 몰라 답답해 했다.

'사역으로의 부르심'이 소수의 특별한 그리스도인에게만 일어나는 2차적인 경험이라는 오해가 교회에 팽배해 있다. 우리는 하나님이 영적 엘리트에게만 사역을 맡기시고 나머지 사람의 역할은 사역자가 준비한 행사에 열심히 참여해서 돈을 내는 것이라고 생각한다.

이보다 더 선교 사명을 방해하는 거짓말은 없다. 사도행전에 따르면 제임스 같은 사람들은 하나님 팀의 2군이 아니라 오히려 1군이다. 종교개혁의 성과 중 하나는 '성직자'(직업적 사역자)와 '일반 신도'(보통 그리스도인)를 구분하는 담을 없앤 것이다. 마르틴 루터는 그리스도에 대한 믿음을 통해 우리가 모두 동등하다고 설명했다. 우리는 모두 제사장이요 선지자며 그리스도의 사자다(벧전 2:9-11; 엡 4:11-13 참조).

그런데 어찌된 일인지 여러 개신교 교단에서는 이 담이 전혀 허물어지지 않았고, 허물어진 교단에서는 리더들이 이 담을 조금씩 다시 쌓고 있다. 교리적으로가 아니라 기능적으로 그렇다는 말이다. 말로는 모든 신자가 제사장이라고 하면서 실제로 사역의 짐은 신학교를 나온 직업적인 사역자에게 떠맡긴다. 하지만 예수님은 사역을 교회 전체에 맡기셨다. "나를 따라오라 내가 너희를 사람을 낚는 어부가 되게 하리라"(마 4:19). 예수님의 이 초대는 모든 제자를 향한 것이다. 바울은 성도들이 사역을 하고 목사와 전임 사역자의 역할은 단순히 사역을 위해 그들을 준비시키는 것이라고 말했다(엡 4:13 참조).

모든 신자는 복음 전파를 위해 살도록 부르심을 받았다. 앞서 말했듯이 문제는 우리가 부르심을 받았느냐가 아니라 어디로 어떻게 부르심을 받았느냐 하는 것이다.

누구를 위해 파티를 여는가

예수님은 부유한 사업가들이 마련한 연회장에서도 이 점을 가르치셨다. 주인은 산해진미와 포도주로 연회를 열고 예루살렘의 '거물들'에게 초청장을 돌렸다(예수님은 부자가 아니셨지만, 물 위를 걷고 죽은 자를 살릴 수 있다면 어디서든 섭외 1순위 아니겠는가).

연회가 시작되자 너도 나도 예수님께 한 말씀을 청했다. 하지만 사람들의 기대와 달리 예수님은 거침없이 쓴소리를 하셨다.

> 네가 점심이나 저녁이나 베풀거든 벗이나 형제나 친척이나 부한 이웃을 청하지 말라 두렵건대 그 사람들이 너를 도로 청하여 네게 갚음이 될까 하노라 잔치를 베풀거든 차라리 가난한 자들과 몸 불편한 자들과 저는 자들과 맹인들을 청하라 그리하면 그들이 갚을 것이 없으므로 네게 복이 되리니 이는 의인들의 부활시에 네가 갚음을 받겠음이라(눅 14:12-14).

필시 이 말씀이 끝나고 어색한 침묵이 흘렀을 것이다. 이 말씀의 요지는 이렇다. "잔치를 열거든 '이' 사람들을 초대하지 마라. 너희가 나중에 초대를 받기 위해서 이들을 초대한 줄 모르는 사람이 없다."

예수님의 말씀대로 하는 것은 곧 경제적 자살이나 다름없다. 이런 연회는 단순한 사교 모임이 아니라 사업을 위한 모임이기도 하다. 부자들은 부자들을 파티에 초대한다. 그것은 그들이 나중에 자신을 다시 초대해서 인맥을 넓혀 주기를 기대하기 때문이다. 원칙은 간단하다. '나중에 내게 베풀 수 있는 사람에게만 베풀라.' 그들은 관계를 일종의 투자로 본다.

그러나 예수님은 오히려 보답할 수 없는 사람들을 초대하라고 말씀하셨다. 뇌물을 줄 수도, 영양가 있는 '친구'를 소개해 줄 수도 없는 사람들을 초대하라고. 예수님은 그렇게 하면, 아니 그렇게 할 때만 "부활 시에 네가 갚음을" 받는다고 말씀하셨다.

물론 예수님의 목적은 우리가 생일 파티에 누구를 초대할지 일일이 통제하시려는 게 아니다. 예수님은 우리 삶(과 사역)의 전반적인 궤적에 관한 질문을 던지신 것이다. '너의 삶을 파티로 본다면 누구를 위해 파티를 열고 있느냐? 주로, 되갚을 수 있는 사람들을 위해서만 네 재능과 자원을 투자하느냐? 아니면 이 세상에서 찾을 수 없는 보상을 바라보고 있느냐?'

이 이야기는 예수님을 따르는 것이 어떤 의미인지를 가장 분명하게 보여 준다. 복음 전도의 삶은 '모든' 사람에게 적용된다. 보다시피 예수님의 청중은 장차 선교 현장으로 나갈 신학생들이 아니라 '사업가들'이었다. 따라서 어떤 직업 분야에서 일하든 예수님의 모든 제자는 복음 전파를 위해 삶의 파티를 열도록 부르심을 받았다.

사업가라면 자신에게 이렇게 물으라. '하나님이 왜 내게 사업의 소질을 주셨을까?' 그것은 육체적 쾌락으로 당신의 왕국을 채우거나 말년에 여행이나 다니며 편하게 지낼 돈을 모으기 위해서가 아니다. 하나님은 다른 이에게 복을 전해 주고 복음을 전파할 수단으로 당신에게 사업의 재능을 주신 것이다.

우리 교회에 남다른 사업 기술로 30대에 이미 평생 먹고 살 돈을 모은 사람이 있다. 그런데 50대가 된 지금, 그는 청각장애인들에게 복음을 전하느라 그 어느 때보다도 바쁘다. 뿐만 아니라 그는 기독교 학교에서 상담을 하고, 하나님 나라를 위해 사업 기술을 사용하려는 젊은 기업가들에게 조언을 해 준다. 또한 그는 누구보다도 후한 베풂을 실천한다. 그는 소박한 삶을 유지하면서 지나치다 싶을 정도로 베푼다. 그는 나처럼 소위 월급을 받는 전임 사역자로 부르심을 받지는 않았지만 그의 소명도 나 못지않게 선교적이다. 나는 직업적인 그리스도인이다. 다시 말해, 월급을 받고 선한 일을 한다. 반면, 그는 아무런 대가도 없이 선한 일을 한다. 표현이 좀 부적절하긴 하지만 무슨 뜻인지 알리라 믿는다. 그는 자기 왕국이 아닌 예수님의 나라를 위해 삶의 파티를 열고 있다.

가정주부도 같은 질문을 던져야 한다. '복음 전파의 사명에서 어떤 역할을 하고 있는가?' 내 아내는 아이 넷을 키우는 일을, 영적이며 선교적인 일로 본다. 내 아내에게 무슨 일을 하냐고 묻는다면 '그리어 가문의 아이들'을 전도하는 선교사라는 답이 돌아올 것이다.

내 아내는 시편 127편에 따라 우리 아이들이 하나님이 전사의 손에 올려놓으신 "화살"이며 자신의 역할은 믿음의 활시위에 그 화살을 얹어 원수의 심장 깊이 쏘는 것이라고 말한다. 선교 사명에서 지금은 그것이 아내의 주된 역할이다. 아울러 아내는 비슷한 또래 아이들의 엄마들에게 그리스도를 전하고 제자로 훈련하는 일에도 힘을 쏟고 있다.

학교 교사나 경찰관, 법관에게도 똑같은 원칙이 적용된다. 하나님은 우리를 직업적인 목사로 부르시지는 않았지만, 우리를 모두 복음 전도의 최전선에 배치하셨다.

그렇다고 해서 길 가는 사람을 억지로 붙잡아 예수님을 전하거나 사업체에 반드시 기독교 냄새가 풍기는 이름을 붙이라는 뜻이 아니다. 하나님은 직업 자체에 대해 목적을 갖고 계신다. 즉 우리가 각자의 직업 전선에서 정직하고 성실하게 일하면 저절로 전도가 된다. 우리의 직업은 세상에 복을 주기 위한 하나님의 수단이며, 그 일을 잘 해낼 때 다른 이에게 하나님을 전할 기회와 자격을 얻게 된다.

모든 신자가 '보내지는 삶'을 살아야 한다는 점을 이해하는 데 이 개념이 매우 중요하므로 조금 더 깊이 탐구해 보자.

더 좋은 세상으로 가꿔 갈 책임을 주시다

마르틴 루터는 우리의 '세속적인' 직업은 하나님이 세상을 돌볼 때 쓰시는 '가면'과도 같다고 말했다. 그는 이렇게 말했다. "주의 기도를 드릴 때 우리는 하나님께 '오늘 우리에게 일용할 양식을 주옵시고'라고 요청한다. 그렇다면 하나님이 이 기도에 어떻게 응답해 주시는가?" 그는 하나님이 "곡식을 심고 거두는 농부, 밀가루로 빵을 굽는 제빵사, 우리의 음식을 준비하는 사람"을 통해 이 기도에 응답해 주신다고 설명했다. "하나님이 일용할 양식을 달라는 우리 기도에 응답하실 때 이 모든 사람이 각자의 역할을 한다."[1]

'직업'을 뜻하는 영어 'vocation'은 '부르다'를 뜻하는 라틴어에서 나왔다. 종교개혁자들은 세속적인 직업이든 성직이든 모든 직업을 소명, 곧 하나님의 세상 돌보기에 동참하라는 부르심으로 보았다.

알다시피 하나님은 세상을 불완전하게 창조하셨다. 그래서 세상을 '개선하기' 위해 우리가 해야 할 일이 남아 있다. 창세기에서 하나님은 피조 세계에 대해 "좋다"를 연발하셨다. 하지만 좋은 것이 완벽한 건 아니다. 완벽이란 더는 개선할 필요성이 없다는 뜻이다. 반면, 좋다는 것은 비록 개선할 점은 있어도 원재료가 좋다는 뜻이다. 하나님은 사람을 완벽한 세상이 아닌 좋은 세상 속에 두시고 나서 이 세상을 더 좋은 세상으로 가꿔 갈 책임을 주셨다.

하나님은 아담을 공원 경비원이 아닌 정원사로 지으셨다. 경비원은 공원을 보존하기만 하지만 정원사는 공원을 '발전'시킨다. 아담은 정원사로서 땅의 원재료와 씨앗을 사용해서 인류에게 유익한 아름다움과 음식을 생산해 냈다.

또한 창세기의 서두를 보면 하나님이 '그분의 형상을 따라' 인간을 지으셨다고 기록되어 있다. 이것이 정확히 무슨 뜻일까? 창세기 1-2장에서는 열두 번이나 하나님이 '창조'하셨다고 말한다. 따라서 창세기 1-2장에 따라서만 정의한다면 하나님의 형상을 닮았다는 것은 곧 창조자를 닮았다는 뜻이다. 그래서 우리는 하나님과 함께 세상을 '공동 창조'한다. 우리는 하나님의 영광과 다른 이의 유익을 위해 지구의 원재료들을 개발한다.

마르틴 루터는 시편 147편 13-14절을 묵상했다. "그[하나님]가 네 문빗장을 견고히 하시고 네 가운데에 있는 너의 자녀들에게 복을 주셨으며 네 경내를 평안하게 하시고 아름다운 밀로 너를 배불리시며." 그리고 나서 "하나님이 이런 일을 정확히 어떻게 하시는가?"라고 물었다.

* 하나님이 어떻게 도시의 문빗장을 견고히 하시는가? 도시를 보호하기 위해 좋은 법을 통과시키는 도시 계획자와 건축가들을 통해서다.

* 하나님이 어떻게 우리 가운데 있는 자녀들에게 복을 주시는가? 교사와 소아과 의사들을 통해서다.
* 하나님이 어떻게 우리의 경내를 평안하게 하시는가? 좋은 법률가와 경찰관들을 통해서다.
* 하나님이 어떻게 아름다운 밀로 우리를 배불리시는가? 농부와 공장 노동자, 식당 주인들을 통해서다.

루터는 모든 신자가 이 세상을 개발하기 위한 어떤 재능을 하나님께 받았는지 알아내야 한다고 생각했다. 왜냐하면 우리가 소명을 이룰 때 이런 재능이 큰 부분을 차지하기 때문이다. 따라서 하나님이 사업, 은행업, 미술, 조경, 의학, 음악, 법 같은 '세속적인' 기술을 주셨다 해도 그것을 천한 기술로 생각할 것 없다. 하나님은 우리의 직업을 통해 그분의 세상을 돌보신다. 우리는 일하는 가운데 하나님의 사명을 위해 사용된다.

이것은 복음주의 교회에서 가장 덜 다뤄진 개념 중 하나다. 그래서 내가 이 주제에 관해 처음 설교했을 때 그해의 어떤 설교, 심지어 성(sex)에 관한 설교보다도 많은 반응이 나타났다.

평범한 그리스도인에게 "사업을 통해 예수님을 섬기라"라고 말하면 대개는 사업체에 기독교식 이름을 붙이거나 물건을 팔다가 어색한 대화를 끼워 넣으라는 뜻으로 받아들인다. "생명보험을 들었으니 이제 사후 보험도 드셔야죠?"

혹시 2004년 아메리칸항공의 한 조종사가 비행 전 안내방송에서 교회에 다니는 승객에게 손을 들라고 했던 이야기를 들은 적이 있는가? 그는 나머지 승객에게 손을 든 승객과 비행 중에 신앙에 관한 대화를 나눌 것을 권했다. 그리고 질문이 있는 사람은 누구든지 자신에게 물어도 좋다고 말했다.[2] 당연히 사람들은 황당한 표정을 지었다. 예수님을 만날 준비가 되었냐고 묻는 항공기 조종사, 상상이 가는가? 그 조종사의 열정만큼은 높이 살 만하지만 과연 그가 그러고도 해고되지 않았을까?

일터에서 예수님을 섬기는 건, 일단 하나님의 영광과 피조 세계의 유익을 위해 열심히 일하고 나서 적절한 기회가 생길 때마다 예수님을 전하는 것이다.

나의 직장이 복음 전파의 장이 되다

모든 그리스도인은 최소한 두 가지 큰 부르심을 받았다. 하나는 하나님의 영광과 다른 이의 유익을 위해 자신의 직업을 사용하라는 부르심이고, 다른 하나는 제자를 삼으라는 부르심이다. 따라서 모든 신자는 자신의 삶에 대해 다음 두 가지 질문을 던져야 한다.

하나님이 세상에 복을 전해 주기 위한 어떤 기술을 내게 주셨는가? 하나님이 당신으로 하여금 무엇을 잘하게 만드셨는가? 무엇에 열정을 느끼는가? 쉽게 말해, 무엇으로 돈을 버는가? 이 기술이 하나님이 이 세상에 복을 전해 주라고 주신 것임을 아는가? 하나님은 아이들이 이 세상의 아름다움에 관해 배울 수 있도록 당신에게 가르치는 기술을 주셨다. 하나님은 다른 이가 아름다움을 누릴 수 있도록 당신에게 예술 재능을 주셨다. 하나님은 남들이 거할 집을 지으라고 당신에게 손재주를 주셨다.

내가 이 기술을 어디서 어떻게 사용하는 것이 복음 전도의 사명에 가장 효과적일까? '이 기술을 어떻게 사용하면 큰돈을 벌 수 있을까?'라고 묻기보다는 '내 기술을 어디서 어떻게 사용하는 것이 남들에게 가장 유익할까? 특히, 어떻게 해야 이 기술이 복음을 전하기 위한 가교가 될 수 있을까?'라고 물어야 한다. 자신에게 이렇게 물으라. 어느 분야에서 일할지를 어떻게 결정하는가? 돈벌이의 기준에서만 생각하는가? 재정을 '하나의' 요인으로 고려하는 것은 전혀 잘못된 것이 아니지만 오로지 돈만을 생각하거나 돈을 가장 중시한다면 문제다. '내가 어디서 일하는 것이 하나님 나라에 가장 유익할까?'를 가장 먼저 생각하라. 예수님은 모든 일에서 그분의 나라를 '먼저' 구하면 나머지는 알아서 딸려 온다고 말씀하셨다(마 6:33 참조).

우리 교회에서는 이 두 가지 질문을 하나의 진술로 통합했다.

> 무엇을 하든 하나님의 영광을 위해서 '잘' 해내고 하나님의 사명에 '가장 효과적인 곳'에서 하라.

이것이 보내심을 입은 자로서 살기 위한 출발점이다.

'보통 그리스도인'들이 소명을 이런 식으로 이해하면 복음은 산불처럼 삽시간에 퍼진다. 사도행전에서 누가는 복음이 직업적인 사역자들보다도 평범한 그리스도인의 입을 통해 더 빠른 속도로 확산되었다는 점을 굳이 기록했다. 예를 들어 누가는 복음이 처음 예루살렘 밖으로 나간 것은 사도들의 입을 통해서가 아니라는 점을 지적했다. 보통 사람들이 "두루 다니며 복음의 말씀을 전할" 동안 사도들은 예루살렘에 머물러 있었다(행 8:1-4 참조). 복음이 처음 바깥세상으로 나갈 때는 '단 한 명의 사도도' 참여하지 않았다.

같은 장에서 최초로 '해외 선교'를 떠난 사람도 사도가 아닌 빌립이란 평신도였다. 성령은 그를 사막의 한 길로 데려가 에티오피아의 정부 관리를 만나 전도하게 하셨다. 사도행전의 후반부에서 선교 활동의 중심지 역할을 했던 안디옥 교회는 사도가 아니라 단순히 "어떤 형제들"이 세운 교회였다. 평신도 아볼로는 복음을 에베소에 처음 들여왔고, 로마 교회는 무명의 형제들이 세웠다. 이 그리스도인들은 공식적인 선교 여행을 통해 로마로 간 게 아니라 직업과 삶의 필요에 따라 그곳으로 이사한 사람들일 뿐이었다. 그런데 그들은 어디를 가나 제자들을 만들었다(행 8:5-8; 18:24-19:1; 28:15 참조).

스티븐 닐은 명저 《기독교 선교사》(*A History of Christian Missions*, 성광문화사 역간)에서 다음과 같이 말했다.

> 가장 특이한 점은 이 첫 선교사들의 익명성이다. …… 누가는 기초를 쌓은 이 선구자들의 이름을 단 한 명도 따로 언급하지 않는다. 사실, 위대한 교회 중에는 사도들이 세운 교회가 거의 없다. 베드로와 바울이 로마 교회를 정비했을지 몰라도 세우지는 않았다.[3]

이런 패턴은 기독교 역사 내내 되풀이된다. 오늘날, 가장 큰 선교의 기회는 비즈니스 세계에 있다. 생각해 보라. 세계 빈곤 지도와 세계 선교 지도를 겹쳐서 보면 경제가 가장 낙후된 지역이 복음화가 가장 덜 된 지역임을 알 수 있다. 그런데 가장 복음화가 덜 된 지역은 대개 선교사에게는 지독히 폐쇄적인 반면, 사업가라면 누구에게나 문을 활짝 열고 있다.

패트릭 라이는 이슬람 세계에 대해 다음과 같이 말했다.

> 세계 인구의 20퍼센트가 이슬람 국가에 살고 있지만 이슬람 국가의 무역량은 세계 무역량의 겨우 2퍼센트밖에 차지하지 않는다. …… 지금 우리는 복음을 퍼뜨리기 위한 역사상 유례없는 기회를 맞고 있다. 어떤 국가도 비즈니스에 문을 닫지 않는다. 사람들을 사랑하는 것은 어느 국가에서도 불법이 아니다. 우리 앞에 거대한 기회의 문이 활짝 열려 있다. 이제 우리가 충분히 준비를 하고서 그 문으로 들어가기만 하면 된다. 선교사에게 '닫혀 있던' 국가들도 (사업을 하기 위해) 오는 그리스도인은 환영한다.[4]

선교학자들은 가장 전도가 덜 된 '10/40 창'(북위 10-40도 사이의 지역)을 자주 언급한다. 그런데 그거 아는가? 사실, 10/40 창에는 '이미' 현재의 선교 인력을 여섯 배로 늘릴 만큼 많은 그리스도인이 살고 있다. 문제는 그 그리스도인을 효과적인 선교 인력으로 키울 수 있느냐 하는 것이다. 10/40 창에 있는 모든 교단과 선교 기관의 선교사를 다 합치면 약 4만 명이다. 반면, 10/40 창의 세속 분야에서 일하는 미국인의 숫자는 무려 200만 명이다.[5]

해외에서 일하는 미국인의 신앙이 고국에 사는 미국인과 비슷하다고 보면 이 200만 명 중 약 35퍼센트가 교회 출석 같은 신앙생활의 기본적인 외양을 갖추고서 스스로 거듭났다고 확신하는 사람들일 것이다. 이 숫자의 3분의 1만 전도에 열심인 사람들이라면 한 푼의 선교 비용 추가 없이 10/40 창의 전도자 숫자가 4만 명에서 24만 명으로 확 늘어날 것이다. 비즈니스 리더들에게 10/40 창은 활짝 열린 문이다.

선교의 다음 물결은 비즈니스의 바람을 타고 몰려올 것이다. 나는 우리 아버지를 통해 이미 그런 조짐을 봤다. 아버지는 35년 동안 규모가 큰 섬유회사에서 일하셨다. 은퇴를 몇 년 앞두고서 아버지는 동아시아에서 새 공장의 건설을 감독하는 책임자로 자원하셨다. 그곳에서 아버지는 많은 사업가들과 친하게 어울리셨다. 아버지는 그런 사업가 중 한 명을 그리스도께로 인도했다. 아버지의 '선교 여행'은 교회에 단 한 푼의 비용 부담도 안겨 주지 않았다. 오히려 아버지는 돈을 받고 그 일을 하셨다.

내 친구 닉은 1년에 대여섯 번씩 일본에 간다. 세계에서 가장 복음화가 덜 된 그곳에서 그는 고위급 경영자들과 어울린다. 제롬은 유수한 대학의 법학과를 졸업한 뒤 중동에 있는 회사에 취직했다. 덕분에 선교사에게 완전히 문을 닫은 국가에서 법률 부서 관리들과 어울릴 수 있다. 여성 교도 시설에서 교도관으로 일하는 에리카는 수감자들을 예의와 존중으로 대하고 그들이 예수 그리스도 안에서 참된 자유를 찾게 해달라고 늘 기도한다.

우리는 평신도들이 선교에 부름을 받았고 그 선교에서 나름의 역할을 맡기 위한 재능도 받았다는 개념을 새롭게 회복해야 한다. 다시 말하지만, 지상대명령을 위해 살도록 우리가 부름을 받았다는 건 기정사실이다. 우리가 알아내야 할 것은 어디로 어떻게 부름을 받았느냐 하는 것뿐이다. 예수님의 모든 제자는 어떻게 하면 지상대명령을 위해 자기 삶을 가장 효과적으로 사용할 수 있을지 고민해야 한다.

그리스도인이 진정으로 이렇게 생각하기 시작하면 어떤 일이 벌어질지 생각해 보라! 모든 신자가 자신의 직장을 하나님이 자신에게 할당해 주신 복음 전파의 장으로 여기고, 그런 마음가짐으로 일한다면? 그렇게 하면 그들의 일에 놀라운 목적이 생기고, 최선을 다해서 일할 의욕이 생기지 않겠는가?

솔로몬 왕은 우리에게 이렇게 약속했다.

> 네가 자기의 일에 능숙한 사람을 보았느냐 이러한 사람은 왕 앞에 설 것이요(잠 22:29).

자신의 일을 열심히 하는 사람은 이 땅의 믿지 않는 왕들 앞에 서서 복음을 증언할 기회를 얻을 것이다. 이 얼마나 멋진 삶인가.

신자 한 명 한 명이 전투기다

모든 신자는 지상대명령을 위해 자신의 기술과 삶을 사용하도록 부름을 받았다. 성경 구절에 이러한 부름이 이미 분명히 기록되어 있으니 하늘의 음성을 기다릴 필요가 없다. '하지만 잠깐! 성경에 분명 성령이 바울이나 바나바 같은 사람들을 특정한 전임 사역으로 인도하는 모습이 나왔지 않은가?' 물론이다! 나도 성경을 가르치고 다른 이를 선교 현장으로 이끌라는 매우 '구체적인' 부름을 받았다. 하나님은 바울에게 구두로 이방 전도의 명령을 내리셨고(행 9:15 참조), 안디옥 교회에 "내가 불러 시키는 일을 위하여"(행 13:2) 바나바와 사울을 따로 세우라는 구체적인 지시를 내리셨다.

하지만 성경에는 성령의 극적이고 구체적인 부름을 받지 않고도 복음 전도에 힘을 쏟은 사람들의 예도 (더 많지는 않더라도) 그에 못지않게 많다. 예를 들어, 디모데는 단순히 "바울이 그를 데리고 떠나고자"(행 16:3) 했기 때문에 선교 여행에 참여하게 되었다. 브리스길라와 아굴라는 천막을 만드는 직업의 특성으로 에베소까지 바울을 따라가며 동역했고, 바울이 떠난 뒤에도 그의 사역을 이어갔다(행 18:2-3, 18-26 참조). 이들이 특별한 환상이나 신비로운 느낌을 통해 결단했다는 기록은 성경 어디에도 없다. 그들은 나름대로 성령의 뜻을 판단해서 행동했을 뿐이다.

사도행전 8장 26절에서 성령은 빌립에게 광야 길의 특정한 지점에 가서 복음을 전하라는 특별한 계시를 주셨다. 하지만 그 장의 첫머리를 보면 성령은 수많은 신자를 사방으로 흩어서 복음을 전하게 하셨다. 이때 특별한 성령의 음성은 동반되지 않은 것으로 보인다. 그럼에도 우리는 이런 분산이 성령의 역사였다고 믿는다.

그러니 뭔가 특별한 느낌이 올 때까지 기다리지 말고 지금 당장 어디에서 사명에 참여해야 할지 물으라. 지혜로운 판단력과 다른 이의 조언을 바탕으로 당신의 재능과 노력을 어디에서 사용하는 것이 하나님 나라에 가장 유용할지 판단하라. 그곳에 가서 일하면 하나님이 인도해 주실 것이다.

　　우리는 대학 4학년생들에게 그들이 어디서 일할지 우리가 결정할 수 있도록 '백지 위임'을 하겠는지 묻는다. "이왕 일할 바에야 복음 전도에 가장 효과적으로 사용될 수 있는 곳에서 일하는 것이 어떻습니까? 우리가 그런 곳을 소개해 주겠습니다." 그렇게 해서 많은 대학생이 우리 교회 개척팀과 함께 새로운 교회의 개척 멤버가 된다. 그들 중에는 아브라함이나 바울처럼 하나님께 특별한 지시를 받은 학생들도 있지만 대부분은 단순히 복음 전도와 일을 효과적으로 병행할 수 있는 곳으로 갔을 뿐이다.

　　일할 곳을 찾을 때는 대개 여러 가지 요소를 고려한다. 월급은 얼마나 나오는지, 승진 가능성은 있는지, 집에서는 가까운지. 하지만 앞으로는 복음 전도의 가능성을 최우선사항으로 고려하는 건 어떤가? 왜 직장을 선택할 때 돈을 가장 우선시해야 하는가? 나는 존 파이퍼가 트위터에 남긴 글로 우리 교회 학생들에게 도전한다. "롯은 사역이 아닌 돈을 좇아 소돔으로 이사했다(창 13:9-13 참조). 하지만 그 결과는 좋지 않았다. 당신은 어디서 살지 어떻게 결정하는가?"

　　지상대명령은 소수를 위한 소명이 아니라 모두를 향한 명령이다. 따라서 우리는 어떻게 하면 자신의 열정과 재능을 하나님 나라를 위해 가장 효과적으로 사용할 수 있을지 고민해야 한다. 우리가 기다리는 명령은 이미 발포되었다. "너희는 가서 모든 민족을 제자로 삼아"(마 28:19). 이제 성령의 인도하심에 따라 우리가 어디서 어떻게 이 소명을 이루는 것이 가장 효과적인지를 알아내는 게 우리의 의무다. 성령이 특별한 계시로 이것을 알려 주실 수도 있지만 스스로 결정할

지혜를 우리와 교회 리더들에게 주시는 경우가 훨씬 더 많다.⁶

교회가 모든 사람이 부름을 받았다는 가정에 따라 운영되면 선교 인력을 동원하는 방식이 완전히 달라질 것이다. 교회 건물 게시판에 뉴기니에서 섬김을 실천하는 사람들의 사진을 소개하는 것만으로 할 일을 다했다고 생각하지 않을 것이다. 교인 한 명 한 명을 잠재적인 선교사로 보고 훈련해서 선교에 참여시킬 것이다. 우리의 목표는 선교 현장에 '몇 명'을 보내는 게 아니다. 심지어 최고의 인재를 보내는 것도 아니다. 우리의 목표는 '모든 교인'을 우리 도시와 타 지역, 지구 반대편으로 보내는 것이다. 내 친구 밥 로버츠 목사는 이런 말을 자주 한다. "교회는 선교사를 보내지 않는다. 교회가 곧 선교사다."

우리가 이 점을 이해하면 우리 아이들과 학생들에게 처음부터 이런 비전을 제시하면서 제자 훈련을 시작할 것이다. 그들에게 이런 질문을 던지면서 말이다. "하나님이 그분 나라의 확장을 위해 너에게 어떤 역할을 주셨을까?"

앞에서 살펴봤듯이, 우리는 교회를 종교적 사치품을 나눠 주는 유람선이 아니라 항공모함으로 봐야 한다. 신자 한 명 한 명이 전투기다. 교인들이 이 점을 이해하면 행사의 관중에서 비전의 주인이자 복음의 사자로 나설 것이다.⁷ 그저 관중을 모으기에만 열을 올리던 목사가 강한 군대를 키워 내는 사람으로 변할 것이다. 그리고 이런 변화가 일어나면 음부의 권세는 교회의 진격을 막아낼 수 없다.

3

고개를 돌리라, 거기 예수 만나야 살 사람들이 있다

다림줄 3. "주일만큼 주중의 삶도 중요하다"

거의 200명에 달하는 교회 리더들과 함께 앉아 한 카리스마 넘치는 초대형교회 목사의 강연을 들었던 기억이 난다. 그 목사는 최소한 한 주에 한 번씩 교역자들에게 "주일이 가장 중요하다"라고 일깨워 준다고 말했다. 그는 사람들이 자기 교회에 올지 결정할 때 가장 중요한 고려 사항이 주일 예배 경험의 질이라고 생각했다. 그렇다면 멋진 주일 경험을 만들어 내는 데 대부분의 에너지와 돈, 창의력을 집중해야 한다. 교회가 구역 모임, 소그룹 활동, 상담, 아웃리치, 중고등부 프로그램 같은 주중의 프로그램이 아무리 훌륭해도 주일 경험이 형편없다면 그 교회는 성장할 수 없다는 것이다.

일리가 있는 말이다. 최소한 미국의 일부 지역에서는 주일 경험의 질에 반해서 처음 교회에 다니기 시작하는 사람들이 많다. 하지만 과연 '청중'이 모이면 교회가 성장했다고 말할 수 있을까? '교인 숫자 증가'가 곧 '사명 완수'인가? 그렇지 않다. 예수님 말씀에 따르면, 우리의 사명은 청중을 모으는 게 아니라 '제자'를 키우는 것이다.

미군이 이라크의 방어 요새들을 파괴하고 사담 후세인을 체포

한 뒤인 2003년 5월 1일 조지 부시 대통령은 에이브러햄 링컨 호의 갑판 위에서 '임무 완료'를 선언했다. 그때 많은 정세분석가들의 비난이 쏟아졌다. 그들은 '충격과 공포' 작전으로 이라크의 방어 요새를 무력화시킨 것과 안정적인 체제를 구축한 것은 엄연히 다르다고 비판했다. 대통령은 임무의 첫 번째 부분이자 가장 쉬운 부분만을 완료했을 뿐이다. 임무 완료를 선언하기에는 시기상조였다.

많은 청중을 모아놓고서 '사역 성공'을 선언하는 교회도 똑같은 실수를 저지른 것은 아닐까? 사명으로 가는 길의 '기착지'를 최종 '목적지'로 혼동한 건 아닐까?

물론 주일 예배에 많은 사람이 참석하는 것을 반대할 이유는 없다. 신약 기자들도 많은 숫자에 의미를 부여했다. 예컨대 예수님이나 사도들이 많은 무리를 모았다는 점을 굳이 언급하는 성경 구절이 꽤 있고, 때로는 모인 무리의 정확한 숫자까지 기록되어 있다. 누가는 특정한 날 행해진 세례식의 숫자를 두 번이나 기록했다. 누가복음 15장의 "선한 목자" 예수님은 양 떼의 숫자를 정확히 알고 있어서, 단 한 마리가 사라졌을 때도 즉시 알아채셨다. 게다가 구약에는 아예 숫자를 의미하는 '민수기'란 책까지 있다.

하나님은 숫자를 중시하신다. 그것은 숫자가 곧 사람을 의미하기 때문이다. 우리는 주일에 모인 헌금의 액수를 동전 한 닢까지 계산한다. 그러니 얼마나 많은 영혼이 교회에 나왔는지 관심 있게 지켜보는 게 너무도 당연하다. 영혼이 돈보다 훨씬 귀하지 않은가. 다만 '올바른' 숫자를 세고 축하해야 한다. 주일 출석수는 가장 중요한 숫자가 아니다. 제자의 숫자가 가장 중요하다. 안타깝지만 가장 빨리 성장하거나 가장 큰 교회의 교인 명부가 꼭 천국의 명부와 일치하는 건 아니다. 그렇다면 주중도 주일만큼 중요하다.

주중에도 당신은 크리스천인가

주중에 무엇을 하느냐가 제자와 단순한 교인의 결정적인 차이다. 그리고 이 탈기독교화 사회에서는 주일 경험으로 비신자들을 전도하기가 점점 더 어려워지고 있다. 비신자들이 주일 예배가 좋다는 소문을 듣고 교회를 찾아오는 경우는 점차 줄어들고 있다. 따라서 화려한 주일 쇼를 기획하는 것보다 제자들이 주중에 교회 '밖'에서 또 다른 제자들을 키울 수 있도록 훈련하는 게 훨씬 더 중요해졌다. 이 시대에는 사람들을 '오라고' 초대하는 것보다 교인들이 '가도록' 훈련하는 게 더 효과적이다.

우리는 교회의 주일 모임을 작전 회의처럼 생각한다. 그러니까 주일 모임은 주중에 선수들이 '사명' 플레이를 어떻게 할지 지시하는 시간이다. 실질적인 전도 '플레이'는 교인들이 주중에 각자 삶의 터전에서 수행하는 것이다. 주말에 나의 주된 역할은 교인들이 그 일을 잘해 낼 수 있도록 준비시키는 것이다.

단, 그렇다 해도 주일 모임 역시 전도에 중요한 역할을 한다는 점을 인정해야 한다. 고린도 교인들에게 주일 예배를 비신자들이 이해하고 끌릴 수 있도록 만들라고 강하게 권고하고 그 방법을 상세히 알려 준 것으로 볼 때 바울도 예배가 전도에서 중요하다고 생각했던 게 분명하다(고전 14장 참조).

교회 리더들은 '흡인적(attractional) 접근법'과 '선교적(missional) 접근법' 중에서 무엇이 효과적인지를 놓고 거의 반세기 가까이 논쟁을 벌여 왔다. 여기서 내가 말하는 흡인적 접근법이란 비신자들이 알아서 와서 복음을 듣게끔 끌어들이는 사역을 의미한다. 선교적 접근법은 신자들이 복음(과 선행)을 들고 교회 밖의 비신자들을 찾아가도록 훈련하는 것을 의미한다.

이 논쟁의 역사적 배경부터 짚어 본 뒤에 두 접근법의 성경적인 근거를 살펴보자. 그런 다음에는 각 접근법을 어떻게 적용할 수 있을지 논하기로 하자.

'선교적'이라는 개념은 20세기 중반에 활동했던 레슬리 뉴비긴이란 선교사가 처음 사용했다. 남아시아에서 인도 사람들을 섬기던 뉴비긴은 새로 예수님을 영접한 현지인 신자들이 복음 전파를 자신의 일로 보지 않고 여전히 그에게만 의지하는 상황이 답답했다. 그가 볼 때 이는 두 가지 측면에서 문제였다. 첫째, 그들은 외국인에게 의지하는 나쁜 습관을 기르고 있었다. 둘째, 외국인보다 인도 현지인이 복음을 전하는 게 훨씬 더 효과적이었다. 뉴비긴은 사도행전에서 '보통' 그리스도인들이 복음 전파에 앞장섰다는 사실을 보고서 '평범한' 인도 신자들을 훈련하는 것이 인도 복음화의 열쇠임을 확인했다.

은퇴해서 영국으로 돌아온 뉴비긴은 영국 교회도 똑같이 비효율적인 방식으로 움직이고 있다는 사실을 발견했다. 서구 그리스도인은 유급 성직자에게만 복음 전파의 책임이 있다고 생각했다. 반면에 뉴비긴은 어떤 사회든 복음 전파의 열쇠는 평신도의 손에 있다고 주장했다. 그것은 교회가 본질적으로 '선교적'이기 때문이다. 그래서

그는 모든 신자가 성령의 기름부음을 받은 정식 선교사라고 말했다.[1]

그 세기의 말에 이르러 앨런 허쉬와 에드 스테처 같은 리더들은 뉴비긴의 개념을 널리 퍼뜨리기 시작했다. 그 과정에서 사람들을 교회 행사로 끌어들이려는 전도 모델과 일반 교인들이 성령의 능력으로 복음을 교회 밖으로 가져가도록 훈련하려는 전도 모델을 구분하기 위해 '흡인적'과 '선교적'이란 용어가 생겨났다.[2]

어느 정도 짐작했겠지만 나는 선교적 접근법의 옹호자다. 다만 성경에서 권장하는 여러 가지 흡인적 전도 방법도 무시해서는 안 된다. 자, 잠시 이에 대한 성경적 근거를 살펴보자.

'와서 보라'

성경에 나타난 전도 방식 중에는 흡인적 접근법의 범주로 분류될 수 있는 전도 방식이 매우 많다. 예컨대 하나님은 이스라엘이 이방인을 끌어들이는 "산 위에 있는 동네"요 밝은 빛이 되어야 한다고 말씀하셨다(출 19:5-6 참조). 이사야는 이방 나라들이 하나님의 백성에게서 흘러나오는 그분의 영광을 보고서 예루살렘에 찾아와 예배를 드릴 것이라고 말했다(사 2:2 참조).

아마도 구약에서 이렇게 전도된 가장 유명한 예는 스바의 여왕일 것이다. 솔로몬의 통치 당시 스바 여왕은 이스라엘 중에 가득한 하나님의 영광에 관한 소문을 수없이 듣고서 궁금증을 이기지 못해 직접 확인하러 찾아왔다. 열왕기상 10장 5절은 그녀가 이스라엘을 보고서 "크게 감동되어"라고 기록했다. 스바 여왕은 다음과 같이 감탄했다.

> 내가 내 나라에서 당신의 행위와 당신의 지혜에 대하여 들은 소문이 사실이로다 내가 그 말들을 믿지 아니하였더니 이제 와서 친히 본즉 내게 말한 것은 절반도 못되니 당신의 지혜와 복이 내가 들은 소문보다 더하도다 복되도다 당신의 사람들이여 복되도다 당신의 이 신하들이여 항상 당신 앞에 서서 당신의 지혜를 들음이로다 당신의 하나님 여호와를 송축할지로다 여호와께서 당신을 기뻐하사 이스라엘 왕위에 올리셨고 여호와께서 영원히 이스라엘을 사랑하시므로……(왕상 10:6-9).

그렇게 찾아온 사람이 스바의 여왕만은 아니었을 것이다. 하나님은 (스바의 여왕 같은) 이방인이 와서 예배하는 모습을 관찰하고 그분과의 언약에 관해 배워서 스스로 그분께 부르짖도록, 성전에 이방인을 위한 성전 바깥뜰을 마련하라고 명령하셨다. 하나님은 유대 성전이 "만민이 기도하는 집"(사 56:7)으로 알려져야 한다고 말씀하셨다.

신약에서는 강조점이 '가서 말하라'로 바뀌었지만 '와서 보라'라는 개념도 여전히 유효하다.[3] 예를 들어, 신약 기자들은 하나님이 이스라엘의 끌어들이는 능력에 대해 사용하셨던 비유를 다음과 같이 교회 모임에 그대로 적용했다.

* 예수님은 제자들에게 남들 앞에서 선한 일을 하는 "산 위에 있

는 동네"가 되어 다른 이들이 그 모습을 보고 하늘 아버지께 영광을 돌리게 하라고 명령하셨다(마 5:14-16 참조). 교회는 더없이 거룩하고 정결하게 행동해야 한다. 그래서 주변 사회에서 우리 존재가 마치 어두운 밤을 환하게 비춰 어둠 속에서 방황하는 자들을 끌어들이는 영광스러운 빛처럼 되어야 한다. 그러면 사람들이 가까이 다가와 우리의 선행을 관찰하고서 "하늘에 계신 너희 아버지께 영광을" 돌릴 것이다.

* 베드로는 출애굽기를 인용해서 교회가 거룩한 나라요 제사장의 나라요 어두운 세상 속의 빛이 되어 뭇 사람들이 찾아와 도대체 그토록 소망이 가득한 이유가 뭐냐고 물을 정도가 되어야 한다고 말했다(벧전 2:9-11; 3:15 참조).

솔로몬 시대와 마찬가지로 오늘날에도 '스바의 여왕'이 하나님의 백성 가운데 나타나는 역사에 관한 소문을 듣고 찾아와 스스로 하나님 앞에 엎드려 예배를 드려야 한다. 고린도전서 14장 25절에서 바울은 비신자들이 교회에 와서 "그 마음의 숨은 일들이 드러나게 되므로 엎드리어 하나님께 경배"하게 된다고 말했다. 스바 여왕이 이스라엘에 와서 했던 행동과 아주 비슷하지 않은가?

누구보다도 선교적 방식을 옹호했던 레슬리 뉴비긴도 사도행전의 전도가 비신자들이 찾아와 신자들에게 "도대체 당신네 그리스도인의 모임에서 어떤 일이 벌어지는 건지 설명해 주겠습니까?"라고 물으면 한 신자가 일어나 그 질문에 답해 주는 방식으로 이루어졌다고 말했다.[4] 이것은 엄연히 흡인적인 방식이다. 사람들이 보고 놀라서 찾아와 묻는다.

성경에서 우리는 예수님과 제자들이 복음을 실천하는 삶, 기사, 가르침의 설득력, 모일 때마다 영과 진리로 하나님을 예배하는 모습으로 인해 많은 무리를 '끌어들이는' 모습을 자주 볼 수 있다(행 2:42-47 참조). 신자들이 가르칠 때 비신자들이 어디서도 듣지 못한 가르침이라며 감탄하고, 예수님과 제자들이 가르칠 때 보인 권위에 놀라워했다. 다시 말해, 신자들이 살아가는 모습만이 아니라 예배하는 모습도 비신자들을 끌어들였다. 놀라움은 끌림으로 이어졌고, 끌림은 관찰로 이어졌으며, 관찰은 회심으로 이어졌다.

몇 년 전 우리 교회의 몇몇 소그룹이 곤란에 빠진 학교를 도왔다. 그들은 여름 내내 교사 휴게실을 수리하고, 도서관에 책을 채워 넣고, 비품들을 수집했다. 봉사의 정점은 새 학기가 시작되기 전날 교사들을 위해 아침 식사를 준비한 것이었다. 그날 아침 식사 자리에서 한 교사가 자리에서 일어나 이렇게 말했다. "서로 사랑해야 한다는 그리스도인의 말을 오랫동안 들어 왔지만 그것이 무슨 뜻인지 이제야 알겠네요."

그 학교의 교사들 중 몇 명은 우리 교회에 출석하기 시작했고, 지난 몇 년 사이에 그들 중 십여 명이 세례를 받았다. 한 교사는 이렇게 말했다. "여러분이 왜 그토록 열정적인지 알고 싶었어요. 알고 보니 그동안 저는 여러분에 관해서 절반도 채 모르고 있었네요."

이방인의 뜰을 항상 깨끗하게

우리는 삶과 예배로 사람들을 끌어들일 뿐 아니라 사람들이 우리 예배와 메시지를 '이해할 수' 있도록 만들어야 한다. 생각해 보라. 하나님은 이방인이 이스라엘의 예배를 쉽게 관찰할 수 있도록 '이방인을 위한 뜰'을 만들라고 명령하셨다. 따라서 우리도 비신자들이 예배 중에 일어나는 일을 이해할 수 있도록 최대한 도와야 하는 게 마땅하다.

사복음서에 보면 예수님은 유대 지도자들이 구원받은 자를 위한 편의시설로 이방인의 뜰을 어지럽힌 것을 보고 크게 분노하셨다. 십자가에 달리시기 직전 그분은 성전에서 제사 때 사용할 희생제물을 파는 상인들이 성전의 분위기를 흐리는 모습을 보셨다. 그분은 그들이 사역을 통해 부당 이익을 취한다는 사실만이 아니라 이방인이 이스라엘의 하나님을 만날 수 있는 유일한 공간을 온통 점거하고 있다는 사실에 분노하셨다. 이에 예수님은 채찍을 휘두르며 호통을 치셨다. "내 집은 만민이 기도하는 집이라 칭함을 받으리라고 하지 아니하였느냐 너희는 강도의 소굴을 만들었도다"(막 11:17).

대개 목사들은 이 구절로 설교할 때 마지막 부분만 강조한다. 예수님이 성전을 돈벌이 수단으로 악용하는 자들에게 화내셨다는 사실에만 초점을 맞춘다. 하지만 첫 부분도 간과하지 말아야 한다. "내 집은 만민이 기도하는 집이라 칭함을 받으리라고 하지 아니하였느냐." 예수님은 그들이 하는 짓만이 아니라 그로 인해 발생한 '애매함'에 대해 분노하셨다.[5]

그들은 이방인을 위한 유일한 통로를, 이미 구원받은 자를 위한 편의시설 구역으로 변질시켰다. 제단 근처에 돈을 바꾸고 제물을 사고 팔 장소가 있어서 신자들에게는 편리했지만 그로 인해 외부인들은 안에서 일어나는 일을 볼 수 없었다.

필시 유대인들 중에는 예수님께 이의를 제기한 사람들이 있었을 것이다. "하지만 예수님, 이 성전은 본래 이방인을 위한 성전이 아닙니다. 성전은 이미 구원을 받은 유대인이 예배를 드리기 위한 장소입니다." 엄밀히 따지면 맞는 말이다. 성전은 주로 '이미 구원받은 자들'이 희생제물을 드리기 위한 곳이었다. 그러나 하나님은 믿지 않는 이방인이 예배의 아름다움을 보게 만들라고도 명령하셨다. 그래서 유대인이 그렇게 하지 않자 진노하셨던 것이다.

설교와 음악, 언어, 전통 의식, 아동 프로그램, 나아가 주차와 표지 같은 것에서 외부인을 배려하지 않는 교회에 대해 예수님이 분노하시지 않을 것이라고 자신할 수 있는가? 하나님이 예배 중에 구원하려는 '외부의 구경꾼'을 배려하지 않는 것은 예수님 당시의 유대인들처럼 '이방인'을 위한 통로를 봉쇄하는 것과 다름없다.

그렇게 교회가 지역사회와 다음 세대에 다가가기 위해서 무엇을 바꿔야 할지 '고려'조차 하지 않는다면 예수님이 어떻게 생각하실까? 내가 볼 때는 외부 세상이 복음을 쉽게 접할 수 있도록 노력하기보다는 자신의 취향만을 고집하면서 아예 변화를 고려하지 않는 교회가 너무 많다. 이런 교회는 손자손녀들에게 다가가는 것보다 전통을 유지하는 것을 더 중시한다.

'교회는 비신자들을 전도하는 것보다 주로 구원받은 자들이 하나님께 예배하기 위해 존재한다.' 이런 논리로 변화를 거부하는 자들을 그냥 눈감아 줘야 할까? 예수님이 유대인 환전상들에게 보이셨던 반응으로 볼 때 그럴 수 없다.

교회에서 성령이 역사하신다는 증거 중 하나는 터줏대감들이 다음 세대를 복음화하기 위해 자신의 취향을 내려놓는 것이다. 내가 서밋교회에 부임한 지 한 달쯤 지났을 때 교회 벽장에서 핸드벨 한 세트가 발견되었다. 우리는 그것을 팔면 최신 악기를 살 돈이 생기리라 판단했다. 특별히 전자기타 두 대를 구입하고 싶었다.

그런데 몇 주 뒤 1960년대부터 우리 교회에 다닌 한 여성도가 찾아와 핸드벨을 팔아서 뭘 사려느냐고 물었다. 핸드벨을 판다는 말을 아무한테도 한 적이 없는데 그녀가 그렇게 묻자 내 심장이 멎는 듯했다. 이 성도는 예배를 사랑했지만 '드럼과 기타'보다 '오르간과 벨, 호른' 취향이었다.

나는 더듬거리며 대답했다. "전자기타를 구입할 계획입니다." 그러자 싸늘한 반응이 돌아왔다. "몇 년 전에 돌아가신 우리 어머니가 그 핸드벨 구입비를 내셨어요(물론 나는 전혀 몰랐던 사실이다). 그런데 어떻게 저한테 한마디 상의도 없이 그런 결정을 내리실 수가 있나요?"

몇 초간 길고도 어색한 침묵이 흐른 뒤 나는 말했다. "어머님이 우리가 새로운 악기로 다음 세대에 복음을 전하는 모습을 보시면 기뻐하시지 않을까요? 물론 다음 세대에는 어머님의 손자손녀들과 그 친구들도 포함되겠지요."

그녀는 잠시 생각에 잠겼다가 이내 입을 열었다. "그건 그렇네요. 어머니가 기뻐하실 것 같네요." 하지만 그녀는 핸드벨을 팔지 말고 다른 교회에 기증해 달라고 부탁했고, 우리는 기꺼이 그렇게 했다. 그리고 그 성도는 우리 교회의 예배 스타일이 좀 더 현대적으로 바뀐 뒤에도 계속해서 출석했다. 현재 2천 명이 넘는 대학생이 매주 우리 교회를 찾아온다. 이 성도와 같은 많은 사람의 이타적인 마음 덕분에 우리 교회는 새로운 세대를 좀 더 효과적으로 전도하고 있다.

복음을 사랑하는 신자라면 누구나 이방인의 뜰이 구도자로 넘치기를 바라야 한다. 성경을 보면 성령 충만한 사역은 아주 먼 곳에 있는 사람의 관심까지 끌게 되어 있다. 나는 구약과 신약 모두 흡인적인 사역을 권장하고 있다고 자신 있게 말할 수 있다. 따라서 흡인적인 방식을 무시해서는 안 된다.

그렇다고 해서 화려한 조명과 시끄러운 음악이 예배의 중심이 되어야 한다는 뜻은 아니다. 1세기에 예수님과 사도들의 사역은 그런 식으로 사람들을 끌어들이지 않았다. 바울은 죄인을 회심시키는 힘은 설득력 있는 지혜의 말(혹은 화려한 공연)이 아니라 예수 그리스도와 그분이 십자가에 못 박히신 사실에서 나온다고 말했다(고전 2:2-4 참조). 십자가 메시지야말로 교회가 사용할 수 있는 가장 강력한 흡인력이다.

세상이 우리 찬양팀의 연주 실력이나 연극 공연, 탁월한 연설에 즐거워할 수는 있지만 그런 것을 통해 회심하지는 않는다. 영혼을 감동시키는 유일한 힘, 회의적인 목소리를 잠재우는 유일한 경이, 우리의 우상들을 몰아내는 유일한 비전은 바로 설교를 통해 나타나는 그리스도의 영광이다. 예수님은 '그분'이 땅에서 들릴 때 비로소 모든 사람이 그분께로 '끌릴' 것이라고 말씀하셨다(요 12:32 참조).

그런데 오늘날에는 하나님의 약속을 믿지 못하고 즐거움을 주는 오락거리의 끌어모으는 힘으로 십자가의 변화시키는 힘을 대신하려는 교회가 많다. 밴스 하브너는 이런 말을 했다. "당신의 복음이 죽을수록 당신의 포장이 더 번지르르해진다." 십자가에 달리신 예수님을 살짝 한 번 보기만 해도 일어나는 진정한 변화는 요란한 조명과 품질 좋은 스피커도 만들어 낼 수 없는 것이다.

사람들을 교회로 이끌기 위해 "설득력 있는 지혜의 말"이나 우스운 이야기, 좋은 음악에 의존한 전략을 세우지 않도록 매우 조심해야 한다. 이런 것 자체는 잘못된 게 아니다. 오히려 이런 것을 잘 활용하는 자가 선한 청지기일 수 있다. 하지만 우리의 믿음은 어디까지나 십자가에 못 박히신 그리스도의 능력에만 두어야 한다. 예배가 꼭 화려할 필요는 없다. 초자연적이기만 하면 된다. 그렇지 않으면 아무리 화려해도 속 빈 강정일 뿐이다. 조심하지 않으면 우리 예배에서 초자연적인 요소가 빠진 채 자극적인 요소만 가득할 수 있다.

나아가, 사람들이 오락거리가 있는 행사에 참여했다고 해서 그것을 영적 변화로 오해해서는 안 된다. 그것이 군중을 끌어모을 수는 있지만 오직 성령의 능력만이 그들을 변화시킬 수 있다. 복음으로 변화된 사람들은 떠들썩한 행사의 열기가 가라앉은 뒤에도 떠나지 않고 남아서 세상을 뒤바꾼다.

물론 비신자들이 쉽게 다가올 수 있도록 노력하는 건 잘못된 게 아니다. 나도 매주 비신자들을 염두에 두면서 설교를 재미있게 하려고 애쓴다. 비신자들이 이해할 수 있도록 단어와 사례 선택에 신중을 기한다. 우리 교회의 찬양팀도 세상 문화에 발맞춰 음악 스타일을 변화시키는 데 모자라지도 않고 지나치지도 않게 변화를 주는 능력이 정말 탁월하다.

우리는 새로 온 사람들을 배려하기 위해 많은 신경을 쓴다. 불필요하게 외부인에게 이질감을 주거나 혼란을 더해 주는 요소를 없애려고 애쓴다. 우리는 늘 '방문자의 눈'으로 예배당을 돌아다니며 비신자들을 혼란스럽게 하는 것이 없는지 찾는다. 우리는 이것이 "내가 여러 사람에게 여러 모습이 된 것은 아무쪼록 몇 사람이라도 구원하고자 함이니"(고전 9:22)라는 바울의 마음과 일맥상통한다고 생각한다. 이렇게 하면 '이방인의 뜰'을 깨끗한 상태로 유지할 수 있다.

나아가 우리는 부활절과 크리스마스 이브, 결혼식과 장례식처럼 비신자도 기꺼이 교회에 나오는 시간을 최대한 활용한다. 그럴 때마다 우리는 복음을 평소보다 더 쉽고 재미있게 전하려고 노력한다.

나는 비신자의 사고방식을 잘 아는 목사와 교회 리더들의 책을 열심히 찾아서 읽는다. 우리는 비신자들을 전도하는 데 도움이 된다면 누구에게라도 배울 자세가 되어 있다. 물론 성경의 기준에서 벗어난 방법이라면 사용하지 않겠지만 분명 인자는 잃은 양을 찾아 구원하기 위해 오셨고, 우리가 원하는 것도 그것이다. 그래서 전도에 도움이 된다면 일단은 귀를 연다.

'가서 말하라'

여기서 선교적 방식의 이점을 자세히 설명하지는 않겠다. 어차피 이 책의 대부분이 선교적 방식에 관한 내용이기 때문이다. 그래서 성경에서 선교적 방식을 분명히 옹호하는 부분 몇 군데만 살펴보고 넘어가려 한다.

(하나님이 주로 '와서 보라'라는 전략을 사용한) 구약에서도 이방인을 구원하기 위해 자신의 백성을 수없이 국경 밖으로 '보내시는' 하나님을 만나 볼 수 있다. 구약 예언서 중에는 이방인을 대상으로 쓰인 부분이 포함된 책들이 꽤 있다. 심지어 오바댜와 나훔 같은 책들은 이방인을 향한 설교가 책 전체를 차지한다. 그런가 하면 이방 국가의 수도인 니느웨로 '가서' 회개를 촉구하라는 하나님의 명령을 피하기 위해 애썼던 요나 선지자의 이야기는 모르는 사람이 없을 것이다.

이스라엘 백성이 불순종으로 인해 포로로 끌려갔을 때 다니엘과 예레미야 같은 선지자들은 포로 생활 속에서 구속적인 목적을 봤다. 그것은 하나님이 흩어진 이스라엘 백성을 사용해서 이방 민족에게 그분의 은혜를 보여 주길 원하신다는 것이었다.

그래서 예레미야 선지자는 포로 생활로 신음하는 백성에게 "그 성읍[바벨론]의 평안을 구하고 그를 위하여 여호와께 기도하라"(렘 29:7)라고 말했다. 다니엘은 바벨론 정부 내에서의 지위를 사용해서 느부갓네살에게 오직 하나님만이 구원을 행하실 수 있다는 사실을 증명해 보였다(단 2:28; 3:14-17 참조). 열왕기하의 기자는 이스라엘의 어린 여종을 통해 나아만이라는 앗수르의 강한 장군이 하나님만이 치유하고 깨끗하게 하실 능력이 있음을 이해하게 된 과정을 전해 준다(왕하 5:1-4 참조).

사도 베드로는 '거류민 신자'라는 개념에서 한 단계 더 나아가 그것을 아예 교회의 '주된' 정체성으로 제시했다. 그에 따르면 우리는 "너희를 어두운 데서 불러내어 그의 기이한 빛에 들어가게 하신 이의 아름다운 덕을 선포"(벧전 2:9)하기 위해 이 땅에서 거류민으로 살고 있다. 그래서 우리는 "너희 속에 있는 소망에 관한 이유를 묻는 자에게는 대답할 것을 항상 준비"(벧전 3:15)해야 한다.

우리는 우리 도시들을 위해 기도하고 복을 전해 줘야 한다. 베드로의 서간문에서 우리는 '가서 말하라'와 '와서 보라'라는 두 접근법이 통합된 것을 볼 수 있다. 즉 우리가 세상 '속으로 가서' 복음을 실천하면 비신자들이 우리에게 '끌림'을 느끼고 찾아와 그렇게 사는 이유를 묻게 된다.

또한 우리에게는 지상대명령이 있다. 예수님은 "온 천하에 다니며" 그분의 증인이 되라고 분명히 명령하셨다. 우리는 요나가 처음에 거부했던 일을 해야 한다. 적대적인 사람에게 찾아가 함께 살면서 하나님이 그들도 기꺼이 구원해 주신다는 복된 소식을 선포해야 한다.

베드로는 이 명령을 소수의 전문 선교사만을 위한 명령으로 보지 않았다. 그는 하나님의 모든 백성이 성령의 기름부음을 받은 대사요 선지자라고 설명했다. 베드로는 첫 설교에서 성령이 "모든" 육체에게 부어져 심지어 우리 "자녀들"도 예언할 것이라는 놀라운 선포를 했다(행 2:17 참조). 특히 유대인에게 이것은 상상을 초월하는 약속이었다. 그들에게 '선지자'는 자신의 이름을 딴 성경까지 나온 '에스

겔' 같은 대단한 인물을 의미했다. 그러나 성령이 오신 덕분에 이제는 이런 종류의 기름부음이 모든 신자에게 가능해졌다. 구약에서는 소수의 유대인 영웅에게만 허락되었던 것이 이제는 모든 신자의 당연한 권리가 되었다. 물론 그렇다고 해서 우리가 구약의 선지자처럼 성경을 쓸 수 있다는 뜻은 아니다. 하지만 이제 우리도 그들과 똑같은 능력과 권위로 복음을 선포할 수 있다.

예수님은 신약에서 가장 작은 신자가 구약에서 가장 위대한 선지자보다도 크다고까지 말씀하셨다. 그것은 이제 우리가 부활의 진리를 알고, 성령이 우리 안에 영구적으로 내주하셔서 우리 입술을 통해 말씀하시기 때문이다(마 11:11 참조). 이 문장을 읽고 있는 '가장 작은' 신자조차 세례 요한보다도 더 큰 능력을 이용할 수 있다.

신약에서는 사역의 균형이 전문 리더에게서 평범한 일반 신자에게로 확실히 이동했다. 바울의 말에 따르면, 사역은 '성도'가 하는 것이고 목사와 리더의 역할은 성도를 훈련하는 것일 뿐이다. 앞서 말했듯이 나는 교회 사람들에게 바울의 설명을 근거로 내가 목사가 되는 순간 사역을 떠났다고 반농담조로 말하곤 한다. 이는 내 주된 역할이 이웃 사람에게 복음을 전하거나 고난 중에 있는 교인을 찾아가는 게 아니라는 뜻이다. 반대로, 우리 교인의 역할은 비신자들을 우리 교회로 초대해 내 설교를 듣게 하는 데서 끝이 아니다. 무엇보다도 그들은 친구에게 복음을 전해야 한다.

사도행전에 기록된 40개의 기적 중에서 39개가 교회 담 '밖'에서 이루어졌다. 퍼센트로 계산하면 무려 97.5퍼센트다! 이 정도면 하나님이 능력을 펼치시는 주된 장소가 교회 밖이라고 단정해도 무리가 없다. 그런데 이것이 대부분의 교인들에게 얼마나 뜻밖일지 생각해 보라. 교인들에게 하나님의 능력을 보거나 느낀 순간이 언제냐고 물어보면 십중팔구 설교 도중이나 찬양의 클라이맥스라는 대답이 돌아올 것이다. 물론 성령 충만한 교회 예배에 대해서는 감사해야 마땅하다! 그러나 하나님이 우리 사회에서 행하고자 하시는 일의 대부분은 교회 밖에서 평범한 사람의 손을 통해 일어난다. 사도행전에서 사도들의 모습을 잘 보기 힘든 곳 중에 하나는 뜻밖에도 …… 교회 안이다. 예수님과 마찬가지로 제자들도 "성문 밖"으로 나가 복음의 능력을 어두운 세상 속으로 가져갔다(히 13:12-13 참조).

의사 토머스 헤일은 레슬리 뉴비긴의 저작에 관한 글에서 선교적 방식의 본질을 명쾌하게 정리해 냈다.

> 누구도 "나는 선교사로 부름을 받지 않았으니 친구들과 이웃들에게 복음을 전할 필요가 없다"라고 말할 수 없다. 영적인 기준에서 보면 고향에서 복음을 전하는 선교사나 네팔 카트만두에서 복음을 전하는 선교사나 차이가 없다. 우리는 모두 가라는 부름을 받았다. 그곳이 바로 옆집인지 옆 블록인지는 중요하지 않다.[6]

당신은 선교사 아니면 선교 대상이다. 중간 지대는 없다.

실행하지 않는 작전은 소용이 없다

미식축구 경기에서 작전 회의 중에 쿼터백이 감독의 작전을 전달하자 다른 선수들이 그에게 박수를 보내고 등을 두드려 준 뒤에 모두 벤치로 달려가 음료수와 간식을 먹는다고 상상해 보라. 몇 분 뒤에 팀 전원이 다시 필드로 나와 쿼터백에게 또 다른 작전을 전달하라고 말한다. 이번에는 몇몇 선수가 그에게 최고의 작전 전달자라고 찬사를 보낸다. 그래서 다음번 작전 전달 때에는 친구들까지 불러 함께 듣고 싶다고 말한다. 그러고 나서 다시 벤치로 돌아가 간식을 마저 먹는다. 또 다른 선수는 쿼터백이 전해 준 작전을 녹음했다가 간식을 먹으면서 다시 듣는다. 그리고 몇 분 뒤에 다시 필드로 나와 작전 지시를 듣는다.

첫 쿼터 내내 이런 상황이 반복된다. 이런 경기를 보다 보면 어느 순간 짜증이 나서 소리를 지르고 말 것이다. "이봐! 작전 지시만 들어서 뭐해? 작전을 실행하라고!"

목사로서 주일 예배 때 내 역할은 교인들에게 작전 지시를 전달하는 것이다. 교인들이 내가 전해 주는 작전 지시를 메모하고, 녹음을 했다가 주중에 다시 듣고, 친구들에게 전하고 다음 주에 돌아와서 또 다른 작전 지시를 듣는 걸 보면 흐뭇하기 그지없다. 하지만 진정 기쁜 순간은 그들이 작전대로 실행하는 모습을 볼 때다.

목사들이 작전 지시를 아무리 훌륭하게 전달해도 교인들이 작전을 수행하지 않으면 경기는 질 수밖에 없다. 서구의 상황을 보면 세대를 거듭할수록 '주일 예배'는 잃은 양을 찾는 데 점점 힘을 잃어 가고 있다. 앞으로 교인들이 복음을 들고 교회 밖으로 나가지 않으면 아무도 우리의 말을 듣지 못할 것이다. 그야말로 벽장 속에서 혼자 외치는 꼴이다. 내 영국인 친구 스티브 티미스의 말을 들어 보자.

> 사람들이 하나님을 만나거나 의미를 찾거나 삶의 위기를 극복하고 싶을 때 당연히 교회로 찾아올 거라고 생각하면 오산이다. 더는 그렇지 않다. 이제는 찾아갈 수 있는 종교 단체가 수만 가지다. 게다가 심리치료사와 자기계발 서적도 있다. 따라서 주일마다 교회의 문을 여는 것만으로는 충분하지 않다. 좋은 상품을 제시하는 것만으로는 부족하다. …… 분명한 사실은 주일 오전 예배를 통해서는 '아메리카'라는 거대한 땅 덩어리를 복음화할 수 없다는 것이다.[7]

서구 교회는 중요한 결단의 순간 앞에 있다. 수많은 교인이 복음을 듣기 위해 교회에 모이는 건 좋지만 다음 세대를 전도하려면 교인들이 교회 '밖'에서 젊은이들에게 복음을 전할 수 있도록 훈련해야 한다.

깊이와 넓이, 함께 추구해야 한다

계속해서 물으면 리더들은 대부분 전도에 흡인적인 측면과 선교적인 측면이 모두 있다고 인정할 것이다. 문제는 어느 측면에 얼마나 많은 시간과 관심을 쏟느냐다. 자원은 한정되어 있다. 따라서 주일 경험에 자원을 투자하면 그만큼 제자를 키우는 일에는 덜 투자할 수밖에 없다. 물론 반대 경우도 성립된다.

그렇다면 어떻게 하는 것이 시간과 자원을 적절히 배분하는 것일까? 안타깝게도 내가 정확한 비율을 제시할 수는 없다. 다만 한 쪽 극단으로 치우쳐 다른 측면을 완전히 무시하거나 정죄하기 쉽다는 점을 경고하고 싶다. 예를 들어, 주일 출석 교인 숫자만을 유일한 성공의 잣대로 삼아 자신을 자랑하고, 출석 숫자나 헌금 액수, 세례 교인 숫자에 직접 도움이 되지 않는 사역은 등한시할 수 있다.

반대로, 자기 의에 빠져 흡인적인 접근법을 아예 배척하고 근처의 대형교회들을 무조건 비판할 수 있다. "큰 교회가 많은 사람을 끌어들이기는 하지. 하지만 그래 봐야 잠깐이야. 결국 다들 우리에게 돌아올 거야." 양적 추구는 변질된 것이라고 오해해서 누구에게나 쉽게 다가갈 수 있는 환경이나 메시지에는 전혀 시간과 노력을 투자하지 않을 수 있다.

선교적 방식을 무시하는 사람들이나 흡인적 방식을 무시하는 사람들이나 똑같이 하나님께 불충한 것이다. 하나님은 두 방식 모두 교회를 위해 마련하셨고, 하나님이 둘을 통합하셨으니 우리 마음대로 분리해서는 안 된다.

찰스 스펄전의 말을 들어 보자.

죄인들을 꾸짖지 않으면 영혼을 구원할 수 없으며 그저 다른 교회에서 온 회심자들로 자신의 교회를 유지할 수 있을 뿐이다. 심지어 "감리교도들과 부흥운동가들[오늘날로 치면 교회 성장을 추구하는 대형교회 리더들]이 울타리를 부수고 있지만 대부분의 새들은 우리가 잡을 것이다"라는 말까지 들은 적이 있다. 하지만 이것은 정말 부끄러운 생각이다. 외부 세상에 다가가지 않고 일깨우고 회심시키는 일을 남들(불건전하다고 판단되는 사람들)에게 떠넘기는 교회 …… 나는 하나님 말씀의 모든 비밀을 푸는 것보다 한 사람을 예수 그리스도 앞으로 인도하는 것을 더 원한다. 구원이야말로 우리가 사는 목적이기 때문이다.[8]

다시 말해, 충성스러운 교회라면 깊은 성장과 넓은 성장을 '함께' 추구해야 한다. 깊이 없이 넓이만을 추구하면 교회가 아닌 청중만 모인다. 반대로, 넓이 없이 깊이만 추구하는 것도 지상대명령을 진지하게 여기는 태도가 아니다. 사실, 깊이 없이 넓이만 추구하는 교회는 실제로는 생각만큼 넓지 않을 확률이 높다. 천국은 회중이 아니라 제자인지를 따지기 때문이다. 마찬가지로 넓게 성장하는 데는 관심도 없이 깊이 성장하려고만 하는 교회도 생각만큼 깊지 않을 수 있다. 복음의 깊이는 언제나 전도의 열정으로, 그리고 대체로 전도의 열매로 이어지기 때문이다.

'우리는 사역의 깊이만 생각할 뿐 넓이는 전적으로 하나님께 맡긴다.' 얼핏 영적으로 들리지만 사역의 넓이를 무시하는 것은 지상대명령에 철저히 불순종하는 것이다. 한 마리를 더 찾기 위해 양 아흔아홉 마리를 두고 떠나시는 분이니 예수님도 양 떼의 '넓이'를 매우 중시하시는 게 분명하다. 그런데 어찌 우리가 복음을 넓게 퍼뜨리는 데 관심을 가지지 않을 수 있는가.

이번에도 얄팍한 인기 중심의 설교를 하지 않았던 스펄전의 이야기를 들어 보자.

> 어부가 그물을 던져서 물고기를 한 마리도 잡지 못할 수도 있다. 그렇지만 그래서는 어부라고 불릴 자격이 없다. 따라서 내 설교를 통해서 한 영혼도 구원을 받지 못해도 양심의 가책을 피할 길을 나는 아직 찾지 못했다. 내 설교를 들은 사람들이 회심하지 않으면 나는 시간을 낭비했다는 자괴감에 시달린다. 정신이 멍해지고 가슴이 답답해진다. 내 주님이 피로 사신 자들을 찾기 전까지는 희망을 잃고 생명을 잃은 것 같은 기분을 느낀다.[9]

충성스러운 목사들은 자신의 사역을 통해 구원받는 사람들이 나타나지 않을 때 하늘을 바라보며 약속해 주신 추수를 왜 허락하시지 않느냐고 묻는다. 물론 가시적인 열매가 잘 나타나지 않는 시기도 있다(나도 그럴 때가 많았다. 예를 들어, 2년 동안 단 두 명만 전도한 적도 있다). 하지만 그런 시기를 당연하게 받아들여서는 곤란하다.

충성스러운 교회들은 최대한 많은 사람을 최대한 빨리 그리스도께로 인도하기 위해 최선을 다한다. 좋은 어부와 긍휼이 많은 목자는 본래 수확을 원한다. 수확을 원하지 않는다면 사실상 "나를 따라오라 내가 너희를 사람을 낚는 어부가 되게 하리라"(마 4:19)라고 말씀하신 분의 제자라고 말할 수 없다.

나아가, 내가 볼 때는 선교적 사역의 옹호자들이 흡인적 사역을 지나치게 비판하는 경향이 있다. 세상이 변해서 이제 사람들이 1950

년대처럼 도시 전체의 부흥회로 몰려오지 않는다는 말에는 동의한다. 그러나 성령 충만한 설교자의 끌어들이고 회심시키는 능력을 과소평가해서는 안 된다. 설교자가 그리스도의 아름다움을 보여 줄 때 수많은 사람이 그의 설교를 듣기 위해 몰려드는 것은 당연한 결과다. 선교적 방식의 옹호자들은 교회가 '가는' 것만을 강조하고(물론 가야 하지만) 수많은 무리가 예수님과 사도들의 설교를 듣기 위해 '왔다는' 사실을 간과한다.

나는 서구에서 가장 목회하기 힘든 탈기독교화 지역에서 큰 성공을 거두는 설교자들을 꽤 알고 있다. 구약의 니느웨는 하나님께 적대적인 이방 사회였지만 요나가 '설교'했을 때 도시 전체가 귀를 기울였다.

아일랜드는 심각한 이교도의 땅이었지만 4세기에 패트릭이 설교하자 수많은 무리가 듣기 위해 몰려왔다. 불교 국가였던 한국에서도 20세기 초 부흥회가 열릴 때마다 사람들이 구름처럼 모여 설교를 들었다. 그래서 첫해에만 무려 5만 명이 예수님을 영접했다. 당시 한 대학에서는 학생의 90퍼센트가 그리스도를 구주로 고백하는 기적이 일어났다.

이런 설교가 힘을 잃었다고 감히 말할 수 있는가? 예수님이 들릴 때 많은 사람을 그분께 이끄시겠다는 약속에는 유통기한이 없다. 그렇게 해서 하나님이 죄인들을 당신의 교회로 이끄시면 필시 지금보다 훨씬 더 넓은 장소가 필요해질 것이다. 이렇듯 흡인적 방식도 분명 성경적인 방식이다.

요지는 이렇다. 충성스러운 사역자들은 넓이와 깊이를 함께 추구한다. 둘 중 하나만 갖추는 것은 '사실상' 불가능하다. 복음의 깊이는 전도의 넓이로 이어지게 되어 있다.

4

교회,
군중으로 들어와
군대가 되어 나가는 곳

다림줄 4. "교회는 리더십 양성소다"

마크는 리서치 트라이앵글 파크 연구 단지의 생명공학 기업에서 고속 승진을 거듭하고 있었다. 대학 미식축구팀에서 와이드 리시버로 활약했던 그는 잘생긴 데다 카리스마 넘치고 똑똑하기까지 하다. 그런 그에게 비즈니스 세계는 문을 활짝 열어 줬다. 그의 앞길은 뻥 뚫린 고속도로처럼 보였다.

그런데 마크는 점점 인생에 회의를 느끼기 시작했다. 단순히 조직의 꼭대기에 오르는 것 말고 뭔가 의미 있는 삶을 살고 싶었다. 나와 점심을 먹거나 성경을 공부할 때마다 그는 고액연봉이 예전처럼 매력적으로 다가오지 않는다고 말했다. 성공의 사다리를 차근차근 밟고 있었지만 마크는 그 사다리가 잘못된 건물에 걸쳐 있다는 걸 일찌감치 깨달았다.

마크가 부사장 자리를 박차고 10/40 창(가장 복음화가 덜 된 지역)으로 날아가 비영리 그리스도인 기업을 위해 투자를 유치하겠다고 하자 사장은 물론이고 그를 아는 모든 사람이 경악했다. 현재 마크는 아내와 세 자녀와 함께 동남아의 한 국가에 살면서 하나님 나라의 확장을 위한 기반을 구축하고 아시아의 거물 사업가들에게 그리스도를 전하고 있다.

마크는 '사용료를 지불하는 소비자'에서 '징집된 군사'로 놀랍게 변화되었고, 그 결과 동남아 사업가들 사이에서 복음이 빠른 속도로 퍼져 나가고 있다. 내가 그곳에 관광비자로 찾아가 '영어 교실'을 열어 봐야 이 사업가들의 얼굴도 구경하지 못할 것이다. 미전도 지역에서 복음 전파의 미래는 무엇보다도 마크 같은 사업가의 손에 달려 있다. 그리고 마크의 잠재력 중에서 개발된 부분은 빙산의 일각이다. 이번 장에서는 마크와 같은 사람들을 키우기 위한 실질적인 방안을 제시할 생각이다.

바통은 우리에게 넘어 왔다

사도행전에서 복음이 가장 강력하게 전파된 것은 평범한 사람들을 통해서다. 이 첫 제자들은 예수님이 요한복음 14장 12절에서 해 주신 약속의 성취를 경험했다.

> 내가 진실로 진실로 너희에게 이르노니 나를 믿는 자는 내가 하는 일을 그도 할 것이요 또한 그보다 큰일도 하리니 이는 내가 아버지께로 감이라.

예수님이 하신 일보다 '더 큰일'? 그들이 정말로 예수님보다도 '더 큰일'을 했을까? 당신은 그런 적이 있는가? 물 위를 걷거나 죽은 자를 살리거나 떡 다섯 덩이와 물고기 두 마리로 수천 명을 먹여 본 적이 있는가? 예수님보다 더 큰 권능으로 설교하거나 더 뛰어난 통찰력으로 기도해 본 적이 있는가? 당연히 없을 것이다.

그런데도 예수님은 첫 제자들과 우리가 그분보다 더 큰일을 할 것이라고 말씀하셨다. 그 이유는 최소한 두 가지다. 첫째, 예수님이 완성하신 일에 관한 우리의 설교와 증언은 비신자를 구원으로 이끈다. 반면, 예수님의 기적은 이 구원을 예시했을 뿐이다. 예수님의 기적은 죄의 저주에서 세상이 구원을 받는다는 가장 큰 기적을 가리키는 표징이었다. 예수님은 우리의 설교가 어떻게 영적인 맹인의 눈을 뜨게 하는지 보여 주시기 위해 육체적인 맹인의 눈을 고쳐 주셨다. 또한 우리의 설교가 어떻게 굶주린 영혼에게 생명의 떡을 먹이는지 보여 주시기 위해 떡 다섯 덩이로 수많은 굶주린 배를 채워 주셨다.

일시적인 장애를 치료하는 것과 영생으로 안내하는 것 중에서 무엇이 더 큰일인가? 예수님은 후자가 더 크다고 분명히 말씀하셨으며, 후자를 행할 능력을 보여 주시기 위해 전자를 행하셨다(막 2:1-12 참조).

둘째, 우리 일이 더 큰 이유는 예수님보다 더 멀리까지 뻗어가기 때문이다. 이제 예수님의 영이 모든 신자 안에 거하기 때문에 그분은 육체에 매여 계실 때보다 더 많은 곳에서 역사하실 수 있다. 또 다른 구절에서 예수님은 당신이 떠나시면 성령을 보내 주실 것이기 때문에 그것이 제자들에게 더 유익하다고 말씀하셨다.

그러나 내가 너희에게 실상을 말하노니 내가 떠나가는 것이 너희에게 유익이라 내가 떠나가지 아니하면 보혜사가 너희에게로 오시지 아니할 것이요 가면 내가 그를 너희에게로 보내리니(요 16:7).

이 말씀이 첫 제자들에게 얼마나 황당하게 들렸을지 생각해 보라. 그들은 3년 동안 예수님과 동행하며 온갖 놀라운 경험을 했다. 그런데 그분이 떠나시는 게 유익하다고?

3년 동안 예수님과 밤낮으로 동행하면 얼마나 좋을까? 어려운 신학적 질문? 예수님이 실시간으로 대답해 주실 것이다. 교회 친교 모임을 진행하는데 간식이 떨어졌는가? 예수님이 모든 참여자가 배불리 먹고 열두 광주리가 남을 만큼 계속해서 늘려 주실 것이다.

물론 실제로 이런 식이지는 않겠지만 예수님과 함께 사역하면 얼마나 좋겠는가. 예배 시간에 담임목사가, 모든 학생의 사랑을 받는 중고등부 전도사가 새로운 교회로 떠난다는 광고를 한다고 상상해 보자. 당신이 슬퍼하고 있는데 목사의 얼굴에는 웃음꽃이 가득 피어 있다. "모두 기뻐하십시오. 예수 그리스도가 이력서를 내셨습니다. 그분이 새로운 전도사로 오시게 되었습니다." 그렇다면 필시 당신은 기뻐서 껑충껑충 뛸 것이다.

그러나 우리가 성령을 받는다는 것의 의미를 진정으로 이해한다면, 그래서 그분의 동행과 모든 신자가 성령으로 충만한 교회 중에서 하나를 선택해야 한다면, 무조건 후자를 선택할 것이다. 성령이 우리 '안에' 거하시는 것에 대해 예수님이 우리 중고등부의 전도사로 오시는 것만큼 열광하지 않는다면 예수님의 약속을 진정으로 받아들이지 않는 것이다.

초대교회는 이 약속을 진지하게 받아들였다. 그들은 자신들이 예수님을 위해 교회를 세운다기보다 예수님이 자신들을 '통해' 교회를 세우신다고 생각했다. 5천 명을 먹이신 하나님의 능력이 여전히 그들을 통해 나타났다. 누가는 다음과 같은 말로 사도행전의 포문을 열었다.

> 내가 먼저 쓴 글에는 무릇 예수께서 행하시며 가르치시기를 시작하심부터 …… 승천하신 날까지의 일을 기록하였노라(행 1:1-2).

예수님이 이 땅에서 3년간 행하고 가르치기를 '시작'하셨다. 사도행전은 그분이 성육신된 몸으로가 아니라 교회 안에서 그분의 영으로 '계속해서' 행하고 가르치신 일을 기록한 책이다.

누가는 누가복음과 사도행전에서, 예수님이 육체를 입고서 하신 일과 교회가 성령의 능력으로 한 일을 하나로 보았다. 실제로 누가는 이 땅에서 예수님도 교회처럼 성령의 능력으로 사역을 하셨다는 점을 일부러 기록했다. 즉 누가에 따르면 예수님은 성령의 능력으로 치유를 행하셨고(눅 5:17 참조), 성령의 능력으로 설교하셨다(눅 4:16-19 참조).

누가복음 5장 17절을 처음 읽을 때 "병을 고치는 주의 능력"이 당연히 예수님의 능력이라고 생각했던 기억이 난다. 하지만 누가는 성령의 능력을 말한 것이다. 누가는 예수님이 사용하셨던 힘을 우리도 사용할 수 있다는 점을 보여 주고자 했다. 이는 평범한 사람들, 문제점과 흠, 나쁜 습관, 개인적인 약점을 안고 있는 보통 사람들도 하나님의 사명을 위해 '강하게' 쓰일 수 있다는 뜻이다. 우리가 하나님을 '위해' 자기 힘으로 일하는 게 아니라 하나님의 능력이 우리를 '통해' 나타나는 것이기 때문이다.

지난 장에서 살폈듯이 예수님은 마태복음 12장에서 더욱 놀라운 약속을 선포하셨다. 그분의 나라에서는 '가장 작은' 신자라도 세례 요한보다 크다니 이보다 더 놀라운 약속이 또 있을까? 예수님은 세례 요한이 가장 위대한 선지자였지만 그분의 나라에서는 '가장 작은 자'라도 그보다 크다고 말씀하셨다(눅 7:28 참조). 어떻게 그럴 수 있는가? 교회에서 '가장 작은' 신자라도 부활에 관한 진리를 알고 성령을 받았기 때문이다.

잠시 이 점에 관해 생각해 보라. 지금 어딘가에 하나님 나라에서 '가장 작은' 은사를 받은 신자가 살고 있다. 이는 엄연한 사실이다. 혹시 지금 이런 생각을 하고 있는가? '어쩌면 내가 그 사람일지도 몰라!' 그렇다면 하나님이 하늘에서 고개를 끄덕이실 것이다. '맞다. 바로 너다. 네가 가장 낮은 자다.'

설령 그렇다 해도 예수님 말씀에 따르면 하나님 나라를 위한 당신의 잠재력은 세례 요한보다도 크다! 이 진리를 받아들였는가? 이 약속을 정말로 믿고서 담대하게 사역하고 있는가? 교회 리더들은 교인들을 이런 관점으로 바라보고 있는가?

우리가 교회를 세우는 모습은 이 원칙에서 철저히 어긋나 있다. 우리는 사람들을 모아 몇몇 슈퍼스타들을 통해 성령의 강력한 임재를 누릴 기회를 주고서 '임무 완료'를 선언한다. 교인들이 성령의 임재를 누리는 것도 좋지만 예수님이 가장 원하시는 건 그게 아니다. 예수님의 비전은 성령 충만한 평신도들이 자신의 재능이 아닌 그분의 능력으로 세상을 변화시키는 것이다.

혹시 이렇게 말하는 사람이 있을지도 모르겠다. '사도행전 시대에는 성령의 바람이 강하게 불었지만 지금은 다소 잦아들었다. 우리는 다른 단계 속에서 살고 있다.' 그렇다면 사도행전의 '단계'가 정확히 언제 끝났는가? 학자들은 사도행전이 끝나지 않았다고 말한다. 누가는 바울이 감옥에 있는 절체절명의 상황에서 사도행전을 마무리했다. 그 와중에 로마에서는 사람들이 몇 명씩 구원을 받고 있었다. 어떻게 될 것인가? 바울이 죽을 것인가? 아니면 로마에서 부흥을 일으키기 시작할 것인가? 자신도 모르는 곳, 이를테면 유럽의 끝자락이나 중국, 동남아 같은 곳으로 복음을 전파하고 싶다는 바울의 꿈은 어떻게 되는 건가? 누가는 전혀 말해 주지 않는다. 누가복음은 열린 결말로 끝을 맺는다.

예수님이 이 땅에서 33년 동안 '시작하셨고' 사도행전에서 교회를 통해 '이어가신' 일은 지금도 우리를 통해 계속되고 있다. 우리가 바로 다음 회다. 드라마는 아직 방영 중이다. 지금도 모든 신자가 이 이야기에서 저마다 한 장면을 장식해야 한다.

열두 제자도 처음부터 리더는 아니었다

따라서 교회는, 사람들 속에 있는 하나님의 은사를 끄집어내는 리더십 공장이 되어야 한다. 예수님은 '떠오르는 별들' 중에서 가장 뛰어난 열두 명을 뽑아 거대한 스타디움의 강단에 세움으로써 교회를 세우시지 않았다. 그분의 제자들은 대부분 공식적인 신학 교육을 받지 못한 블루칼라 노동자들이었다. 인격이 특별히 뛰어난 사람도 없었다. 최소한 처음에는 그랬다. 이 미래의 교회 리더들은 서로 자기가 낫다고 티격태격하고, 보기 싫은 사람들을 정죄하고, 아이들을 귀찮다고 내쫓는 한심한 사람들이었다.

그러나 예수님이 성령을 통해 사용하시자 이 오합지졸이 세상을 뒤흔들었다. 어린 소녀 앞에서도 말을 더듬던 베드로가 가장 용감한 리더요 최고의 설교자로 변신했다(요 18:15-18 참조). 예수님이 선택하실 때만 해도 베드로는 스타가 아니었다. 스타는커녕 문제점이 너무 많았다. 리더 개발이 예수님의 최대 관심사였다면 우리도 그래야 마땅하지 않은가? 그래서 우리는 구체적으로 어떻게 해야 할까? 특히 네 가지가 중요하다.

교인들에게 리더가 될 것을 도전하라

우리는 교회에 대한 새로운 비전을 제시해야 한다. 교회는 단순히 하나님을 기쁘시게 하기 위해서만 매주 참석하는 곳이 아니다. 교회 모임의 목적은 영적 전쟁을 준비하는 것이다. 우리는 각자가 주중에 '전도 경기'를 보다 효과적으로 할 수 있도록 주일마다 얼마간 '작전 회의'로 모여 하나님께 예배하고 서로를 세워 준다.

내가 어릴 적에 다닌 교회에는 출구에 "선교 현장으로 들어가는 문"이라고 쓴 커다란 간판이 걸려 있었다. 그 문을 지나갈 때마다 우리는 주변에 가득한 선교 현장에서 복음을 전하기 위해 막 '거룩한 작전 회의장'을 떠나고 있다는 사실을 떠올렸다. 지금 우리 교회는 모든 예배를 "당신은 보냄을 받았습니다"라는 인사로 마무리한다.

나아가, 우리는 사역을 위한 권위와 사역의 책임을 모두 교인에게 넘겨야 한다. 잃은 양을 찾고 아픈 사람을 위해 기도하고 상한 심령을 위해 상담하는 것이 목사의 책임이라고 생각하는 교인들이 너무 많다. 그래서 목사는 교인들에게 사도행전의 비전을 줘야 한다. 그 비전은 바로 하나님이 행하시는 기적이 40개에 39개 꼴로 평범한 교인들을 통해 이루어진다는 것이다.

우리는 하나님이 교인들을 통해 행하시는 역사를 최대한 자주 축하해야 한다. 뭐든 축하할수록 더 자주 일어나기 때문이다. 1년에 몇 차례씩 우리 교회는 우리 도시에서 다양한 사역을 이끄는 교인들의 간증을 듣는다. 또한 교인이 친구나 가족을 전도하면 우리와 함께 세례용 풀에 들어가 세례식을 돕게 한다. 이런 식으로 우리는 누가 사역의 최전선에 있는지를 분명히 한다.

우리는 예배가 끝날 때 '선교사'를 임명하는 시간을 갖는다. 이때 선교사라고 해서 무조건 외국으로 가는 사람만을 말하지 않는다. 우리는 우리 지역에서 선교 활동을 하는 '선교사'도 자주 임명한다. '세속적인' 일을 하는 교인들을 자리에서 세워 자신의 일과 증언을 통해 우리 도시를 섬기는 선교사로 임명하기도 했다.

교인들이 리더로 자랄 수 있도록 실제로 도와주라

우리가 예수님보다 더 큰일을 할 수 있다는 요한복음 14장 12절과 예수님이 우리 옆에 계신 것보다 성령이 우리 안에 계신 것이 더 낫다는 요한복음 16장 7절의 약속을 보면 사역을 위한 가장 좋은 아이디어는 나 같은 목회자가 아니라 교인들을 통해 나올 가능성이 높다. 교회를 향한 예수님의 비전은 몇몇 슈퍼스타에게 명령을 받는 수천의 보병이 아니라 그분이 직접 이끄는 수백만의 성령 충만한 신자들이다. 그리고 예수님이 주로 교회 밖에서 역사하길 원하신다면 교회 밖에서 살고 일하는 사람들의 마음속에 가장 좋은 아이디어를 주시는 게 당연하다.

따라서 교회 리더로서 우리의 주된 책임 중 하나는 하나님의 백성이 이런 아이디어를 찾도록 돕고, 바울이 디모데에게 했던 것처럼 그들 "속에 있는 하나님의 은사를 다시 불일 듯 하게"(딤후 1:6) 만드는 것이다. 이 얼마나 절묘한 비유인가. 매주 교인들이 모이면 나는 거대한 부채를 가져와 성령이 그들 속에 붙이신 영적 은사의 불을 활활 타오르게 만든다.

우리는 성령이 빌립과 아볼로, 바나바, 실라 같은 사도행전의 '일반 신도'를 이끄셨던 것처럼 우리 교인들도 이끌어 주시길 원해야 한다. 누가는 바울이 아덴에서 기다릴 때 하나님의 영이 그의 마음을 움직여 그곳의 우상숭배를 다루게 하셨다고 말한다. 우리는 성령이 그런 식으로 우리 교인들의 마음도 움직이시길 기대해야 한다. 하나님은 소수의 성직자들에게만 성령을 부어 주시지 않은 것처럼 소수의 머릿속에만 성령의 생각을 불어넣으시지 않는다.

경영 전문가 짐 콜린스는 비즈니스 세계에서 가장 위대한 리더들은 자신보다 똑똑한 사람들을 찾아 권한을 위임하는 사람들이라고 말한다. 그에 따르면 "좋은 리더들"은 "천 명의 조수를 둔 천재"처럼 행동한다. 이런 리더는 스스로를 위대한 아이디어의 소유자로 보고 그 아이디어를 실행하도록 도와줄 사람들을 끌어모은다. 반면, "위대한 리더"들은 자신만큼 좋은 비전과 능력을 지닌 리더들에게 둘러싸인 사람들이다.[1] 위대한 리더는 자신을 주변 사람들이 각자의 아이디어를 실행하도록 돕는 종으로 본다. 콜린스는 GE의 전설적인 CEO 잭 웰치를 예로 제시한다. 웰치의 위대함은 업계 최고의 리더들을 끌어모으는 능력에 있었다. 그의 '천재성'은 남들이 좋은 아이디어를 얻고 실행하도록 돕는 능력에 있었다. 웰치는 피어스 모건과의 인터뷰에서 이렇게 말했다.

> 나는 우리 중에서 가장 똑똑한 사람이 아니었습니다. 리더가 팀에서 가장 똑똑한 사람이라면 단단히 문제가 있는 것입니다.[2]

그리스도의 몸에서도 마찬가지다. '위대한' 목사는 자신의 아이디어를 실행해 줄 자원자들을 모으는 사람이 아니라 평신도 리더들을 지원하고 섬기는 사람이다. 목사는 자신을 운동의 주인공이 아니라 종으로 봐야 한다.

목사 자신이 위대한 비전을 가진 리더가 되지 말아야 한다는 뜻은 절대 아니다. 다만 목사의 주된 역할은 교인들이 이미 품고 있는 사역의 잠재력을 발견하고 분출하도록 돕는 것이다.

리더 훈련은 자원자 모집과 다르다. '자원자'는 주로 리더가 구축한 기계의 톱니바퀴 이로 기능한다. 반면, 리더는 스스로 아이디어를 생각해 내고 자신만의 기계를 구축한다. 자원자가 필요 없다는 말이 아니다. 우리 교회에도 매주 주일에 예배를 진행하는 1,200명의 충성스러운 자원자들이 있다. 하지만 위대한 교회라면 단순히 자원자들을 모집하는 차원을 넘어 리더들을 탄생시켜야 한다.

리더로 가득한 조직을 만든다는 건 사람들이 나와 다르게 일하도록 허용한다는 뜻이다. 이것이 나 같은 완벽주의자에게는 여간 신경 쓰이는 일이 아니다. 그렇지만 이것은 리더들을 키우기 위해 꼭 필요한 대가다(물론 그렇다고 해서 완전 방임은 곤란하다. 하나님은 목사를 교회의 청지기요 안내자로 세우셨다. 우리는 이단이나 불건전한 사역 방식이 들어오는 건 아닌지 철저히 지켜봐야 한다. 또한 교인들이 내놓는 아이디어를 다 받아 줄 수는 없다).

게다가 평신도 리더들이 자신만의 사역을 통해 거둔 성과는 대체로 우리 교회의 연말 결산에 직접적으로 도움이 되지 않는다. 이 두 가지(리더들이 우리와 다른 방식으로 사역을 하는 것과 그들이 우리 교회의 '성공'과 직접적으로 상관없는 일에 자원과 에너지를 투자하는 것)는 결코 받아들이기가 쉽지 않다. 그러나 리더들을 기르려면 사역에 대한 통제권과 공로를 모두 내려놓아야 한다. 둘 다 통제 욕구가 강한 목사에게는 쉽지 않은 일이지만 그렇게 할 만한 가치가 충분하다.

에이미는 낙태를 생각하는 우리 지역의 여학생들에게 초음파 검사를 제공하는 이동식 산부인과를 운영하고 싶었다. 어린 여자애들이 자발적으로 산부인과에 가기가 힘들기 때문이다. 이런 아이들이 4D 초음파로 뱃속의 아기를 보고 나면 대개는 낙태할 마음을 접는다. 문제는 그들이 산부인과를 오지 않는다는 것이다. '아이들이 산부인과에 와서 초음파를 보지 않는다면 산부인과가 그들에게 찾아가는 건 어떨까?' 에이미는 그런 아이디어를 들고 우리를 찾아왔고,

우리는 그녀에게 적잖은 착수 자금과 인력을 제공했다. 현재 그녀의 '이동식 산부인과' 사역은 롤리-더럼 트라이앵글 지역의 수많은 여성을 돕고 있다. 지금까지 그녀의 팀이 구한 생명은 족히 수백은 된다.

리더로서 당신에게는 무엇이 더 자연스러운가? 자원자를 모집하는 것? 아니면 리더를 키우는 것?

우리 교회는 사역 방식의 균형을 유지하기 위해 사역을 세 가지로 분류했다.

책임지는 사역. 우리 목회팀이 구상하고 자금을 대고 실행하는 사역을 말한다. 교인들은 이 사역을 섬기고 지원하지만 주된 책임은 우리에게 있다. 소그룹 개발, 장로 및 사역 리더 훈련, 주일 예배가 모두 이 범주에 들어간다.

축복하는 사역. 스펙트럼의 반대편 끝에는 우리가 '축복하는' 사역이 있다. 이것은 우리가 소유하지 않는 사역이다. 우리는 단지 응원하고 기도할 뿐이다. 예를 들어, 어느 주일 예배 후에 한 교인이 나를 찾아와 롤리 지역의 모든 교사에게 "예수님은 당신을 사랑하십니다"라는 문구가 새겨져 있고 글씨를 지울 때마다 "나의 죄를 씻기는"이란 찬양이 나오는 연필을 제공하고 싶다고 말한다. 그런데 우리에게 전폭적으로 지원할 능력이 없거나 교회의 이름을 걸지 않는 게 적절한 경우도 있다. 하지만 우리 교회 역사상 최고의 사역 중 상당수가 이런 식으로 시작되었다.

촉진하는 사역. 우리가 '책임지는' 사역과 '축복하는' 사역의 중간에는 우리가 '촉진하는' 사역이 있다. 교인이 아이디어를 들고 우리를 찾아왔을 때 교회의 목적과 충분히 부합한다 싶으면 교회 차원

에서 지원한다(재정적인 지원, 관계망, 우리 교회의 이름 등을 '자원'으로 제공한다). 이 경우에 우리가 투자하기는 했지만 주된 책임은 없다. 우리는 단지 돕기만 할 뿐이다.

우리는 이 마지막 범주에 사역 번식을 위한 가장 큰 잠재력이 있다고 믿는다. 따라서 교역자들은 이런 사역을 촉진하기 위해 최대한 노력해야 한다. 우리는 최소한 100개의 지역사회 지원 사역을 촉진시키겠다는 목표를 세우고 있다. 우리는 이런 사역이 시작되도록 도울 뿐, 최대한 빨리 자체적인 예산과 리더들을 갖춘 비영리 조직으로 독립하도록 돕는다.

사역 리더라면 자신에게 이런 질문을 던져 보라. '교회 안에서 새로운 리더를 발굴하고 훈련하며, 평범한 교인들이 좋은 아이디어를 내놓도록 돕기 위한 분명한 과정을 갖추고 있는가?' 브루스 밀러는 *The Leadership Baton*(리더십 바통)이라는 책에서 대부분의 교회 리더들이 리더 양성의 시급성을 인정하면서도 "리더들을 양성하기 위한 분명한 전략이 없다"는 현실을 지적했다.[3] 분명한 과정이 없으면 실제로 이루어질 가능성이 낮다.

우리 교회에서 가장 좋은 '지역사회 섬김' 아이디어를 내놓는 소그룹에 천 달러를 지원하는 캠페인을 펼친 적이 있다. 여느 지원 프로그램과 마찬가지로, 제안서가 제출되자 우리는 공정한 심사를 통해 10개의 아이디어를 선정했다. 그 만 달러가 지금까지 우리가 쓴 만 달러 중에서 가장 잘 쓴 만 달러가 아닐까 싶다! 하지만 이렇게 시작된 사역이 큰 성공을 거두었다는 사실보다 더 중요한 것은 우리 교인들의 태도에 좋은 영향을 끼쳤다는 사실이다. 덕분에 우리 교인들은 성령의 눈으로 지역사회를 바라보고, 성령이 마음에 주신 것이라면 뭐든 추구할 수 있는 용기를 얻었다.

'보내는' 교회가 되려면 리더 양성을 위한 구체적인 과정을 개발해야 한다.[4] 구체적인 과정이 없으면 당신 교회의 리더십 상황이 바뀔 수 없다. 바보는 계속해서 똑같이 하면서 결과가 달라지기를 바란다는 옛말이 있다. 리더를 양성하려면 생각과 행동을 바꿔야 한다.

당신의 주된 역할을 사역 번식으로 보고 있는가? 진정한 리더는 단순히 결과를 만들어 내는 사람이 아니다. 리더는 남들이 결과를 만들어 내도록 돕는다. 뭔가를 잘한다고 리더가 될 수 있는 게 아니다. 남들이 그것을 잘하도록 도울 수 있어야 진짜 리더다.

리더들을 내보내면 더 많은 리더로 채워진다

예수님의 약속과 지상대명령을 진지하게 받아들이는 교회라면 최고의 리더들을 선교 현장으로 내보낼 수 있어야 한다. 솔직히 나로서는 이것이 가장 힘든 일 가운데 하나다. 잠재력이 대단한 사람을 찾아 열심히 키웠는데 그가 다른 곳으로 떠나는 모습을 지켜볼 때면 마냥 기분이 좋지만은 않다. 마음 깊은 곳에서는 기뻐해야 한다는 걸 알지만 '우리' 교회에 당장 손해인 것만은 사실이다.

매년 우리는 교역자 중에서 네 명의 '교회 개척을 위한 거류민'을 선정해 9개월 동안 교회 개척을 준비하고 함께 데려갈 교인들을 모집하는 것 외에 다른 책임을 거의 맡기지 않는다. 작년에는 노스캐롤라이나 주 해변에 한 교회를 세웠는데, 당시 개척팀의 리더인 이든이 최고의 인재 55명을 데리고 우리 교회를 나갔다. 그들을 파송하던 주일, 본당 앞에 쭉 늘어선 그들을 바라보는 심정은 기쁘면서도 고통스러웠다.

그러나 우리가 배운 한 가지 원칙이 때마다 우리의 중심을 바로 잡아 주었다. "리더들을 내보내면 더 많은 리더가 생긴다. 우리가 내보낸 건 반드시 더 불어나서 돌아온다."

자연적인 이유. '리더는 자신의 잠재력을 키울 수 있는 곳에 끌리고, 적절한 때에 그를 내보내는 것이 그 과정의 일부다.' 당신이 단순히 당신의 기계에 쓸 톱니바퀴 이를 찾고 있다는 사실을 알면 리더들이 찾아오지 않고, 찾아오더라도 사이드라인 밖에서 구경만 한다.

포춘 500대 기업의 고위 경영진 중에서 잭 웰치가 키운 리더가 엄청나게 많다는 글을 읽은 기억이 난다. 그런데 웰치가 인재를 붙잡아 둘 능력이 없어서 그들을 보낸 것이 아니었다. 웰치는 리더들을 훌륭하게 키운 다음 GE 내에 그 재능에 맞는 자리가 없을 때는 미련 없이 '내보냈다.' 그것이 당장 GE에 이익이 아니더라도 웰치는 이 원칙을 고수했다. 하지만 결과적으로 이것이 GE에게 가장 유익한 길이 되었다. 그런 평판이 수많은 새 인재를 GE로 끌어들였기 때문이다. 한 명이 나갈 때마다 세 명이 줄을 섰다.[5]

비즈니스 분석가 리즈 와이즈먼은 이런 현상을 '끌림의 순환'(cycle of attraction)이라 부른다. 그녀의 말을 들어 보자.

"끌림의 순환은 리더가 'A 플레이어들'(어려운 일에 필요한 잠재력과 지능을 갖춘 사람들)로 둘러싸일 만한 자신감과 흡인력이 있을 때 시작된다. 재능 자석의 리더십 아래 이 플레이어들의 천재성이 발견되고 최대한 발휘된다. 어려운 일을 해낼 때마다 이 플레이어들은 점점 더 똑똑하고 유능해진다. A 플레이어가 A+ 플레이어가 되어 간다. 이들은 뛰어난 성과로 주목과 인정을 받는다. 점점 이들에게 관심이 쏠리고 조직 내부나 외부의 인재 시장에서 그 몸값이 높아진다. 이 A+ 플레이어들은 훨씬 더 큰 기회를 제안 받고, 재능 자석 지도자의 전폭적인 지원 하에 그 기회를 붙잡는다.

그때부터 순환이 급속히 빨라진다. 이러한 이용과 성장, 기회의 패턴이 여러 사람들에게서 일어나면 조직 내의 다른 사람들이 주목하고, 리더와 조직이 명성을 얻는다. '성장하는 곳'이라는 평판이 쌓인다. 이런 평판이 퍼지면 점점 더 많은 A 플레이어들이 인재 자석의 조직으로 몰려온다. 그렇게 되면 인재가 꾸준히 유입되어 조직에서 성장해서 나가는 인재를 대체한다."[6]

초자연적인 이유. 하나님은 우리가 후히 내놓은 돈만 배가시켜 주시는 게 아니라 우리가 그분의 나라를 위해 내보내는 인재에 대해서도 똑같이 해 주신다. 우리가 주로 금전적인 드림에 적용하는 다음 구절을 리더 인재를 내보내는 측면에서 보라.

"흩어 구제하여도 더욱 부하게 되는 일이 있나니 과도히 아껴도 가난하게 될 뿐이니라"(잠 11:24). "구제를 좋아하는 자는 풍족하여질 것이요 남을 윤택하게 하는 자는 자기도 윤택하여지리라"(잠 11:25).

소년이 떡 다섯 덩이와 물고기 두 마리를 드리자 예수님은 그것으로 큰 무리를 먹이고도 열두 광주리나 남게 하셨다(요 6:13 참조). 우리가 아무리 많이 내놓아도 하나님이 주시는 속도를 따라갈 수 없다. 돈만이 아니라, 리더 인재만이 아니라, 모든 것에서 그렇다.

그렇다고 해서 리더 인재를 내보내기가 두렵지 않다는 뜻은 아니다. 뭐든 희생적인 드림에는 두려움이 따르기 마련이다. 꼭 필요하다고 생각되는 것이나 꼭 간직하고 싶은 것을 내놓아 하나님의 밭에 심기란 결코 쉽지 않다. 당장은 손해를 감수해야 한다. 연구에 따르면, 직원을 내보내는 것은 2년 치의 월급과 훈련비용을 포기하는 것이라고 한다.[7] 하지만 하나님은 우리가 기꺼이 내놓을 때 몇 갑절로 불려 주신다고 약속하셨다. 하나님은 우리가 더 많이 베풀 수 있도록 "너희 심을 것을 주사 풍성하게 하시고" "모든 일에 넉넉"하게 해 주신다(고후 9:10-11 참조). 따라서 우리가 리더들을 내놓으면 하나님이 내놓을 리더의 숫자를 더 늘려 주실 것이다.

목사들은 돈에 관해서는 추수의 원칙을 잘 가르친다. 그런데 왜 리더에 관해서는 똑같은 원칙을 적용하지 않는가? 믿음의 나눔은 하나님이 주신 '모든' 좋은 것을 내놓는 것이다. 우리가 귀중한 씨앗을 내놓으면 하나님이 몇 배로 불려 주신다. 나는 우리 교회에서 이 원칙이 사실임을 수없이 확인했다. 우리가 한 명의 리더를 파송할 때마다 여러 명의 리더가 우리 교회의 문을 두드린다.

몇 년 전에 우리는 좋은 친구이자 우리 교회의 가장 유능한 목사 가운데 한 명인 앤드류를 파송했다. 생각 같아서는 그를 평생 우리 교회의 목회자로 붙잡아 두고 싶었다. 하지만 우리는 그가 교회 개척자로서 자신의 교회를 이끄는 게 더 적합하다는 걸 잘 알았다. 나는 그에게 기꺼이 축복하며 보내 줄 뿐 아니라 원하는 사람은 누구든지 데려가도 좋다고 말했다.

앤드류를 떠나보내면서 그와 같은 인물을 다시는 만날 수 없다고 생각했다. 솔직히, 월급을 몇 배로 올려 줘서라도 그를 붙잡고 싶었다. 그는 우리 교인 중에서 함께 나갈 사람 40여 명을 선발한 다음, 1년간 우리 교회의 교역자로 머물면서 이 팀을 양육했다. 이 팀은 모두 새로 세울 교회에 십일조를 내기 시작했다. 그해 말, 우리는 앤드류에게 교회 개척 자금 10만 달러를 지원하고 파송했다. 그로부터 2년이 지난 지금, 앤드류는 노스캐롤라이나에서 가장 빠르게 성장하는 교회 중 하나를 이끌고 있다.

그렇다면 우리에게는 어떤 이익이 있었을까? 일단은 그린즈버러에 있는 이 교회가 불같이 성장하는 모습을 보는 기쁨이 크다. 나아가 하나님은 우리의 예산과 출석 교인 숫자를 늘려 주실 뿐 아니라 앤드류에 버금가는 실력을 지닌 세 명의 목회자를 보내 주셨다. 이 외에도 수많은 인재가 정신없이 유입되었다. 우리가 뿌린 씨앗이 몇 갑절로 늘어나는 바람에 우리는 모든 면에서 넉넉해졌다.

하나님은 최고 중에 최고를 세상에 보내셨고(요 1:14 참조), 그분의 희생을 통해 우리가 살게 되었다. 하나님 나라의 다른 모든 것도 이와 똑같은 방식으로 자라난다. 씨앗이 심겨져 죽을 때만 추수가 가능해진다(요 12:24 참조). 세상의 생명은 오직 교회의 죽음으로만 잉태된다. 사도 바울은 자신이 세운 교회에 최고의 팀원을 남기고 떠나곤 했다. 이런 팀원은 대개 그가 가장 믿는 친구이자 가장 충성스러운 동료였다. 예컨대 바울은 새로운 교회를 세우기 위해 떠나보낸 디모데와 디도를 믿음 안에서의 "참 아들"이라고 불렀다. 두 사람 모두 대단한 리더십과 재능을 지녔기 때문에 바울에게 정말 중요한 인물들이었다(딤전 1:2; 3:15; 4:11-12; 딤후 1:6; 딛 1:4-5 참조). 하지만 그는 씨앗처럼 그들을 떠나보냈다.

우리도 최고의 인재를 보내야 한다. 그렇지 않고서 하나님 나라가 확장되기를 기대할 수 없다. 하나님이 지금은 예수님 시대나 바울 시대와 다른 방식으로 그분의 나라를 세우신다고 생각하는가? 그렇지 않다. 축복은 언제나 희생을 통해서만 찾아온다.

하나님은 교회의 리더들을, 자신을 '위해' 위대한 사역을 세우기 위한 기반이 아니라 자신에 '대해' 죽을 제단으로 부르신다. 이는 최고의 인재들을 기꺼이 내보내야 한다는 뜻이다.

성공 기준을 새로이 하라

마지막으로, 지금까지 누누이 말했듯이 새로운 성공 척도가 필요하다. 보내고 싶는 행위는 대체로 '우리' 교회의 출석 교인 숫자나 예산에 당장 도움이 되지 않는다. 실제로 우리가 세운 25개의 국내 교회와 90개의 해외 교회 중에서 우리에게 전화를 걸어 "금년에 엄청난 흑자 예산이 발생했으니 조금이라도 돌려 드리겠습니다!"라고 말한 교회는 단 한 곳도 없다.

보내는 것은 큰 대가와 고통이 따르는 일이다. 하지만 결국 수천 배의 열매를 맺으니 희생할 가치가 충분하다. 지난 부활절에 나는 우리가 세운 교회의 5년간 수적 성장을 모두 합친 것이 우리 교회의 성장보다 크다는 사실을 교인들에게 알렸다. 그때 우리 교인들은 우리 자신만의 성장으로는 경험할 수 없는 큰 기쁨을 맛보았다. 아버지들은 대부분 자녀가 자신을 앞지를 때 말할 수 없는 기쁨을 느낀다. 교회도 자신이 낳은 자녀에 대해 똑같은 기쁨을 느낄 수밖에 없다. 보냄은 하나님 나라를 배가시킬 뿐 아니라 우리의 기쁨도 배가시킨다.

이제 군대를 전선으로!

교회는 즐겁게 해 줘야 할 청중이 아니라 훈련해야 할 군대다. 무리가 세상을 변화시키는 게 아니라 성령 충만한 신자들의 군대가 세상을 변화시킨다.

잭 웰치는 이렇게 말했다.

> 미래는 열정적인 리더들의 것이다. 그들은 막대한 에너지를 발산할 뿐 아니라 그 에너지를 자신이 이끄는 사람들에게도 전해 준다. 리더의 역할 중 하나는 팀원들에게 자신감을 불어넣는 것이다. 그렇게 하기 위해서는 열정이 필요하다. 누군가에게서 열정을 보고 느끼면 그에게 운명을 걸게 된다.[8]

장 칼뱅도 비슷한 말을 했다.

> 덕을 세우는 일에 열정적인 사람일수록 더 큰 존경을 받는다.[9]

5

서로 사랑하는 삶만 한 변증이 없다

다림줄 5. "교회는 보이지 않는 예수님을 보이게 한다"

어릴 적에 나는 슈퍼 히어로를 사랑했다. 솔직히 말하면 아직도 좋아한다. 그렇지만 지금은 예전처럼 배트맨이나 스파이더맨처럼 분장을 하고서 동네를 돌아다니지는 않는다. 다 큰 어른이 그러고 다니면 사람들이 깜짝 놀랄 테니까.

슈퍼 히어로 중에서 절대 흉내 낼 수 없는 건 바로 투명 인간이었다. 내가 할 수 있는 건 기껏해야 동생의 빈 방에 몰래 들어가 어질러 놓고서 투명 인간이 했다고 둘러대는 것뿐이었다.

〈투명 인간〉 시리즈에서 누군가가 투명 인간을 보이게 하고 싶을 때는 그에게 페인트를 끼얹었다. 그러면 투명 인간의 형체가 드러나 움직임을 볼 수 있었다. 나는 교회가 바로 보이지 않는 그리스도를 세상 사람들에게 보이게 만드는 페인트라고 생각한다. 교회의 교제, 거룩한 삶, 다문화를 아우르는 다양성, 이타적인 사랑의 행위, 용서와 과감성은 그들 속에 거하시는 영원하신 그리스도의 윤곽을 드러낸다. 그리스도인이 세상에서 복음을 삶으로 실천하면 보이지 않는 그리스도의 움직임이 세상 사람들에게 보이게 된다.[1]

섬김, 보이지 않는 하나님을 보여 주다

앞에서 밝혔듯이, 예전에 사역했던 동남아 사역지에 2004년 다시 갔을 때 내가 현재 사역하는 롤리-더럼 지역에 대해 잘못된 마음가짐을 품고 있다는 사실을 깨달았다. 당시 우리 교회는 큰 교회로 성장하기 위해 우리 도시를 이용하려고 했다. 하지만 그보다는 우리 도시를 전도하고 섬기는 게 우선이 되어야 했다. 그 과정에서 교회가 커진다면 좋은 일이고 그렇지 않아도 크게 상관없다. 목표는 교회의 크기가 아니라 우리 도시의 구원과 복이어야 한다. 그러기 위해서는 도시 내에 다른 교회들을 세울 뿐 아니라 신음하는 이들에게 찾아가 그리스도의 치유를 전해 줘야 한다.

그래서 우리는 자신에게 이런 질문을 던지기 시작했다. "우리가 우리 도시의 어디에 복음의 증거로써 '큰 기쁨'(행 8:8)을 전해 줄 수 있을까?" 나아가, 시장을 찾아가 우리 도시에서 가장 열악한 지역 다섯 곳을 알려 주면 그곳에서 봉사하고 싶다고 말했다.

그로부터 얼마 있지 않아 하나님은 더럼 빈민가에 있는 한 공립 초등학교의 열악한 상황에 우리가 관심을 가지도록 인도하셨다. 그 학교는 우리 지역에서 최하위로 평가되고 있어서 2년 안에 문을 닫을 예정이었다. 우리는 그 학교를 찾아가 돕고 싶다는 뜻을 전달했다. 원래 우리 지역의 학교들은 대체로 교회의 참여를 경계한다. 교회의 참여라고 하면 으레 종교색 짙은 행사를 떠올리기 때문이다.

그런데 2004년이 끝나갈 무렵, 이 학교의 믿지 않는 교사 중 한 명이 이웃으로 사는 우리 교회의 한 목사를 찾아와 곤란에 빠진 한 학부모에 관한 이야기를 꺼냈다. 우리는 그 학부모를 돕는 걸 출발점으로 삼기로 했다. 그리하여 우리는 이 가족이 임시 거처를 찾도록 도와주었고, 결혼을 코앞에 둔 우리 교회의 한 성도는 하객들에게 모든 결혼 선물을 이 가족의 집으로 보내 달라고 부탁했다.

이 가족을 돌보는 것으로 시작해서 몇몇 사람들을 더 돕게 되었다. 그해 말, 스타 샘슨 교장이 우리를 찾아와 이렇게 말했다. "우리 학교가 살아남으려면 '학년말' 시험을 잘 치러야 합니다. 혹시 아이들이 시험을 치를 때 오셔서 기도해 주실 수 있습니까?"

그래서 우리 교인들이 시험이 진행되는 동안 복도를 돌며 학생들을 위해 기도했다. 모르는 사람들의 눈에는 이상하게 보였겠지만 효과가 있었다. 몇 년 만에 최고 점수가 나온 것이다. 샘슨 교장은 지금도 그 시험을 기점으로 학교가 회생하기 시작했다고 말한다.

그해 여름, 우리는 교실 벽에 페인트를 칠하고 바닥을 닦으며 학교를 수리했다. 그리고 학기가 시작되면서는 교사들에게 아침 식사를 제공했다. 소그룹들은 각자 한 반씩 결연을 맺고, 학부모들의 실질적인 필요를 채워 주었다. 방과 후에는 치과 치료와 과외 서비스를 제공했다.

우리가 참여한 지 4년 째, 이 학교는 학년말 시험 성적이 지역에서 1-2위를 다투게 됐고 교장은 '올해의 교장'에 선정되었다. 그해 한 신문사 인터뷰에서 교장은 이렇게 말했다. "물론 교사들의 노고에 감사하고 싶지만…… 공을 가로채서는 안 되겠지요. 영광은 하나님께 돌려야 마땅합니다. 하나님은 특별히 서밋교회 식구들을 통해 역사하셨습니다."[2]

2년 뒤 나는 우리 도시 연례 행사인 마틴 루터 킹 주니어 집회의 강사로 초빙되었다. 더럼은 40퍼센트가 흑인이기 때문에 이 행사는 매우 중요하다. 방송사마다 이 행사를 생중계하고 시의 관료들이 모두 참석한다.

내가 이 행사에 기조연설자로 초빙된 것이 이례적인 일이었기 때문에 사람들이 내게서 듣고 싶은 말이 있을 것이라 판단했다. 그래서 내게 초빙 사실을 전한 공무원에게 사람들이 내게서 정확히 무엇을 듣고 싶어 하는지 물었다. 그랬더니 이런 대답이 돌아왔다. "뭐든 20분 동안 말씀하시면 됩니다. 우리 지역을 왜 이토록 사랑하시는 건지 설명해 주세요. 논란이 될 만한 말씀만 하시지 않으면 됩니다."

"예수님에 관해 말해도 됩니까?"

"물론이죠. 예수님 얘기는 논란이 되지 않을 겁니다."

나는 '그분을 잘 모르시는군요'라고 말하고 싶은 것을 꾹 참았다. 나는 대중 연설을 많이 해 봐서 사람들 앞에서 좀처럼 떨지 않는다. 하지만 그날 행사 전에는 무대 뒤에 앉아 있는데 극심한 긴장이 밀려왔다. 그것을 눈치 챈 그 공무원이 이렇게 말했다. "목사님, 저희가 왜 오늘 목사님을 강사로 초빙했는지 아십니까?"

"모르겠습니다."

"그것은 목사님의 교회가 최선을 다해 우리 도시를 섬겨 주었기 때문입니다." 그날 오후 또 다른 공무원은 이렇게 말했다. "어려운 사람들이 있는 곳마다 그들을 돕는 서밋교회 교인들을 볼 수 있었어요. 오늘 우리가 이곳에서 되새기려는 형제의 사랑을 여러분만큼 잘 실천하는 사람들은 없을 겁니다."

나는 내게 주어진 20분 중 18분 동안 예수 그리스도의 은혜가 어떻게 이기적인 사람들을 사랑과 섬김의 사람으로 변화시키는지를 설명했다. 우리가 사랑하는 건 먼저 사랑을 받았기 때문이다. 내 강연이 끝나자 시장부터 도시의 온 공무원까지 모두 한참 동안 기립박수를 보냈다.

물론 우리는 아직도 섬김에 관해 배워야 할 게 많다. 하지만 그날 강당 위에 서 있자니 오랫동안 품어 왔던 한 가지 생각에 더 확신이 생겼다. 그것은 바로 교회가 하나님의 시연 공동체라는 것이다. 우리의 봉사가 복음을 말로 선포하는 걸 대신할 수는 없지만 봉사를 통해 우리는 말로 선포하는 사랑과 은혜를 구체적으로 보여 준다. 효과적인 복음 선포는 우리가 삶으로 시연하는 것을 말로 설명할 때 이루어진다.

섬김으로 우리는 보이지 않는 그리스도를 보이게 만든다. 하나님은 빌립이 사마리아에 기쁨을 전해 주었던 것처럼 우리도 우리 도시에 기쁨을 전해 주도록 부르셨다(행 8:4-8 참조). 그러기 위해 우리는 우리 도시에 평화의 복음을 선포하고, 지나칠 정도의 나눔을 통해 그 복음의 치유하고 축복하는 힘을 보여 준다.

말과 행위로 예수님을 증언하기

분명히 말하건대, 교회의 '주된' 목적은 도시를 아름답게 가꾸거나 가난한 자들을 돌보거나 빈민가를 쇄신하는 게 아니라 복음을 선포하는 것이다. 복음은 우리가 세상 구원을 보완하기 위해 할 수 있는 일이 아니라 하나님이 이미 완벽히 이루신 세상 구원을 증언하는 것이기 때문이다. 복음은 그리스도의 '완성된' 사역을 선포한다.

'복음'에 해당하는 헬라어는 원래 종교적인 단어가 아니었다. 그것은 종류에 상관없이 모든 좋은 소식을 지칭했다. 예를 들어, 그리스 장군은 전쟁에서 승리하면 그 승리에 관한 '복음'을 조국으로 보냈다. "더는 두려움에 떨 필요가 없다. 내가 전쟁에서 이겼으니 여러분은 이제 자유롭다." 마찬가지로 기독교의 복음은 그리스도가 거두신 승리에 관한 '소식'이다.

따라서 우리의 사역은 그리스도가 이미 완성하신 일을 증언하는 것에서 시작하고 계속해서 그것에 초점을 맞추어야 한다. 지역사회에 대한 '섬김'이 그 복음을 드러내지 않는다면 오히려 안 하느니만 못하다. 복음을 떠난 친절한 행위는 지옥으로 가는 길을 더 편안하게 만들어 줄 뿐이다.

"복음을 전하라. 필요하면 말을 사용해서." 아시시의 프란시스가 했다고 하는 이 말은 흥미롭기는 하지만 틀린 말이다. 말을 사용하지 않고 복음을 전할 수는 없다. 복음은 역사 속에서 이루어진 한 행위를 설명하는 것이다. 예수님은 우리가 살아야 할 삶을 사시고 우리가 죽어야 할 죽음을 죽으심으로써 우리 스스로 할 수 없는 일을 대신 해 주셨다. 우리는 다른 이들이 이 메시지를 듣고 믿을 수 있도록 말로 증언한다.

다만 신약에서 사자들은 복음을 전할 때마다 '표징'으로 자신의 말을 뒷받침했다. 예수님의 기적은 능력으로 청중들을 설득하기 위한 마법이 아니었다. "자, 이번 마술은 베드로를 사라지게 만드는 것이다." 예수님은 그렇게 말씀하신 적이 없다. 그분은 구원을 증명해 보이기 위해 역사를 행하신 것이다. 예수님은 죄가 파괴한 것을 복음이 회복할 수 있다는 점을 보여 주기 위해 육체를 치유하셨다. 그분을 영접하는 자는 다시는 굶주리지 않는다는 점을 보여 주기 위해 오병이어의 기적을 베푸셨다. 또한 하나님이 혼란을 다스리시고 심판을 주관하신다는 점을 보여 주기 위해 물 위로 걸으셨다.

팀 켈러는 이렇게 말했다. "예수님의 기적은 단순히 능력 자체를 보여 준 게 아니라 그 능력의 구속적인 목적을 드러냈다."[3] 사람들은 예수님의 기적을 보고서 그분의 메시지를 믿었다.

사도행전을 보면 사도들은 병자의 치유와 귀신 쫓기와 같은 기적적인 역사로 복음을 증명해 보였다. 하지만 사도행전의 교회는 덜 '기적적인' 방법으로 복음을 증명해 보이기도 했다. 예를 들어, 다비다가 마을 사람들을 위해 옷을 지어 준 것이 그런 경우다(행 9:36-42 참조). 바울은 교회 내의 인종을 초월한 화합이 세상에 하나님 능력이 실재하는 것을 증명해 보였다고 말했다(엡 3:7-11 참조).

베드로는 첫 서간문에서 교회를 향해 정부와 고용주, 배우자가 "도대체 왜?"라고 물을 만큼 철저히 사랑과 은혜로 살라고 권고했다(벧전 2:12-3:17 참조). 그렇게 할 때 교회는 회복된 세상의 표징이 될 수 있다. 이 망가지고 깨진 세상에서 교회는 회복과 소망의 씨앗이 꽃을 피우는 곳이 되어야 한다. 아름다운 꽃은 혼란 속에도 희망이 있고 생명이 죽음을 뚫고 나온다는 사실을 보여 준다.

교회가 다가올 하나님의 통치를 보여 주는 방식에는 학교를 수리하고, 알코올 중독자의 갱생을 돕고, 가정을 치유하고, 직업 훈련이나 의료 서비스를 제공하고, 교사들을 섬기는 것 등이 있다. 어떤 표징이 가장 효과적일지는 각자의 상황에 따라 달라진다. 심령술이 흔한 도시에서는 사도들이 귀신을 쫓아냈다(행 16:16-18; 19:11-12 참조). 잔혹함과 슬픔의 그림자가 짙게 드리운 도시에서는 배려와 기쁨의 삶을 보여 주었다(행 16:19-34 참조). 가난한 자들이 억압을 받는 곳에서는 그들의 필요를 채워 주었다. 인종끼리 으르렁거리며 싸우는 곳에서는 복음의 연합시키는 힘을 보여 주었다.

이런 '표징'이 복음 선포를 대신할 수는 없지만 분명 복음을 증거하는 데는 도움이 된다. 요즘 '뜻밖의 선행'(random acts of kindness)이란 말이 유행하고 있는데, 사실 선행은 전혀 뜻밖으로 이루어지지 않는다. 우리의 선행은 정확한 목적을 바탕으로 이루어진다. 우리는 입술로 선포하는 하나님 나라를 행동으로 증명해 보이는 것이다. 톰 라이트에 따르면, 우리는 "예수님이 언젠가 지워지지 않는 잉크로 칠하실 것을 연필로 스케치하고 있다."[4]

우리의 주된 목적이 이웃으로 하여금 복음을 믿게 하는 것이라고 해서 우리가 회심을 위해서만 사람들을 섬긴다는 뜻은 아니다. 우리는 다른 이가 복음에 관심을 보이든 보이지 않든 상관없이 섬김을 실천한다. 왜냐하면 예수님이 우리를 그렇게 섬겨 주셨기 때문이다. 다른 이를 위한 우리의 선행은 그 자체로서도 선하고 하나님을 기쁘시게 한다. 하나님이 악인에게나 선인에게나 똑같이 햇빛을 비춰 주시는 것처럼 우리 선행의 빛은 차별 없이 만인에게 비춰져야 한다. 누군가 말했듯이 우리는 다른 이를 회심시키기 위해서가 아니라 우리가 회심했기 때문에 섬긴다.

그러나 우리가 믿는 복음이 사실이라면 사람들의 영혼이 위험에 처해 있는데 그저 그들의 배고픔을 달래 주거나 교육의 기회를 제공하는 것만으로 만족할 수는 없다. 한 켤레를 사면 한 켤레가 기부되는 '탐스 슈즈'(Tom's Shoes)를 사는 것도 좋지만 탐의 영혼에도 관심을 가져야 한다. 신발은 영혼을 고칠 수 없다. 오직 예수님만 우리 영혼을 구원하실 수 있다.

우리 교인들은 "프로젝트가 아닌 사람들이 우리의 사명이다"라는 말을 종종 한다. 이것도 우리의 다림줄 중 하나다. 우리의 나눔과 치유는, 하나님이 우리를 이토록 사랑하사 독생자를 보내서 그분과 화해할 길을 열어 주셨다는 사실을 세상에 증명해 보인다.

가장 강력한 변증

프란시스 쉐퍼는 예수님의 마지막 변증이 서로를 향한 그리스도인의 가시적인 사랑이라고 말했다.[5] 특히 로마의 식민지인 빌립보에서 복음이 전파된 과정을 기록한 사도행전의 구절들을 읽어 보면 이것을 확인할 수 있다.

사도행전 16장에서 누가는 바울의 첫 선교 여행을 통해 예수님을 영접하게 된 빌립보의 세 사람에 관한 이야기를 전한다. 그들은 저마다 완전히 다른 방식으로 믿음에 이르렀다. 첫 번째 인물은 리디아다. 부유한 사업가로서 종교에 관심이 많았던 그녀는 바울이 진행한 '구도자'를 위한 성경 공부 모임을 통해 예수님을 영접했다(13-15절 참조). 두 번째 인물은 스펙트럼의 반대편 끝에 있는, 귀신 들린 가난한 노예 소녀다. 이 소녀는 바울이 귀신을 쫓아 육체적, 경제적 속박에서 해방시켜 준 덕분에 예수님을 믿게 되었다(16-18절 참조).

세 번째 인물은 빌립보의 교도소장이다. 로마의 교도소장은 주로 퇴역군인들이었다. 로마 황제는 군복무에 대한 보상으로 그들에게 운영할 교도소를 하사했다. 대개 그들은 피와 살이 튀는 전쟁을 겪으면서 냉담하고 냉소적으로 변해 있었는데, 이 교도소장은 바울과 실라가 고난 중에도 기뻐하는 모습을 보고 예수님을 믿게 되었다(행 16:19-34 참조).

바울과 실라는 매질을 당한 날 밤 기쁨의 시편을 노래했다. 교도소장의 눈에는 당연히 그 모습이 이상해 보였다. 그때 하나님이 지진을 일으키셨는데 바울은 도망치지 않고 오히려 자살하려는 교도소장을 말렸다. 지진보다도 바울의 선한 행위에 더 충격을 받은 교도소장은 그 자리에서 무릎을 꿇고 말했다. "선생들이여, 내가 어떻게 하여야 구원을 받으리이까?"

세 사람은 이 도시에 살았던 세 종류 사람들의 대표 격이라고 할 수 있다. 여기서 우리는 사람들을 전도하기 위한 세 가지 방식을 확인할 수 있다.

'리디아'는 영적인 문제에 관심이 많은 사람이다. 이런 사람은 비신자를 위한 성경 공부 모임이나 부활절 집회 같은 전도 행사를 통해 믿음으로 나아온다.

'노예 소녀'는 육체적이나 경제적, 영적으로 노예 상태에 빠진 사람들이다. 구도자들을 위한 성경 공부 모임이나 부활절 집회를 아무리 훌륭하게 준비한다 해도 이들은 그런 행사로 전도되기 어렵다. 이 소녀는 설령 스스로 원한다 해도 바울의 성경 공부 모임에 찾아올 수 없었다. 바울이 직접 찾아가 이 아이를 속박에서 구해 내야 했다.

'빌립보의 간수'는 우리 사회의 통치 계층과 교육받은 계층, 예술계의 엘리트 계층에 속한 냉소주의자들이다. 간수는, 바울이 고난과 핍박 가운데서도 기뻐하는 모습을 보고 회심했다.

고대 사회에서 (바울을 포함한) 완전히 다른 이 네 사람은 서로 어울리지 않았다. 1세기 유대 기도서인 시두르를 보면 유대인 남자들은 매일 아침 자신이 "여자나 노예, 이방인"이 아닌 것에 감사했다. 빌립보에서 구원을 받은 수많은 사람 가운데 누가는 왜 특별히 이 세 사람을 기록했을까? 누가는 다른 곳에서는 서로 쳐다보지도 않는 이 세 부류가 1세기 빌립보 교회 안에서는 함께 어울리며 사랑과 교제를 나누었다는 점을 보여 준다. 빌립보 사람들에게는 이런 연합 자체가 복음의 능력과 진리를 나타내는 표징이었다.[6]

쉐퍼는 기독교 신앙의 탄탄한 지적 기반을 마련하는 데 평생을 바쳤지만 지적인 주장으로는 성령 충만한 복음적 사랑의 행위가 일으키는 마음의 변화를 흉내 낼 수 없다는 사실을 잘 알았다. 2세기에 초기 그리스도인을 가장 심하게 압박한 통치자 중 한 명인 로마 황제 줄리안(초대교회는 그를 '배교자 줄리안'이라는 별명으로 불렀다)조차도 한 친구 앞에서, "이 지긋지긋한 갈릴리인들이 동포만이 아니라 우리의 가난한 자들까지 먹이기" 때문에 아무리 감옥에 가두고 죽여도 교회의 성장을 막을 수 없다고 한탄했다.[7] 역사가 에버하르트 아놀드는 이렇게 말했다.

외부의 관찰자가 가장 크게 놀란 것은 이 공동체들의 주변에서 가난이 크게 줄어들었다는 점이었다. …… 그리스도인은 다른 종교의 추종자들이 자신들의 신전에 쓰는 것보다 많은 돈을 거리에서 썼다.[8]

최근에 더럼에서 문화적으로나 학문적으로 막대한 영향력을 미치는 한 유명인사를 만났다. 그는 우리 교회를 공개적으로 공격해 온 인물이다. 그는 우리를 편협하고 소외층에 무신경하고 여성들을 차별하는 집단으로 매도했다. 그런데 그날 오후 나와 함께 차를 마시는 자리에서 그는 자신의 이웃인 한 싱글맘이 어려움에 처했을 때 우리 교인들이 찾아와 큰 도움을 주었다며 이렇게 말했다. "아무래도 서밋교회에 대한 말투를 좀 부드럽게 바꿔야겠네요." 복음을 가시적으로 보여 주면 가장 독한 비판자들까지도 누그러뜨릴 수 있다.

'보내는 교회'가 된다는 건, 교인들이 매일 각자의 일터와 동네와 학교에서 복음을 삶으로 증거하고 나서 "너희 속에 있는 소망에 관한 이유를 묻는 자에게는 대답할 것을 항상 준비"(벧전 3:15)할 수 있도록 훈련하는 것이다.

최근에 한 지역 고등학교의 행정관에게서 다음과 같은 편지를 받았다.

친애하는 서밋교회 교인들께.
여러분에 대한 감사는 말로 다 표현할 수 없습니다. 캐리고등학교의 학생들과 교직원들은 지난주 여러분의 'RDU 섬김'으로 말할 수 없이 큰 도움을 받았습니다. 여러 번 식사를 제공해 주셨을 뿐 아니라 여러분이 전심을 다해 무조건적으로 우리 학생들을 사랑해 주시는 모습을 보고 우리 마음과 영혼까지 진정으로 풍요로워졌습니다. 여러분은 아이들의 멘토로서 본을 보이고 학생들의 말을 적극적으로 들어 주었습니다. …… 특별히 크리스마스 기간에는 여러분의 다양한 은사 덕분에 적어도 세 가정이 큰 도움을 받았습니다. 우리 학교에 집 없는 가정이 늘어나는 이 안타까운 현실 속에서 여러분은 학생들과 그 가족들, 우리 교직원들에게 유일한 희망이었습니다.

여러분의 사랑과 믿음, 나눔, 기도는 우리에게 깊은 영향을 끼쳤습니다. 우리 학교를 위해서 해 주신 모든 일에 진심으로 감사드립니다. 정말로 고맙고, 또 고맙습니다.

솔직히 이런 편지는 아무리 많이 받아도 지겹지가 않다. 그와 동시에 우리는 미움의 편지도 그에 못지않게 많이 받는다. 따라서 하나님이 이처럼 우리를 '생명의 냄새'로 사용하셨다는 편지를 받는다는 건 곧 우리가 예수님이 명령하신 대로 수수께끼와 같은 존재가 되었다는 것이다. 어떤 이들에게는 생명의 냄새이지만 어떤 이들에게 죽음의 냄새이니 수수께끼가 아니고 무엇이겠는가(고후 2:16 참조).

예수님이 이 땅에서 마지막 한 주를 보내실 때 그분께 도움과 치유를 받은 자들은 "호산나!"를 외쳤지만 다른 이들은 그분을 처형하라고 소리를 질렀다. 종교계와 정치계 지도자들은 예수님을 죽이기 위해 계략을 짰지만, 전직 매춘부는 감사의 눈물로 그분을 발을 적셨다. 이렇듯 복음 충만한 교회는 두 가지 반응을 다 얻게 되어 있다.

이 수수께끼는 우리의 가장 강력한 복음 증거가 된다. 복음은 은혜로 뒤덮인 진리다. 은혜 없는 진리는 근본주의고, 진리 없는 은혜는 감상주의일 뿐이다. 진리와 은혜가 서로 분리되면 복음이 전진할 수 없다. 반대로, 둘을 통합하면 복음이 몇 갑절의 열매를 맺는다.

우리 교회의 한 소그룹 식구들이 자주 다니던 헬스클럽에서 한 젊은이를 알게 되었다. '마이크'라는 이 젊은이는 더없이 친절하지만 종교 얘기만 나오면 표정이 굳었다. 마이크는 기독교가 의지가 부족한 자들이 지어낸 이야기일 뿐이라고 말했다. 그래도 우리 교인들은 계속 그와 가까이 어울리며 기도해 주고 틈나는 대로 교회로 초대했지만, 그는 번번이 정중하게 거절했다. 그런데 몇 달 뒤에 그가 중병에 걸려 병원에 입원했다. 다행히 치료는 가능한 병이었지만 문제는 비싼 입원비였다. 게다가 그는 건강보험도 들지 않았다.

이 소그룹 식구들은 2천 달러가 넘는 돈을 모아 그의 치료비를 부담했다. 가족도 없는 마이크는 우리 교인들의 나눔에 신선한 충격을 받았다. "저에게 왜 이렇게까지 잘해 주시죠?" 그러자 교인들은 이렇게 대답했다. "그분께 전혀 관심도 없던 우리를 위해 모든 것을 포기하신 구주를 섬기고 있거든요."

약 석 달 뒤 우리는 마이크에게 세례를 베풀었다. 가시적으로 표현된 사랑은 우리의 가장 설득력 있는 변증이다.

어디서부터 시작해야 할까

당신의 도시를 사랑하는 일을 어디서부터 시작해야 할까? 당신 교회의 형편상 학교와 결연을 맺는 건 벅찬 일인가? 이 책을 읽으면서 가족과 함께 사역에 참여할 방법을 고민하고 있는가? 우리가 우리 도시를 섬기는 일을 처음 시작했을 때만 해도 '전략'이라고 말할 만한 게 별로 없었다. 우리는 그저 기회가 생기는 대로 섬겼다. 운동장을 정비했고, 꽃밭에서 잡초를 뽑았고, 정원을 깔끔하게 정리했다. 필요한 일이 보이는 대로 시작하면 된다.

우리의 초점은 프로젝트에서 사람으로 차츰 바뀌었다. 작년에 우리는 (주로) 우리 교인들이 1년 내내 휴일 없이 운영하는 19개 섬김 사역을 통해 수천 명의 교인을 거리로 내보냈다. 이 모든 사역은 시장과 어색하게 대화의 문을 연 것과, 한 초등학교의 교장에게 뭐든 돕겠다고 제안하면서 싹튼 관계에서 시작되었다.

작년에 우리는 우리 교회의 열일곱 가정과 젊은 전문직 종사자들을 부촌에서 가난한 동네로 이사시켜 그곳에서 함께 어울려 살면서 복음을 실천하게 했다. 가끔 나는 강단에서 이 가족들이 그 동네에서 데려온 이웃들과 함께 앉아 있는 모습을 본다. 예배당의 다른 자리에는 소그룹 식구들이 친구가 된 전과자들과 함께 앉아 있다. 산모 지원 사역으로 돕는 대여섯 명의 미혼모들을 데려온 가족도 보인다. 이것이 예수님이 원하시는 교회의 모습으로 가는 출발점이다.

두 달 전에는 우리 목회자 중 한 명이 공립학교 본부에서 '사역 기회'에 관한 전화를 받았다. 본부 사무실에 도착한 그는 거대한 카운티(county; 군[郡]에 해당하는 미국의 행정구역-편집자) 지도가 테이블 위에 펼쳐진 방으로 안내를 받았다. "우리 카운티의 이 지역에 교회 캠퍼스를 열 계획은 없으신가요?" 공무원의 뜬금없는 물음에 목사는 어리둥절할 수밖에 없었다. "예? 아직은…… 왜요?"

공무원은 이렇게 설명했다. "우리 카운티의 동부 지역에는 학생의 70퍼센트가 급식비 전액 혹은 일부를 지원받는 학교가 있습니다. 이대로 가다간 곧 문을 닫을 것 같은데 지금까지 우리가 했던 노력은 다 소용이 없었습니다. 아무래도 서밋교회가 근처에 캠퍼스를 세워 이 학교와 결연을 맺었으면 좋겠습니다."

10년 전만 해도 정부는 좀처럼 우리에게 학교의 문을 열지 않았다. 그런데 이제는 아예 우리 앞에 지도를 펼쳐 놓고 도움을 요청한다.

이런 지역사회 참여 사역에서 구속에 관한 가장 흥미진진한 이야기가 쏟아져 나온다. 2년 전 우리 교인 몇 명이 교도소 사역에 참여했다. 처음에는 작게 시작되었다. 불과 두 명의 교인이 교도소에서 성경 공부 모임을 이끌었다. 그러던 중에 교인들은 교도소 안에 출소를 몇 개월 앞둔 수감자들이 일주일에 한 번씩 '후원자' 가족과 함께 몇 시간 동안 외출할 수 있는 프로그램이 있다는 사실을 알게 되었다. 그래서 이런 식으로 나온 수감자 중에서 그 몇 시간 동안 우리 교회에 찾아오는 사람들이 꽤 생겨났다.

그런 수감자 중 상당수가 우리 교회에서 세례를 받았다. 몇 명은 교도소 안에서 소그룹 활동을 시작했고, 작년에 우리는 처음으로 웨이크 카운티 교도 시설에 첫 캠퍼스를 열었다. 금년에는 그 감옥에 있는 이슬람교 지도자 한 명에게 세례를 베풀었다. 그는 그 감옥에 있는 우리 형제들의 열렬한 사랑과 기도, 섬김을 통해 예수님을 영접했다. 지금 그는 그 감옥에서 우리 교회 캠퍼스의 사역을 돕고 있다.

수감자들 중 일부는 출소한 뒤에 복음 전도의 사명에 뛰어들 결심을 했다. 최근에 그들 중 한 명이 우리 교회에서 감동적인 간증을 했다.

> 늘 하나님이 '저 멀리' 어딘가에 계신다고만 생각했습니다. …… 하나님이 계신다고는 생각했지만 그분을 진지하게 받아들이지는 않았습니다. 이제 이 교회에서 그리스도를 경험하고 나니 제가 출소한 뒤에 이곳에 안주하는 건 하나님의 뜻이 아니라는 생각이 듭니다. 이 교회를 정말 사랑하지만 하나님이 저를 해외로 보내길 원하시는 것 같아요.

또 다른 사람은 우리 교회에 다니는 한 가족과의 우정 덕분에 삶이 송두리째 변했다고 고백했다. "이 가족 덕분에 처음으로 내가 누군가에게 중요한 존재라는 걸 깨달았습니다. 최소한 제가 하나님과 그분의 백성에게 소중한 존재임을 알았어요." 그는 내게, 출소하자마자 가장 먼저 하고 싶은 일은 자신의 가족들을 우리 교회에 등록시키는 것이라고 말했다. 나아가 그는 한 명의 수감자를 입양해 그도 역시 소중한 사람임을 느끼게 해 주겠다고 결심했다.

죄수에서 선교사로, 사회로부터 '받는 자'에서 사회에 복을 더해 주는 자로 변한 것이다. 그리하여 "그 성에 큰 기쁨이 있더라"(행 8:8).

복음은 "영문 밖"에서 복음의 아름다움과 능력을 보여 주기 위해 기꺼이 편안한 자리를 박차고 나가는 문화를 만든다(히 13:13 참조). 우리가 그렇게 하면 빌립보의 간수처럼 전혀 예상치도 못했던 사람들이 교회를 찾아와 우리가 소망이 가득하고 나눔의 삶을 사는 이유를 묻는다(벧전 3:15 참조). 그리고 얼마 있지 않아 하나님의 은혜로 그들이 "선생들이여, 내가 어떻게 하여야 구원을 받으리이까?"(행 16:30)라고 묻게 된다.

예수님은 실로 아름다우시다. 그분이 높이 들려지면 사람들이 그분께로 모인다. 그분의 주위에는 늘 강도와 창기, 세리, 노숙자들의 무리가 모여들었다. 그들은 심지어 변화되기 전에도 그분께 끌렸다. 하나님에게서 멀어진 죄인들이 우리 그리스도인을 통해 예수님의 치유를 경험하면 은혜와 진리의 예수님 주위로 몰려들 것이다. 그분에 관해서 더 자세히 듣고자 교회로 몰려올 것이다.

노숙자와 고아, 국제학생, 이슬람교 성직자, 수감자, 미혼모, 위기의 청소년들을 위해 보이지 않는 그리스도를 페인트칠하고 있는가? 당신 도시의 동성애자들을 위해 그리스도의 사랑에 페인트칠을 하고 있는가?

이들이 단순히 흥미로운 예배 형식과 훌륭한 음악 연주 때문에 자발적으로 당신의 교회에 찾아와 메시지를 들으리라 생각하는가? 이들을 전도하기 위한 유일한 방법은 이들에게 찾아가 사랑과 은혜, 관계, 성령의 능력을 아낌없이 보여 주는 것뿐이다.

리더라면 교인들이 매일의 삶 속에서 마주치는 사람들의 어려움을 어떻게 도울지 성령께 묻고 귀를 기울이도록 훈련하라. 하나님이 자신을 통해 교회 밖에서 행하시려는 기적을 갈망하고, 복음의 눈으로 자신이 살고 있는 도시를 바라보며, 복음으로 가득한 도시라는 '끝없이 펼쳐진 바다'를 갈망하게 만들라. 그들이 스스로 사역을 시작하고 키우도록 격려하라. 그들에게 비전을 전해 주고 나서 뒤로 물러나라.

이 비전을 향한 최초의 여행은 한 가지 단순한 질문에서 시작되었다. '우리가 어디서 복음을 실천해서 우리 도시에 '큰 기쁨'을 전해 줄까?'

이 질문을 던지고 나서 뒤로 물러나 어떤 기적이 벌어지는지 보라.

6

제자 삼기는
한때의
유행이 아니다

다림줄 6. "언제나 모든 일의 초점은 제자 삼기다"

처음에는 에이브러햄 링컨 대통령에게 조지 맥클레런 외에 다른 오른팔을 찾는 건 불가능해 보였다. "리틀 나폴레옹"이란 아첨 섞인 별명으로 불렸던 맥클레런은 정말 대단한 인물이었다. 나이 열다섯에 육군사관학교에 최연소로 입학했고, 딱 하나 지도를 잘 못 그린다는 이유로 차석으로 졸업했다. 멕시코-미국 전쟁에 이어서 크림전쟁에 참전해서 큰 두각을 나타냈다.

맥클레런의 가장 위대한 재능은 병사들을 모집하고 조직하는 능력이었다. 그는 1861년 7월 새로 편성된 포토맥 부대의 수장으로 임명되자마자 병력을 5만에서 16만 8천 명으로 늘렸다. 그뿐 아니라 그들을 일사불란한 정예군으로 편성했고, 상관들은 놀라움을 감추지 못했다.

병사들도 그를 사랑했다. 남북전쟁의 혹독한 환경 속에서도 그의 부대만큼은 사기가 하늘을 찔렀다. 그가 부임하기 직전 이 부대가 불런에서 대패한 걸 생각하면 이는 더욱 놀라운 일이었다. 그의 부임과 함께 이 부대는 다시 용기를 얻었다.

그래서 1861년 10월 링컨 대통령이 그를 총사령관에 임명했을 때 아무도 이의를 제기하지 않았다. 그의 화려한 경력과 경험으로 봤을 때 그 인사는 당연한 것이었다. 어느새 그의 군대는 수적으로 적군의 두 배를 넘어섰다. 그런데 딱 한 가지 문제가 있었다.

이 남자는 도무지 싸우려고 하지 않았다. 리 장군의 군대가 불과 몇 킬로미터 앞에서 몇 번이나 속수무책으로 노출되었는데도 맥클레런 장군은 계속 조직을 정비하고 전략을 다듬기만 했다. 링컨은 수적, 전술적 우위를 이용해서 적군을 단숨에 쓸어 버리라고 종용했지만 맥클레런은 차일피일 거사를 미루기만 했다. 그저 방아쇠를 당기기만 하면 끝인 것을, 그의 손가락은 움직일 줄을 몰랐다.

참다못한 링컨은 결국 그 시대 최고의 지성을 그 시대 최고의 행동가로 대체했다. 율리시스 그랜트는 전술적인 능력에서는 맥클레런의 반도 따라가지 못했지만 남다른 투지를 타고난 인물이었다. 군인의 가장 큰 자산은 싸우는 능력이다. 이것이 없으면 다른 건 모두 무용지물이다.

뛰어난 사역자가 되기 위해서는 많은 기술이 필요하지만 한 가지가 빠지면 다른 모든 것이 무의미해진다. 그것은 바로 제자를 삼는 능력이다. 이것이 없으면 우리가 모은 재정, 우리가 세운 건물, 우리가 조직한 사역, 우리가 전한 설교, 우리가 쓴 찬양들로는 사명을 이루어 낼 수 없다. 이 한 가지가 없으면 우리는 실패할 수밖에 없다.

우리가 하는 다른 모든 것은 이 한 가지를 지원하기 위해 존재한다. 제자를 삼는 것이 지상대명령의 핵심이다(마 28:19 참조). 따라서 우리는 교회의 '모든' 사역을 제자화의 기준에서 평가해야 한다. 로버트 콜먼은 명저 《주님의 전도 계획》(The Master Plan of Evangelism, 생명의 말씀사 역간)에서 이렇게 강조했다.

> 지상대명령은 단순히 지구 끝까지 가서 복음을 전하라는 것도, 삼위일체 하나님의 이름으로 많은 회심자에게 세례를 베풀라는 것도, 그들에게 그리스도의 가르침을 가르치라는 것도 아니다. 지상대명령은 '제자를 삼으라'는 것이다. 자신처럼 예수님의 명령에 철저히 사로잡혀 스스로 그분을 따를 뿐 아니라 다른 이로 하여금 그분을 따르게 만들 수 있는 사람을 키우라는 것이다.
>
> 모든 교회의 성공 기준은 얼마나 많은 새 이름을 교인명부에 올렸느냐 혹은 예산이 얼마나 늘었느냐가 아니라 영혼들을 적극적으로 전도해서 또 다른 다수를 전도하도록 훈련하는 교인이 얼마나 많으냐가 되어야 한다.[1]

제자 삼기, 거창한 커리큘럼이 아니다

북미선교국(남침례회연맹의 국내 교회 개척팀)의 국장 케빈 에젤은 오늘날 교회 개척의 최대 걸림돌이 자금 부족이 아니라 유능한 교회 개척자들이 부족한 것이라고 지적했다. 남침례교에는 42,000개 교회에 1,600만 명의 교인이 있다. 그런데 고작 500명의 유능한 교회 개척자도 찾기 어렵다고? 남침례교인 32만 명당 한 명, 840개 교회당 한 명만 교회 개척자가 되면 차고도 넘친다. 그런데 어떻게 그 정도도 키워 내지 못하고 있는가?

다른 복음주의 교단의 상황도 별반 달라 보이지 않는다. 북미에서 활동하는 한 대규모 교회 개척 네트워크의 리더에게서 다른 네트워크에서 유능한 교회 개척자를 영입할 방안을 찾는다는 말을 들은 적이 있다. 나름대로 자리를 잡은 교회 개척 네트워크가 왜 '밖'에서 교회 개척자를 찾아야 할까? 내부에서 키워야 하지 않나?

미국에서 급성장하는 교회 중 대다수가 스스로 새로운 신자를 전도해서 제자로 키우기보다는 다른 곳에서 기존 신자들을 끌어들임으로써 성장하고 있다. 혹시 당신이 있는 도시도 같은 상황인가? 화려한 시설과 프로그램을 갖춘 교회가 생기면 기존 교인들이 너나 없이 그곳으로 몰려간다. 그러면 그 교회는 '신약 수준'의 성장을 자랑하지만 그 도시에 있는 교인의 총합은 그대로다.

기존 교인이 이리저리 움직이는 것은 음부의 권세로 진격하는 게 아니다. 그것은 단지 기존 병사들을 새로운 부대에 재배치하는 것에 불과하다. 누군가가 적을 향해 공격에 나서지 않으면 결국 전쟁에서 질 수밖에 없다.

더 많은 사람을 전도하기 위해서 필요한 것은 사람들을 끌어모으는 기술을 향상시키는 게 아니다. 제자 삼는 기술을 향상시켜야 한다. 더 많은 군중으로는 부족하다. 온 세상을 복음으로 물들이려면 비신자를 교회 리더로, 무신론자를 선교사로 변화시켜야 한다. 다른 무엇보다도 제자 삼는 일을 잘해야 한다.

아이러니하게도 수적인 성장은, 현실을 깨닫지 못하게 한다. 실상과 달리 우리가 하나님 나라를 넓히고 있다는 착각을 불러일으킬 수 있다. 오랫동안 우리는 제자 삼는 일에 별로 신경을 쓰지 않았다.

크게 노력하지 않아도 어느 정도 성장했기 때문에 그럴 필요성을 느끼지 못했다. 하지만 성장세가 다소 둔화되자(당연한 결과다) 우리가 그만큼 많은 새신자들을 얻고 있는 건 아님을 깨달았다. 게다가 커다란 뒷구멍을 발견했다. 많은 사람이 기대감으로 찾아왔지만 우리는 그들을 평생의 제자로 키워 내지 못했다. 심지어 자신의 자녀조차 전도하지 못하는 사람들이 적지 않았다!

J. D. 페인은 성경 어디에도 교회를 세우라는 명령이 없다는 점을 지적한다.[2] 성경에는 제자를 삼으라는 명령이 있을 뿐이다. 그는 교회 개척이 수단일 뿐 목표는 제자를 삼는 것이라고 말한다. 계속해서 그의 말을 들어 보자.

> 하나님이 우리에게 주신 사명은 교회 개척 운동이 아니라 제자화 운동이다. 제자화는 인구 집단을 초월한 새로운 교회의 번식으로 이어지며, 그 결과는 사회의 변화다. …… 우리는 '작년에 얼마나 많은 교회를 세웠는가?'와 같은 질문만이 아니라 '그 교회들을 세운 덕분에 얼마나 많은 제자가 키워졌는가? 그 제자들은 현재 그리스도의 모든 명령을 지키고 있는가?'라는 질문을 던져야 한다.[3]

우리가 행사를 기획하고 군중을 모으고 조직을 세울 줄은 알아도 제자 삼을 줄은 모르는 사람들을 교회 개척팀으로 보내는 건 아닐까?

교회 개척팀을 구성할 때마다 우리는 '그들이 지금 효과적으로 제자를 삼고 있는가?'라고 묻는다. 지금 이곳에서도 제대로 못하는 사람을 다른 곳으로 보낼 이유는 없다. 당장 '교회 개척자'라는 명칭이 붙는다고 해서 천사가 내려와 마법의 '전도 효과 가루'를 뿌려 주는 건 아니다. 해외로 간다고 해서 갑자기 뛰어난 전도자가 되는 것도 아니다.

가만히 살펴보니 우리 교회에서 가장 뛰어난 개척자들은 유급 사역자로 뛰어들기 훨씬 전부터 소그룹을 키우고 번식시켰다. 사실상 우리는 그들이 이곳에서 이미 잘하는 일을 그곳에서도 하도록 다른 도시로 보내는 것일 뿐이다.

네비게이토 선교회의 창립자 도슨 트로트먼은 선교사 후보들에게 "당신이 전도해서 지금 그분을 위해서 살고 있는 사람들이 얼마나 됩니까?"라고 물었다. 그의 이야기를 더 들어 보자.

> 솔직히 해외로 나가 외국어를 배울 준비는 되어 있지만, 예수 그리스도와 계속해서 동행할 영혼을 그동안 단 한 명도 건지지 못한 이들이 대부분이었다. 그들 중에는 여러 사람을 교회로 인도했다고 말하는 사람들이 많았고, 목사가 강단 앞으로 초대할 때 나가도록 몇몇 사람을 설득했다고 말하는 사람들도 있었다. 나는 그들에게 다음과 같이 물었다. "지금 그들이 그리스도를 위해서 살고 있나요?" 그러면 그들의 고개가 푹 떨어졌다. 계속해서 나는 물었다. "과연 외국으로 건너가 당신을 의심하는 낯선 사람들과 외국어로 말하기만 하면 여기서 해 보지 않은 일을 할 수 있게 될까요?"[4]

당신은 '개인적으로' 제자를 키우고 있는가? 당신이 처음 만날 때는 비신자였지만 지금은 복음 전도의 사명을 위해 다른 이를 섬기고 있는 사람들이 있는가? 당신의 '교회'는 제자를 만들어 내고 있는가? 당신의 교회 안에 10년 전에는 예수님을 알지도 못했지만 지금은 사역팀을 이끌고 있는 사람들이 있는가?

다행히 제자 삼는 일은 지극히 쉽다. 당신의 영적 여정에 사람들을 동행시키기만 하면 된다. 제자를 삼는 건 기술보다 삶의 문제다. 제자화는 남들에게 당신처럼 성경을 읽고, 기도하고, 예수님에 관해 알리도록 가르치는 것이다. 당신의 삶 속에 다른 이가 따라할 만한 신앙 습관이 있다면 당신도 제자 삼는 사람이 될 수 있다. 수년간의 훈련은 필요하지 않다. 단지 당신처럼 다른 이들도 그리스도를 따르도록 가르치기만 하면 된다.

한번은 우리 교회에서 누구보다도 많은 제자를 키워 낸 사람에게 그만의 제자화 '시스템'을 알려 달라고 부탁했다. 뭔가 특별한 커리큘럼이나 묘책을 기대했는데, 그는 그저 1980년대에 워드프로세스로 직접 타이핑한 성경 구절 목록 한 장을 복사해서 보내 주었다. 설명을 들어 보니, 그는 전도하려는 사람에게 이 목록을 주고 그 구절들을 찾아 읽은 뒤에 각 구절의 의미와 그 구절을 통해 하나님이 하시려는 말씀을 나름대로 적게 한다. 그리고 나서 다음 주중에 그를 만나 그가 적은 답을 놓고 토론한다. 그런 뒤에는 아예 성경 전체를 함께 읽으면서 이런 활동을 해 보지 않겠냐고 묻는다.

바로 이거다. 비밀 소스는 없다. 특별한 제자화 비법 따위는 없다. 그러나 우리 교회에서 세례식을 베풀 때마다 그를 통해 예수님을 영접한 사람이 꼭 포함되어 있다. 그가 전도한 사람도 있고, 그가 전도한 사람이 다른 사람을 전도한 경우도 있다. 내가 볼 때 그는 최소한 영적 고조할아버지 이상은 된다.

콜먼은 예수님의 사역에 대해 다음과 같이 말했다.

> 예수님이 가르침을 청하는 무리에게 설교하실 때나 함정에 빠뜨리려는 바리새인들과 논쟁하실 때나 길가의 외로운 거지에게 말씀하실 때나 제자들이 늘 가까이서 관찰하고 귀를 기울였다. …… 이런 개인적인 본보기를 통해 예수님의 삶이 제자들에게 고스란히 전해졌다. …… 설교를 한 번 실천하는 것이 백 번의 설명보다 낫다.[5]

앞서 말했듯이 우리 부모님은 처음으로 출석한 교회의 목사님에게서 큰 영향을 받았다. 우리 부모님이 이 교회에 끌린 것은 설교의 질 때문이 아니라 목사님이 실질적인 삶을 통해 진정한 영향력을 발휘했기 때문이다. 최근에 시한 목사님의 장례식에 참석하기 위해 아버지와 함께 조지아 주를 다녀왔는데, 가는 길에 아버지는 또다시 내게 이렇게 말했다. "예전에 시한 목사님이 하셨던 설교는 단 하나도 제대로 기억이 나지 않는구나. 나를 변화시킨 건 그분의 설교가 아니었단다. 그분이 기도하고 다른 이에게 예수님을 전하는 모습을 보고 하나님과 동행하는 법을 배웠지."

효과적인 제자화의 핵심은 커리큘럼이 아니라 한 사람이 다른 사람에게서 예수님을 따르는 게 무엇인지를 배우는 것이다. 우리 교회 대학부 목사의 표현을 빌자면 "제자화의 약 75퍼센트는 비공식적인 가운데 이루어진다."

예수님을 사랑하고 그분과 동행하는 법을 알면 다른 사람을 제자로 삼을 수 있다. 당신 자신의 삶이 완벽과는 거리가 멀어도 상관없다. 신실한 신자라면 누구나 다른 사람에게 하나님을 구하고 성경을 읽고 기도하고 복음을 전하는 법을 가르칠 수 있다.

임무는 다양해도 사명은 하나

더 좋은 제자를 더 많이 만들어 내는 것이 모든 사역의 목표이자 존재 이유가 되어야 한다. 프로그램이 호응을 얻고 있다고 해서 우리가 사명을 이루고 있다고 말할 수 없다. 하지만 이 둘을 혼동하기가 쉽다. 피터 드러커는 비즈니스 세계에서 최악의 실패는 중요하지 않은 것에서 성공하는 것이라고 말했다. 마찬가지로, 교회의 최대 실패는 제자의 번식으로 이어지지 않는 것에서 성공하는 게 아닐까?

우리 교회에서는 모든 사역 하나하나에 정기적으로 이런 질문을 던진다. '이 사역이 제자를 만들어 내고 있는가?'

우리 주일학교와 중고등부 사역이 부모들에게 각자의 자녀를 제자로 삼도록 가르치고 있는가? 우리가 우리 아이들을 세상 속으로 들어갈 복음의 리더들로 키우고 있는가?

우리의 소그룹 사역이 새로운 소그룹을 만들 새로운 리더들을 키우고 있는가? 아직 주일 예배에 참석해 본 적이 없는 새로운 얼굴들을 데려오고 있는가?

우리 지역사회 아웃리치 프로그램이 제자를 만들어 내고 있는가? 아니면 단순히 봉사만 하고 있는가? '궁극적인' 사명은 울타리를 칠하거나 수감자를 먹이거나 과외 봉사를 하는 게 아니라 제자를 키우는 것이다. 우리는 장기적인 관계를 이끌어 낼 수 있는 프로그램을 우선시한다. 우리는 교인들에게 비신자들을 봉사 활동에 함께 데려갈 것을 권한다. 함께 봉사하는 것이야말로 복음 전도를 위한 가장 좋은 대화의 장이기 때문이다.

설교가 제자를 만들어 내고 있는가? 아니면 단순히 지식만 전달하고 있는가? 지금 내가 매주 수천 명 앞에서 하는 일은 사실상 대학 시절 내가 제자로 키우던 다섯 명에게 하던 일의 연장선에서 하는 것이다. 수천 명에게 설교하는 것은 다섯 명을 제자로 키우는 것과 본질이 다르지 않다. 단지 청중의 규모만 변했을 뿐이다.

이 마지막 항목에 대해 약간의 부가설명을 하겠다. 개중에는 교인들의 머릿속에 성경 지식을 집어넣는 것으로 소임을 다했다고 생각하는 설교자들이 있다. 그런가 하면 어떤 설교자들은 감정적인 반응이나 박수갈채를 목표를 삼는 것처럼 보이기도 한다. 그저 사람들이 재미를 느껴 다음 주에도 오기만을 바라는 설교자들도 있다. 하지만 모든 설교자는 무엇보다도 제자를 삼는 사람이다. 따라서 제자화가 모든 설교의 지향점이 되어야 한다.

'내가 탁월한 설교자인가?' 이 질문에 대한 올바른 판단 기준은 '다른 목사들이 나의 본문 해석 능력을 부러워하는가?'나 '내가 설교할 때 얼마나 많은 사람이 환호성을 지르는가?' 혹은 '작년에 성도 숫자가 얼마나 늘었는가?'가 아니라 '내 설교를 들은 사람들이 예수님을 닮은 모습으로 변해 가고 있는가?'다.

개인적으로 내가 가장 좋아하는 설교자들은 교인들을 성숙으로 이끄는 것을 설교의 목표로 삼는 이들이다. 내가 볼 때 탁월한 주석가 중에서도 그렇지 않은 설교자가 많다. 그들의 목표는 그저 텍스트를 완벽하고 정확하게 해석하는 것뿐이다. 물론 그것도 중요하고, 이 두 목표가 반드시 상충하는 것도 아니다. 다만 무엇이 '주된' 목표냐에 따라 설교의 형태와 어조가 변한다. "오늘부터 10년간 모세오경을 한 구절씩 철저히 강해하면서 히브리 언어 속에 숨겨진 보석들을 보여 주겠습니다." 평생 범죄자로 살다가 막 구원받은 새신자를 제자로 키울 생각이라면 그렇게 말하지 않는다. 대신 이렇게 말할 것이다. "자, 함께 성경을 공부하면서 어떻게 하면 죄를 이기고 승리의 삶을 살 수 있는지 알아 봅시다."

사람보다 설교 주제에 더 초점을 맞추는 설교를 듣노라면 설교자는 가만히 있는데 내가 바늘방석에 앉은 것처럼 괴로워서 못 견디겠다. 본문에 대한 설교자의 지식과 통찰력이 대단한 것은 존경할 만하지만 듣는 이들에게 예수님 사랑이나 사명 의식을 더욱 키워 주지 않는 설교라면 무슨 소용이 있는가.

대학 시절에 남북전쟁에 관해 말하기를 좋아하는 교수님이 한 분 있었다. 남북전쟁에 관한 그 교수님의 지식은 실로 대단했다. 심지어 남북전쟁에 참전했던 사람보다도 더 많이 안다고 생각될 정도였다. 하지만 실제로 전쟁을 하는 것과 전쟁에 관해 아는 건 하늘과 땅 차이다. 로버트 리 장군과 율리시스 그랜트 장군은 전쟁의 본질을 이해하려고 하지 않았다. 그저 살아남고 승리하기 위해 애썼을 뿐이다. 그들에게는 전쟁에서 이기는 게 전쟁에 관해 완벽히 아는 것보다 훨씬 더 중요했다.

물론 나도 성경의 아름다움과 복잡성을 알고 싶다. 그리고 설교는 정확한 성경 지식을 바탕으로 이루어져야 한다. 하지만 지상대명령은 사명이다. 따라서 모든 설교의 초점은 사람들을 구원으로 이끌고 나서 그들을 그 사명으로 파송하는 것이어야 한다. 기독교는 운동이다!

국제선교이사회 회장인 데이비드 플랫은 이 점을 설명하기 위해 한 가지 탁월한 사례를 사용했다. 한번은 설교 도중에 그가 몇몇 사람들을 앞으로 불러 소방차의 다양한 역할을 흉내 내게 했다. 한 사람은 소방차를 모는 역할을 맡았고, 다른 사람은 내비게이션 역할을 맡았다. 한 사람은 사이렌을 통제했고, 다른 사람은 경적을 울렸다. 한 사람은 호스를 맡았고, 다른 사람은 소방차 뒤의 이상하게 생긴 작은 핸들을 돌렸다.

모두가 자리를 잡고 동작을 시작하자 플랫이 각 사람에게 물었다. "자, 당신의 임무는 무엇입니까?" 각 사람이 각자의 특정한 역할을 말하자 플랫은 마지막으로 이렇게 말했다. "다 틀렸습니다. 여러분의 임무는 모두 불을 끄는 것입니다!"

모든 영적 은사는 제자화라는 더 큰 목적을 추구한다. 은사는 다양하지만 사명은 동일하다.

열매 맺게 하려고 우리를 택하셨다

모든 사역의 성공 기준은 규모가 아니라 제자를 키울 줄 아는 제자를 얼마나 잘 키워 내느냐가 되어야 한다. 우리가 어떤 가족에게 진정으로 관심을 가질 때는 단순히 가족의 구성원이 몇 명인지가 아니라 가족이 모두 건강하고 자녀들이 책임감 있는 어른으로 성숙해 가는지를 궁금하게 여기는 것처럼 말이다.

진저를 볼 때마다 우리 교회가 무엇을 해야 하는지를 새삼 되새기게 된다. 나는 진저를 한 휴대폰 가게에서 만났다. 그녀의 동료 중 한 명이 우리 교회를 다녔고, 나는 그 동료와 함께 진저를 전도했다. 감사하게도 그녀는 흔쾌히 우리 교회에 나와 주었다. 그런데 당시에는 몰랐지만 진저는 동성애자에다 극심한 우울증에 시달리고 있었다. 결국 진저는 몇 달 정도 우리 교회를 다니던 중에 애팔래치아 산맥의 한 다리에서 뛰어내려 자살하기로 결심했다. 그런데 다리에 거의 도착할 즈음에 우리 교회에 다니는 그 동료에게서 전화가 왔다.

진저는 그것을 하나님의 신호로 받아들이고서 차를 돌려 롤리로 돌아와 자발적으로 병원에 입원했다. 소식을 들은 우리 교인 몇 사람이 병문안을 가서 내가 쓴 《복음본색》(*Gospel*, 새물결플러스 역간)이라는 책을 선물했다.

나중에 병실에 들어온 의사는 진저의 탁자 위에 있는 책을 보고서 자신도 방금 전에 그 책을 다 읽었다고 말했다(의사는 우리 교회 교인이 아니었다). 두 사람은 한참 동안 소망에 관한 이야기를 나누었고, 진저는 병원에 누워 있는 동안 예수님을 만났다.

바로 지난주에 진저는 세 번째 인도 선교 여행을 마치고 돌아왔다. 다음번에는 아예 미국으로 돌아오지 않을 생각이라고 한다. 그녀는 하나님이 자신을 우리 교회의 해외 교회 개척팀으로 부르셨다고 믿는다. 진저가 인도 여행 중에 나타난 하나님의 역사를 보고할 때마다 하나님이 그녀를 통해 낳고 계신 많은 영적 자녀가 떠올라서 기쁨이 넘친다.

대학 시절 트로트먼의 책 *Born to Reproduce*(번식하기 위해 태어나다)를 읽고 강렬한 충격을 받았던 기억이 지금도 생생하다. 이 책은 성격이나 영적 은사에 상관없이 모든 그리스도인이 '번식하기 위해 태어났다'는 점을 설명한다. 하나님은 '특정한' 인간만 생물학적 번식을 하도록 지으시지 않았다. 번식은 인간의 본능이다. 마찬가지로, 건강한 그리스도인이라면 누구나 번식해야 한다.

콜먼도 이런 글을 썼다.

> 불임 그리스도인은 모순이다. 열매를 보면 어떤 나무인지 알 수 있다. …… 사두개인과 바리새인의 삶은 바로 열매 없는 삶이었다. 이것이 그들이 그분의 눈에 그토록 불쾌해 보였던 이유다.[6]

예수님은 "열매를 맺게" 하려고 우리를 선택하셨으며 만약 열매가 맺히지 않으면 스스로 포도나무에 붙어 있는지 확인하라고 말씀하셨다(요 15:1-16 참조). 모든 신자는 번식할 능력과 책임이 있다.

트로트먼은 영적 번식을 위해 교회 구조를 의지하지 말라고 말한다. 영적 번식의 열쇠는 신자 개인이 쥐고 있다. 번식은 프로그램이나 책, 예배 경험을 통해 이루어지는 게 아니라 신자 개개인이 지상대명령 속에서 자신의 역할을 받아들일 때 이루어진다.

또한 그는 "하나님은 사람들을 통해서 역사하신다. 성경 어디에도 하나님이 조직을 택하셨다는 구절은 없다"라고 말한다. 프로그램, 설교, 소그룹, 예배 경험이 모두 제자화 과정에 도움이 되기는 하지만 가장 핵심적인 요소는 신자 개개인이 비신자와 맺는 관계다. 그래서 우리 교회에서는 "제자화는 오직 관계를 통해서만 이루어진다"라고 가르친다(또 다른 다림줄).

따라서 교회가 추진하는 모든 사역의 목표는 교인들이 제자를 만들어 내도록 돕는 것이어야 한다. 교인들이 제자를 만들도록 돕는 것과 교인들을 위해 제자를 만들어 주는 것은 엄연히 다르다. 신자 개개인이 제자를 만들기로 결심할 때 교회가 참된 성장을 이룬다.

> 언제나 교회가 이런 교훈을 배울까? 다수에게 설교하는 것이 필요하기는 하지만 그것만으로는 전도의 용사를 길러 내기에 역부족이다. 가끔씩 사역자들을 위해 기도회와 훈련 세미나를 여는 것으로는 이 일을 해낼 수 없다. …… 바로 사람이 하나님의 도구다. 제자화를 위한 하나님의 계획은 프로그램이 아니라 사람들이다.[7]

다음 세대 교회의 성공을 위한 열쇠는 더 좋은 프로그램이나 더 좋은 설교가 아니라 더 좋은 남녀다. 제자를 삼으라는 예수님의 명령에 무조건 순종하는 성령 충만한 남녀들. 콜먼의 말마따나 바로 '당신'을 통해 제자 삼는 게 하나님의 방식이다.

트로트먼은 자신의 세대를 향해 다음과 같은 과제를 제시했다.

> 어느 기독교 집회에나 5년, 10년, 20년 동안 예수님을 믿어 왔지만 지금껏 단 한 사람도 예수 그리스도를 위해 살도록 만들지 못한 남녀들이 있다. 남성들이여, 당신의 전도대상자는 어디에 있는가? 여성들이여, 당신의 전도대상자는 어디에 있는가? 당신이 그리스도께로 인도해 지금 그분과 동행하고 있는 사람이 있는가? 열왕기상 20장에 한 포로를 종에게 맡겨 잘 지키라고 지시한 사람에 관한 이야기가 기록되어 있다. 그런데 이 종이 여기저기서 바쁜 와중에 포로는 도망치고 만다. 현대인의 저주는 너무 바쁘다는 것이다. 여기서는 음식 살 돈을 버느라 바쁜 것을 말하는 게 아니다. 영적인 일을 하느라 바쁜 걸 말하는 것이다. 우리의 영적 활동은 별로 열매를 맺지 못하고 있다.[8]

우리 시대에 이보다 더 시급한 과제가 또 있을까?

'당신'을 통해 제자를 길러 내신다

우리는 이 책임을 회피하기 위해 온갖 변명을 댄다. 목회를 하면서 나는 다른 이를 제자로 삼지 않는 데 대한 변명을 누구 못지않게 많이 들어 봤다. 가장 흔한 변명 몇 가지를 간단히 살펴보고 넘어가자.[9]

'전 할 수 없어요'

그렇지 않다. 당신 안에는 하나님의 영이 있다. 앞장에서 살펴봤듯이 내주하시는 성령으로 인해 당신은 역사상 가장 위대한 선지자였던 세례 요한보다도 큰 잠재력을 품고 있다. 성령이 임하시면 '더 큰일'도 할 수 있다.

관건은 '능력이 있느냐'가 아니라 '그분이 사용하실 수 있도록 당신을 내어 드릴 수 있느냐' 하는 것이다. "하지만 전 숫기가 없습니다." 그렇더라도 전도의 열매는 외향적인 성격에서 비롯하는 게 아니라 당신의 마음속에 거하셔서 당신 입술을 통해 말씀하시는 성령에게서 비롯한다. 예수님은 성령이 당신이 해야 할 말을 해야 할 순간에 주실 것이라 약속하셨다(눅 12:12 참조).

'전도는 제 영적 은사가 아니에요'

하나님이 특정한 신자들에게 "복음 전하는 자"(엡 4:11)의 은사를 주신 건 사실이다. 하지만 일부에게 주신 영적 은사를 모두에게 주신 임무와 혼동해서는 곤란하다. 영적 은사는 대개 모든 신자에게 주신 임무를 특별히 잘 해낼 수 있는 능력이다. 예를 들어, '섬김'이나 '나눔', '믿음'의 은사를 가진 신자들만 섬기고, 나누고, 하나님의 약속을 믿어야 하는 게 아니다. 하나님은 일부 신자들에게 그런 분야의 '남다른' 능력을 주시지만 섬김과 나눔, 믿음은 모든 신자의 의무다.

전도도 마찬가지다. 베드로는 성령이 모든 신자에게 증언할 능력을 주신다고 말했다(행 2:17 참조). 한편, 이 은사를 더 많이 달라고 요청하는 건 잘못이 아니다. 이왕 요청할 바에야 전도를 정말 잘할 수 있게 해 달라고 요청하라!

'전 삶으로 전도해요'

이 말의 뉘앙스는 삶으로 복음의 사랑과 나눔을 실천하면 굳이 말로 설명할 책임이 없다는 것이다. 물론 나누는 삶은 중요하다. 하지만 복음의 본질은 우리가 얼마나 좋은 사람인지를 보여 주는 게 아니라 예수님이 사람들을 구원하기 위해 무엇을 하셨는지 '선포하는' 것이다. 그리고 선포하려면 당연히 '말'이 필요하다. 말을 사용하지 않고 복음을 선포하려는 건 마치 소리가 들리지 않는 텔레비전을 통해 뉴스를 전하는 것과도 같다. 아나운서가 잔뜩 긴장해 보이는데 그 이유를 알 수 없다. 만약 그가 내가 있는 지역으로 돌진하는 토네이도에 관한 이야기를 하고 있는 거라면 무슨 말인지 정확히 알아야만 한다.

복음의 선포는 말로 이루어져야 한다. 후하고, 겸손하고, 은혜롭고, 희생적이고, 거룩한 삶이 복음 선포를 보완할 수는 있지만 대신할 수는 없다.

'전도할 시간이 없어요'

'언제나 나가서 전도할 수 있을까? 좋은 남편과 좋은 아빠, 유능한 직원 노릇을 하기에도 벅차니 말이야. 도무지 전도할 시간이 없어.' 현대인들은 눈코 뜰 새 없이 바쁘다. 그렇지만 답은 간단하다. 바빠도 사람들과 '함께' 바빠야 한다. 예수님은 3년 동안 인류 구원을 비롯해서 수많은 일을 이루셨다. 하지만 그 와중에도 시간을 내서 열두 명을 키워 내셨다. 사실, 그분이 하신 일은 다 제자들과 '함께' 하신 것이다. 지상대명령은 시간이 날 때 하는 게 아니라 시간을 내서 해야 하는 것이다. 성령 충만한 사람은 하루 종일 복음을 증언한다.

한번은 교회 일이 바빠서 아이들의 축구 시합을 보러 갈 수 없다고 한탄하는 우리 교회 한 여성도의 말을 들었다. 왜 자녀의 축구 시합이 열리는 곳을 사역의 현장으로 보지 않는가? 교회보다도 축구 경기장의 학부모 중에 '잃은 양'이 훨씬 많다.

사도행전을 보면 성령은 신자들을 교회 안에 모으기보다는 주로 교회 '밖으로' 내보내셨다. 따라서 성령과 동행하는 사람이라면, 교회 안에서 사역에 '관한' 모임에 참석하는 시간보다 축구 경기장에서 전도 대상과 관계를 맺기 위해 노력하는 시간이 더 많아야 한다. 영국의 팀 체스터 목사는 전도가 "늘 복음을 지향하며 보통 삶을 사는 것"이라고 말했다. 하루를 살아가는 내내 주위에 복음이 필요한 사람들이 있다는 사실을 의식하고, 그들에게 복음을 나눌 방법을 찾고 기도로 하나님께 여쭈어야 한다.

'예수님 얘기를 꺼내는 게 어색해요'

물론 어색하다. '전도란 긴장한 두 사람이 서로 대화를 나누는 것'이라는 말이 있을 정도다. 하지만 복음의 메시지가 잠시의 어색함 정도는 감수할 만큼 중요하지 않은가?

오래전, 캄캄한 새벽에 로스앤젤레스 외곽의 주간고속도로를 달리던 한 남자에 관한 이야기를 들은 적이 있다. 갑자기 그 지역에 큰 지진이 일어나자 남자는 즉시 차를 도롯가에 대고 땅이 진정되기만 기다렸다. 다행히 지진은 몇 초 만에 잠잠해졌다. 남자는 다시 도로로 나와 강 위의 다리를 건너기 위해 좌회전을 했다.

다리를 건너기 시작하는데 갑자기 앞차의 미등이 사라졌다. 이상한 느낌이 들어 차를 세우고 밖으로 나와 확인해 보니 저 앞에서 다리가 끊어져 있었다. 앞차는 전속력으로 달리다가 추락하고 만 것이다.

몸을 돌려 보니 몇 대의 차가 달려오고 있었다. 남자는 미친 듯이 두 팔을 흔들었지만 새벽 3시에 미친 것처럼 보이는 사람 때문에 고속도로 한복판에서 차를 세울 사람은 별로 없었다. 남자는 네 대의 차가 자기 앞을 지나쳐 죽음의 강으로 곤두박질하는 것을 속수무책으로 지켜보았다.

이번에는 커다란 버스 한 대가 다가왔다. 남자는 이 버스가 낭떠러지로 떨어지면 자신도 따라서 강으로 몸을 던지겠노라 다짐했다. 그래서 이번에는 아예 버스 앞을 가로막고 두 팔을 높이 흔들었다. 버스가 아무리 경적을 울리고 상향등을 켜도 남자는 움직이지 않았다. 결국 버스 운전자가 차에서 내렸고, 낭떠러지를 본 그는 더 이상 차가 지나가지 못하게 버스로 길을 막았다.

당신이 다리가 끊어진 것을 처음 본 사람이라면 어떻게 했을까? 필시 이 남자와 똑같이 했을 것이다. 사람들이 당신을 정신 나간 사람으로 볼까 봐 걱정했을까? 그렇지 않았을 것이다. 생사가 달린 상황인데 잠시 오해를 받는 것 따위는 문제가 아니다.

그런데 '복음'은 이보다 얼마나 더 중요한가. 복음을 전할 수만 있다면 심지어 극심한 핍박도 얼마든지 감수할 만한 가치가 있다. 우리가 복음의 메시지를 소극적으로 전한다면 누가 그것을 급박한 생사의 메시지로 믿겠는가?

최근 우리 지역에서 매우 저명한 이맘(이슬람교 지도자)과 친해지게 되었다. 둘 다 어린 자녀가 있어서 하루는 가족끼리 저녁 식사를 함께 하기로 했다. 그래서 두 가족이 모두 탁자에 둘러앉았는데 식사 기도를 어떻게 할지 고민이 되었다. 평소에 둘이 만나서 점심을 먹을 때면 나는 나대로 머리 숙이고 기도를 하고 그는 자기 식대로 기도를 했다. 그래서 내가 "각자 자기 가정을 위해 기도하는 게 어떨까요?"라고 말하자 그가 잠시 생각에 잠겼다가 이런 제안을 했다. "딸들에게 기도를 시키면 어떨까요?" 그의 첫째 딸은 열한 살이었고 우리 딸은 일곱 살이었다. "자, 카리스, 할 수 있겠니?" 내 말에 딸이 잠깐 나를 응시하더니 이내 씩씩하게 외쳤다. "네!"

먼저 이맘의 딸이 고개를 숙이고 아랍어로 기도했다. 실제로는 한 1분밖에 되지 않았지만 처음부터 끝까지 아랍어이고 일곱 살 아래의 네 아이가 밥을 앞에 두고 기다리는 터라 훨씬 더 오랜 시간처럼 느껴졌다. 그 애가 마침내 "아멘" 비슷한 말을 하고 나자 쥐 죽은 듯한 적막이 이어졌다. 이제 우리 딸의 차례였다. 내가 실눈을 뜨고 바라보니 녀석이 하늘을 향해 고개를 들고 기도하기 시작했다. "사랑하는 하나님, 우리가 구원을 받을 수 있도록 독생자 예수님을 보내 십자가에서 돌아가시게 해 주셔서 감사해요. 그리고 우리 모두가 그것을 알 수 있도록 성경을 주셔서 감사해요. 이 음식을 주셔서 감사해요. 예수님 이름으로 기도합니다. 아멘."

부모로서 이보다 더 자랑스러운 (동시에, 더 곤혹스러운) 순간도 없었다. 자랑스러운 건 녀석이 용감했기 때문이다. 곤혹스러운 건 그들이 어떻게 받아들일지 염려돼서였다. 하지만 일곱 살짜리 아이에게는 상황이 중요하지 않다. 오직 복음을 전하는 일이 중요할 뿐이다.

우리 미래의 성공은 제자를 키울 수 있는 제자를 키우는 능력에 달려 있다. 교회가 제자를 키우는 자로 가득 차면 보냄은 자연스럽게 이루어진다. 제자를 키우는 자들은 복음이 미치지 않는 선교 현장에 끌리기 때문이다. 반대로, 교회에 제자를 키우는 자들이 가득 차지 않으면 사람들을 교회 밖으로 보내 봤자 아무런 소용이 없다. 번식할 능력도 없는 사람들을 억지로 등 떠밀어 내보내 봐야 성과도 없이 비용만 발생하기 때문이다. 교회가 제자를 키울 줄 아는 제자를 양성하는 일에 다시금 집중할 때 복음의 거대한 확산이 다시 일어날 것이다.

당신은 제자를 키우는 일을 잘하고 있는가? 평생 사역을 하느라 동분서주하지만 정작 예수님이 하라고 하신 일, 복음을 퍼뜨릴 수 있는 일을 하지 않는다면 이 얼마나 큰 비극인가.

내가 가장 싫어하는 날은 아침에 눈을 뜨자마자 남들이 내 앞에 할 일을 수북이 쌓아 놓는 바람에 정작 내가 하고 싶은 일은 하지 못한 날이다. 눈을 뜨니 침대 앞에 아이들이 서서 우리에서 도망친 햄스터를 찾아 달라고 조른다. 아침을 먹는 중에는 보험회사에서 보험금 지불에 문제가 있었다는 전화가 걸려온다. 전화로 그 문제를 처리하느라 장장 네 시간이 걸린다. 설상가상으로 자동차 타이어에 펑크가 난다. 일터에서도 서너 가지 예기치 못한 사건이 발생한다. 하루를 마침 즈음에는 완전히 파김치가 되지만 실제로 일다운 일은 하나도 못했다.

　　나는 사역하느라 평생 바삐 뛰어다녔지만 정작 예수님이 하라고 시키신 일, 지상대명령을 위해 애쓰진 못했다는 후회로 삶을 마치고 싶지 않다. 예수님은 우리에게 제자를 삼으라고 말씀하셨다.

7

다른 건 몰라도 '선교'는 좀 부담스럽다?

다림줄 7. "모든 목사가 선교 목사, 모든 성도가 선교사"

예수님은 '전 세계' 차원의 선교 사역을 시작하셨고, 사람을 구원하시면 그를 즉시 '사명'이라는 비행기에 태워 날아오르게 하신다. 예수님은 단순히 우리를 정화시켜 신성한 선반 위에 올리시는 게 아니라 우리를 구원의 사명 속으로 투입시키신다. 데이비드 플랫의 표현을 빌자면, 우리의 목표는 신자들을 소독해서 '세상으로부터' 분리시키는 게 아니라 그들을 제자로 키워 '세상 속으로' 돌려보내는 것이다.

신자들을 소독하는 것은 그들을 고립시킨 채 선하게 살도록 가르치는 것인 반면, 신자들을 제자로 키우는 건 세상 속으로 보내 다른 이를 위해 자기 목숨을 걸게 만드는 것이다. 우리의 초점은 세상이어야 한다. 그래서 교회 건물 속으로 얼마나 많이 집어넣었느냐가 아니라 얼마나 많이 교회 건물 밖으로 나가 세상 사람들을 제자로 삼느냐에 따라 교회의 성공을 판단해야 한다.[1]

제자화는 '선교 대상'을 '선교사'로 변화시키는 것이다. 성경을 보면 예수님을 따르라는 부름과 선교 사명에 참여하라는 부름은 다른 게 아니다. 아브라함에게 복을 주시겠다는 하나님의 약속에는 이 땅의 '모든 나라'를 위한 복의 통로로 삼아 주겠다는 약속이 포함되어 있었다(창 12:1-3 참조). 하나님은 바울을 믿음으로 부르신 순간, 그를 열국에 갈 사자로 삼으셨다(행 26:16 참조).

예수님은 "나를 따라오라 내가 너희를 사람을 낚는 어부가 되게 하리라"(마 4:19)라고 말씀하셨다. 또 예수님이 우리를 구원으로 끌어당기시는 건 고이 간직하기 위해서가 아니라 그분의 글로벌 사명 속으로 보내기 위해서다. 사도행전 2장을 보면 예수님은 성령을 보내실 때 방 안에 있는 '모든 신자' 속으로 보내 주셨다. 이 성령은 거센 광풍처럼 방 안으로 불어닥쳐 모든 신자를 땅끝까지 날려 보내셨다.

이번 장에서는 사도행전 2장에서 성령이 오신 사건으로 인해 모든 사역의 의미가 어떻게 달라졌는지를 논하고자 한다. 특히, 모든 목사가 '선교 목사'이기 때문에 선교 사명의 열매를 맺기 위해서 굳이 전임 선교 목사가 따로 필요하지 않다는 점을 보여 주고자 한다. 모든 사역이 '선교' 사역이다.

해외 선교는 부차적인 특수 사역일 뿐이다?

목회를 시작한 지 얼마 되지 않았을 때 한 목사에게서 처음 10년 동안은 해외 선교보다 일단 자신의 교회를 정착시키는 일에 집중하라는 조언을 들었다. 나를 생각해서 한 말인 줄은 잘 알지만 생각할수록 좋지 않은 조언이다. 예수님을 따르라는 부름은 곧 열국으로의 부름이다. 모든 제자에게 주신 지상대명령은 "너희는 가서 모든 민족을 제자로 삼아"(마 28:19)다.

이 명령이 사도들에게만 주신 것이지 '평범한' 그리스도인과는 상관없다고 말하는 사람도 있지만 이 명령 바로 뒤에 나오는 구절을 보라.

내가 세상 끝날까지 너희와 항상 함께 있으리라(마 28:20).

나는 이 약속을 자기에게 주시는 약속으로 받아들이지 않는 신자를 한 명도 보지 못했다. 그런데 어떻게 마태복음 28장 20절의 약속은 자신의 것이라고 주장하면서 28장 19절의 명령은 무시할 수 있는가?

나아가, 예수님은 첫 제자들에게 자신이 명령한 '모든 것'을 다른 이에게 가르치라고 명령하셨다(마 28:20 참조). '모든 것'에는 모든 민족을 제자로 삼으라는 명령도 포함된다. "사람들에게 내가 명령한 모든 것을 가르치라. 단, 국경을 가리지 말고 제자를 삼으라는 이 명령만은 제외다. 이것은 너희에게만 주는 명령이다." 예수님은 그렇게 말씀하시지 않았다.[2]

크리스토퍼 라이트는 그의 책 《하나님 백성의 선교》(*The Mission of God*, IVP 역간)에서 아브라함과 그 후손을 통해 열국에 복을 주시겠다는 하나님의 약속은 마치 강처럼 성경의 모든 장으로 흘러간다고 밝히고 있다. 그는 성경이 단순히 배워야 할 신학적 진리와 터득해야 할 도덕적 교훈의 집합이 아니라고 말한다. 성경은 하나님이 우리를 위해 구조대로 오셨으며 이제 그 구조대로 우리를 부르신다는 사실을 선포한 것이다(고후 5:14-20 참조).

라이트는 하나님이 선교 사명을 '위해' 교회를 세우셨다고 주장한다. 하나님이 교회를 위해 사명을 만드신 게 아니라 사명을 위해 교회를 세우신 것이다.[3] 따라서 성경의 어떤 가르침이라도 '세계 선교'라는 배경 속에서 해석하지 않는다면 잘못 해석하는 것이다. 지상대명령의 수행을 목표로 세워지지 않은 사역은 처음부터 잘못된 것이다.

교회가 선교 사명에 참여하지 않으면 사실상 존재할 이유가 없다. 그리고 교회가 지상대명령을 글로벌 차원에서 받아들이지 않는다면 예수님의 사명을 제대로 이해하지 못한 것이다. 존 파이퍼는 하나님이 모든 신자 속에 열국이 예배하는 모습을 보고자 하는 열망을 심어 주셨다고 말한다. 우리는 아담의 자손이 있는 곳이라면 어디든 하나님의 영광이 비추기를 갈망한다.[4] 우리가 다 외국으로 나갈 수는 없지만 우리 모두의 마음 깊은 곳에서는 물이 바다를 덮듯 하나님의 영광이 온 세상을 덮기를 바라는 갈망이 있다(합 2:14 참조).

세계 선교를 강조하다 보면 자칫 교회가 지역 선교의 책임을 소홀히 하게 될 수 있을까? 물론이다. 실제로 그런 경우를 종종 봤다. 그러나 해외 선교에 초점을 맞추다가 국내 선교의 열정이 오히려 '커지는' 경우가 훨씬 더 많다. 외국에 나가서 보면 근시안적인 세계관이 철저히 깨진다. '하나님이 이렇게 온 세상에서 역사하시는데 왜 내 친구들은 아직 구원을 받지 못하고 있는가?' '이곳만이 아니라 고향에서도 하나님의 역사가 나타나면 얼마나 좋을까?' 이런 생각을 하게 될 뿐 아니라, 광대한 하나님 나라에 비해 자기가 얼마나 우물 안 개구리에 불과했는지를 절감하게 된다.

교인들을 해외 선교에 참여시키기 위해 쓰는 돈은 결국 몇 배로 돌아온다. 신자들이 세계 곳곳에서 일어나는 하나님의 역사를 두 눈으로 확인하면 마음이 활짝 열리고, 마음이 열린 만큼 그들의 지갑도 열리기 때문이다. 내가 목회한 첫해에 우리 교회는 아시아의 선교사 가족들을 돌보기 위해 40명을 파송했다. 그때 총 경비는 거의 10만 달러가 들어갔다. 하지만 다음 해에 우리는 연간 크리스마스 선교 헌금에 유례없이 많은 헌금을 냈다. 국제선교이사회는 우리가 그해 남침례회연맹에서 "1인당 가장 많은 선교 헌금을 낸 교회"였다고 귀띔했다.

해외 선교에 열심을 낸 덕분에 번식하고 보내는 것이 우리 교회가 하는 일임을 교인들에게 가르칠 수 있었다. 교인들은 때로는 불편하고 힘들어도 이 일이 정말 중요함을 차츰 깨달아 갔다. 덕분에 작년에는 우리 도시의 위기 청소년들을 선도하기 위한 새로운 도시 센터 설립에 50만 달러를 쾌척할 수 있었다. 나눔이 우리의 DNA로 깊이 자리를 잡았다. 지구촌 전역에서 이루어지는 하나님의 역사에 관심을 갖고 동참한 결과다. 신학교 시절 내게 선교학을 가르쳐 준 케이스 에이텔 교수님은 이렇게 말하곤 했다. "먼 데까지 비춰 주는 빛이라면, 그 빛이 시작된 자리는 얼마나 더 밝겠는가."

오랫동안 아시아의 교회 개척을 위해 노력해 왔던 데이비드 게리슨은 "순차주의 이단"이란 말을 했다. '순차주의'(sequentialism)란 한

꺼번에 받아들여야 하는 것을 각 요소로 분리하는 것을 말한다.[5] 예를 들어, 케이크를 한 번에 하나의 요소씩만 먹을 수는 없다. 밀가루, 달걀, 바닐라, 베이킹소다의 순서대로 하나씩 따로 먹는다고 생각해 보라. 그게 아니라 모든 요소를 한 번에 먹어야만 진정한 맛을 느낄 수 있다. 세계 선교 사명은 모든 제자에게 주신 것이지 나중에 기독교의 고급 과정에 이르러서야 수행할 수 있는 게 아니다. 이것은 첫 입에 먹어야 하는 것이다.

새신자가 가장 많은 사람을 전도하는 기간은 대개 예수님을 영접하고 나서 첫해 동안이다. 대개 그때가 비신자들을 가장 많이 알 때고, 동시에 친구들이 그의 변화를 가장 생생하게 느낄 때다. 예수님이 한 남자에게서 귀신을 쫓아 주셨을 때 그가 그분의 팀에 합류하고 싶어 했지만 예수님은 허락하지 않고 이렇게 말씀하셨다.

> 집으로 돌아가 주께서 네게 어떻게 큰일을 행하사 너를 불쌍히 여기신 것을 네 가족에게 알리라(막 5:19).

따라서 새신자들이 처음부터 자신의 고향과 열국에서 선교 사명에 참여하도록 가르쳐야 한다. 이를 위해 '선교부'만이 아니라 교회의 모든 사역 부서가 '우리의 사역이 사람들을 하나님의 세계 선교 사명으로 이끌고 있는가?'라는 질문을 던져야 한다.

자녀 세대에 선교 마인드 심어주기

큰 교회들은 선교의 선봉에 설 '선교 목사'를 고용한다. 이것이 나름대로 효과적일 수도 있지만 교회의 선교를 '책임지는' 목사가 따로 있으면 모든 목사가 '선교 목사'고 모든 사역이 세계 선교 사역이라는 사실을 망각하기 쉽다. '선교 교육'을 하나의 프로그램으로 국한시키지 말고 모든 사역에 속속들이 스며들게 만들어야 한다. 선교 사명이 성경 모든 장에 스며들어 있는 것처럼 말이다.

하나님이 그분의 백성에게 주시는 복에는, 복의 통로가 될 책임이 반드시 따른다. 그래서 우리 서밋교회는 가정 사역의 첫 단계에 세계 선교의 요소들을 포함시킨다. 시편 127편은 우리 아이들이 "장사의 수중의 화살 같으니"(4절)라고 말한다. 짐 엘리엇의 표현을 빌자면, 믿음의 활시위에 얹어 하나님의 세계 전장을 향해 쏘지 않으면 활이 있어 봐야 무슨 소용인가.[6]

우리 교회는 '유아세례식'을 없애고 대신 '부모 임명식'을 한다. 이는 부모가 하나님의 사명을 위해 자녀를 키우고 나서 언제 어디로 하나님이 부르시든 기꺼이 자녀를 그 사명 속으로 보내기로 온 교인 앞에서 서약하는 시간이다. "언젠가 하나님이 제 자녀를 힘든 선교 현장으로 부르실 때 그의 길을 막지 않고 하나님을 따를 수 있도록 축복하고 격려하겠습니다." 그 시간에 부모는 이렇게 서약한다. 굳이 아기를 하나님께 바칠 필요는 없다. 모든 아기가 이미 하나님의 것이다. 그보다는 부모가 자녀를 하나님의 사명을 위해 키울 수 있도록 '자기 자신'을 하나님께 바쳐야 한다.

우리는 부모들을 위해, 자녀의 중요한 삶의 기점마다 아이들을 어떻게 선교에 참여시킬지 보여 주는 '가정 사역 계획'을 개발했다. 예를 들어, 어떤 식으로 가족이 함께 가난한 사람들을 섬길지 혹은 어떻게 함께 단기선교 여행을 다녀올지에 관한 제안을 마련했다.

Parenting Beyond Your Capacity(자기 능력 이상으로 양육하기)의 저자 레지 조이너는 아이들이 조기에 선교 사명에 참여하는 게 중요하다고 말한다. 그렇지 않으면 아이들이 복음에 대해 왜곡된 시각을 가지거나 아예 신앙을 떠날 수도 있다. 조이너는 10대 초기에 신앙이 식어 버린 딸로 인해 걱정하는 한 아버지의 이야기를 전해 준다. 딸은 질이 안 좋은 남자친구를 사귀고 이상야릇하게 차려입고 교회에 대한 반감을 드러내기 시작했다. 아버지는 목사를 찾아가 이렇게 탄식했다. "도대체 저희가 뭘 잘못했는지 모르겠어요. 저희는 늘 교회 일을 우선시했어요. 딸에게 성경 암송도 시켰고요. 교회 활동에는 빠지지 않고 보냈어요."

그러자 목사는 이렇게 물었다. "가족이 어떤 사역에 참여하고 있나요?" 아버지는 아무런 대답도 하지 못했다. "아무래도 이것이 문제인 것 같군요. 두 분보다 세상이 따님에게 더 흥미진진한 이야기를 제시하고 있어요. 따님에게 세상은 모험과 목적으로 가득한 곳이죠. 그에 반해 두 분은 따님을 정보를 담는 그릇쯤으로 대했어요."

아버지는 가족이 결연을 맺을 만한 남미의 작은 고아원을 찾아냈다. 그리고 하루는 저녁식사 후 가족들과 함께 머리를 맞대고 이 고아원을 도울 방법을 고민했다. 여러 가지 아이디어가 나왔고, 심지어 딸도 관심을 드러냈다. 이 가족은 때마다 이 고아원을 방문하면서 함께 기부할 돈을 모으고 아이들을 위해 기도하기 시작했다. 그러자 얼마 있지 않아 딸이 질 나쁜 남자친구와 헤어졌고, 딸의 옷차림과 태도도 바뀌었다.

조이너는 이렇게 말한다. "신앙생활의 방식이 전혀 도전 의식이나 모험심을 불러일으키지 못하면 더 재미있고 의미 있어 보이는 것으로 빠지게 되어 있다. 선교가 신앙에 도움이 된다."[7]

하나님이 우리 자녀를 화살로 창조하셨는데 우리가 그 아이들을 집안의 장식물쯤으로 취급하면 그 아이들은 발달이 더뎌질 뿐 아니라 신앙에서 완전히 등을 돌리게 된다.

우리는 우리 교회의 고등학생들에게 여름방학 중 한 달 동안 우리 세계 선교팀에서 섬길 것을 권하고, 대학생들에게는 여름방학 내내 우리의 해외 선교 프로젝트에 참여할 것을 권한다. 이런 식으로 우리 교회의 주일학교 전도사와 청소년부 전도사, 심지어 부모들까지도 우리의 '선교 목사'가 된다.

우리는 모든 소그룹이 지역사회 선교팀과 해외 선교팀을 하나씩 정해 결연을 맺도록 권장한다. 단순히 뒤에서 지원하는 게 아니라 단기선교 여행을 통해 자신들이 후원하는 선교사를 만나고 함께 선교에 참여할 것을 강권한다. 그렇게 하나의 소그룹이 한 명의 선교사를 위해 기도하고 물심양면으로 지원한다. 소그룹 전체가 국내의 다른 도시로 이사해 함께 교회를 세운 경우도 있다. 심지어 다 함께 외국으로 이민을 간 소그룹도 적지 않았다.

아예 처음부터 '이런 목적을 위해' 구성된 소그룹도 있다. 그러니까 다른 목적으로 소그룹을 이루었다가 선교지로 가는 게 아니라 원래 선교를 위해 만나던 사람들이 소그룹을 이루는 것이다. 때로는 사람들을 모아 보내는 것보다 보내서 모이게 하는 게 더 나을 수도 있다.

우리는 새로운 소그룹을 만드는 방식을 통해 보냄과 번식의 정신을 불어넣는다. 매년 우리는 소그룹들이 리더의 재목을 추천하게 하고, 그 리더 후보에게 자신만의 새로운 소그룹을 만들지를 놓고 기도하게 한다. 그러다가 때가 되면 이 소그룹은 새로운 리더를 '내보낸다.' 우리는 이것이 매번 새로운 소그룹을 만들기 위해 새로운 리더를 영입하는 것보다 낫다고 생각한다. 늘 외부에서 리더를 영입하면 기존의 소그룹들이 좀처럼 전도와 선교에 관해 생각하지 않기 때문이다. 그렇게 되면 소그룹은 새로운 소그룹을 낳지 않고 하나의 파벌로 변질된다.

우리가 볼 때는 이 접근법이 '셀' 모델보다도 낫다. 셀 모델은 인원이 16명이 되면 8명씩 둘로 나뉘고, 이 8명이 다시 16명으로 불어나면 다시 둘로 나뉘는 것이다. 어떤 교회에서는 이 모델이 효과를 보이기도 하지만 우리에게는 적합하지 않다는 결론을 내렸다. 우리는 소그룹 구성원이 서로에게 진정으로 마음을 열 정도로 신뢰를 쌓기 위해 노력하게 하고, 충분히 신뢰가 쌓였다 싶으면 둘로 나뉠 것을 권한다.

새로운 소그룹을 만들기 위해 리더를 파송하면, 당장은 서운하지만 억지로 갈라지는 느낌보다 새로운 소그룹을 탄생시킨다는 느낌이 더 강하다. 계속해서 커지는 것보다 새로운 것을 탄생시키는 게 더 즐겁고, 나아가 더 성경적이다. 또한 이렇게 하면 교회 내의 가장 작은 단위에도 보냄과 번식의 정신을 불어넣을 수 있다. 소그룹들은 애초에 번식하기 위해 태어났다는 사실을 배워야 한다. 그래서 우리 교회에서 소그룹을 담당하는 모든 목사, 아니 소그룹의 모든 리더가 곧 선교 목사다.

'선교 목사'를 따로 지정하는 게 나쁘다는 말은 아니다. 우리 교회에도 몇 명의 선교 목사가 있다. 하지만 이들의 역할은 주로 다른 목사들이 각자의 사역을 통해 세계 선교를 앞장서서 이끌도록 돕는 것이다. 선교 목사가 교회를 '위해' 선교를 해 주는 게 아니라 교회 '안의' 선교를 촉진해야 한다. 그 차이는 엄청나다. 선교 목사는 선교를 '이끄는' 것보다 '다른 이'에게 선교를 '이끌' 기회를 주는 일에 더 집중해야 한다.

교회 곳곳에 선교 정신을 불어넣다

우리는 세계 선교에 대한 열정이 교회 안을 가득 채우기를 원한다. 새신자들이 '연간 선교 세미나' 때가 되어서야 비로소 우리 존재와 모든 행동의 중심에 지상대명령이 있음을 알아챈다면 크게 잘못된 것이다. 그들이 처음 우리 교회에 발을 딛는 순간부터 그것을 느낄 수 있어야 한다.

이런 세계 선교 정신을 교회의 구석구석까지 불어넣기 위한 실질적인 방법 몇 가지를 추가적으로 소개한다.

* 모든 설교에서 나는 이런 고민을 한다. '내가 이 본문을 하나님의 세계 선교 사명과 연결시켰는가? 이 본문이 그 사명과

어떤 상관이 있는가?' 하나님이 아브라함을 복으로 삼으시겠다는 약속이 성경의 장마다 스며들어 있는 것처럼 이 사명이 내 설교에 흠뻑 묻어 나오기를 원한다. 설교는 단순히 사람들에게 신선한 생명수 한 잔을 건네는 게 아니다. 사람들이 목을 축이고 나서 자기중심의 초장으로 돌아간다면 아무런 소용이 없다. 좋은 설교는 교인들을 세차게 흐르는 강물 속으로 던지는 것이다. 그 속에서 교인들은 스스로 목을 축일 뿐 아니라 강물을 타고 열국으로 흘러나간다.

* 우리가 선교를 중점에 둔다는 사실을 교회의 장식으로도 보여 준다. 예컨대 우리 로비의 사진들과 벽에 건 성구들은 하나같이 지상대명령과 관련이 있다. 또한 메인 캠퍼스의 유아 시설을 마치 공항처럼 꾸몄다. 그리고 한동안은 우리가 교회를 세운 국가에서 수입한 커피만 교인들에게 제공했다. 특히, 이 커피를 "어때요? 커피가 마음에 드나요? 이 커피가 어디서 자랐는지 알고 싶나요? 지금 그곳으로 가는 선교여행에 지원하세요"라고 쓰인 잔에 담아 주었다.

* 우리는 군더더기가 하나도 없는 '미니멀리즘'의 분위기가 풍기도록 시설들을 설계했다. 돈을 아끼기 위해서가 아니라 중요한 메시지를 전달하기 위해서다. 이 글을 쓰는 지금, 우리 교회에서 가장 큰('메인') 시설은 콘크리트 바닥에 철제 지붕으로 이루어진 1층짜리 창고를 개조한 것이다. 언젠가 좀 더 그럴듯한 시설을 마련할지 모르겠지만 으리으리한 시설을 갖출 일은 절대 없다. 우리는 우리 시설의 구조를 통해, 예수님의

명령이 벽돌과 회반죽으로 거대한 기념탑을 만드는 게 아니라는 메시지를 전달하려고 노력한다. 예수님의 명령은 온 세상에 복음을 전하라는 것이다. 건물은 단지 '시설'일 뿐이고, 시설의 목적은 사명을 돕는 것일 뿐이다. 시설은 목적이 아니라 목적을 위한 수단이다. 넓고 온갖 기능을 갖추고 편안한 건물, 심지어 매력적인 시설을 갖추는 것 자체는 문제가 아니다. 그러나 시설은 어디까지나 시설일 뿐 그 이상도 이하도 아니다.

* 우리는 예배, 웹사이트, 간행물에서 선교에 관한 간증을 중요하게 다룬다. 앞서 말했듯이 뭐든 축하할수록 더 자주 일어나게 되어 있다. 그래서 우리는 선교의 성과를 자주 축하한다. 우리는 기회가 닿을 때마다 선교사나 교회 개척자를 강단에 세워야 한다. 그리고 그들이 고향으로 돌아오면 기립박수를 보내야 한다.

* 헌금 시간에 우리는 헌금이 어떻게 선교로 연결되는지를 설명한다. 우리의 예산 중 얼마나 선교에 쓰이는지 알고 싶은가? 답은 '전부'다. 우리 교회의 헌금은 동전 한 닢까지도 선교로 들어간다. 우리는 모든 헌금이 선교에 쓰인다는 점을 수시로 교인들에게 알린다.

* 세례식 때 파송의 시간을 갖는다. 우리는 세례를 베풀기 전에 한 사람 한 사람에게 이렇게 묻는다. "주님이 보내시면 어디로든 가고 주님이 시키시면 뭐든 하겠습니까?" 세례식 때 우리가 세운 교회에서 보내온 세례식 동영상을 보여 주기도 한다.

* 광고 시간에 '설교'를 한다. 광고 시간도 역시 교인들을 선교에

참여시키는 시간이 되어야 한다. 대부분의 교회에서는 광고 시간에 정보만을 전달한다. 하지만 우리는 광고 시간에 설교를 적용하려고 노력하고, 선교와 상관없는 정보는 되도록 다른 방법으로 전달한다.

* 모든 예배를 "당신은 보냄을 받았습니다"라는 인사로 마친다. 우리는 이것을 "선교적 축복"이라고 부른다. 우리는 성경의 두 군데서 이 아이디어를 얻었다. 첫째, 시편 67편에서 아삽은 모세가 하나님께 받은 제사장의 축복을 선교를 위한 기도로 변용했다. "여호와는 네게 복을 주시고 너를 지키시기를 원하며 여호와는 그의 얼굴을 네게 비추사 은혜 베푸시기를 원하며 여호와는 그 얼굴을 네게로 향하여 드사 평강 주시기를 원하노라 할지니라"(민 6:24-26). "하나님은 우리에게 은혜를 베푸사 복을 주시고 그의 얼굴 빛을 우리에게 비추사 주의 도를 땅 위에, 주의 구원을 모든 나라에게 알리소서"(시 67:1-2).

둘째, 누가복음의 끝부분에서 예수님은 교회 예배의 패턴을 주셨는데, 여기에는 파송의 시간이 포함되어 있다. 그러니까 예수님은 제자들과 함께 성찬식을 행하고 말씀을 강해하고 그들에게 손을 얹어 성령의 능력을 부으신 뒤에 열국으로 보내셨다(눅 24:35-52 참조). 이보다 더 좋은 예배의 패턴이 또 있을까? 대개 예배는 단순히 해산하는 것으로 마친다. 하지만 교회가 정말로 '해산하는' 것인가? 주일에 몇 시간 동안 모이는 게 다가 아니다. 주중에도 각자의 자리에서 복음을 전해야 한다. 우리는 해산하는 게 아니라 보냄 받는 것이다.

* 가끔씩 해외 선교사들이 (동영상을 통해) 성찬식을 진행하거나 예배의 마지막 시간에 그들이 녹음해서 보내온 '선교적 축복'을 온 교인에게 보여 준다. 때로는 성찬식을 하면서 우리가 세운 교회의 성찬식 사진들을 보여 준다. 이렇게 하면 우리가 이곳에서 하는 일과 저들이 저곳에서 하는 일을 하나로 연결하는 데 도움이 된다.

선교는 예수 클럽의 프리미엄 회원들, 성숙한 성도들을 위한 고급 과정이 아니다. 선교는 따르라는 부름의 본질 그 자체다. 제자화에서 선교를 분리하면 선교만 지장을 받는 게 아니라 신앙에서 완전히 떠나는 사람들이 발생한다.

목사나 교회 리더를 위해서 부록 1에 해외 선교 전략을 세우기 위한 방법을 설명해 놓았다. 이번 장에서는 이것 하나만 알고 넘어가면 된다. 보내는 교회가 되기를 원한다면 '선교'를 특정한 부서에 위탁하지 마라. 제자가 된다는 건 곧 보냄을 받는다는 뜻이다. 따라서 보냄이 제자 훈련의 모든 측면에 스며들어야 한다. 우리가 하는 것과 배우는 것이 모두 지상대명령의 배경 속에서 이루어져야 한다.

완전하지 못한 연합이라도, 다양성을 껴안으라

다림줄 8. "반짝 다문화 행사를 여는 게 아니라, 다문화적인 삶을 산다"

"처음부터 다시 시작할 수 있다면 윌로크릭교회가 지금의 반 밖에 되지 않는다 해도 인종적으로 다양한 교회를 추구할 것입니다." 빌 하이벨스 목사는 2006년 나를 비롯한 롤리-더럼 지역의 목사들과 함께한 조찬 모임에서 이런 충격적인 발언을 했다. 그가 '구도자 예배'라는 것을 개발한 현대 대형교회 운동의 선구자라는 점을 생각하면 이는 실로 뜻밖의 발언이다. 빌 하이벨스는 '동질성 원칙'(homogeneity principle)에 따라 2만 5천 명 이상이 출석하는 윌로크릭교회의 창립 목사다. '동질성 원칙'이란 사회의 특정 계층을 공략한 '상품'을 개발하면 더 많은 사람을 그리스도께로 인도할 수 있다는 개념이다. 윌로크릭교회가 집중한 계층은 시카고 부촌에 살며 전문직에 종사하는 중산층 혹은 상류층 백인들이다.

전도를 향한 그의 열정을 잘 아는 나는 이렇게 물었다. "문화적으로 다양한 교회를 추구하기 위해서는 더 적은 사람들을 전도해도 상관없다는 뜻인가요? 다양성이 전도의 숫자보다 중요하다는 말씀인가요?"

그러자 그가 숨도 돌리지 않고 대답했다. "그렇습니다. 하지만 그것은 잘못된 이분법이에요. 인종적으로 다양한 교회의 복음 증거는 훨씬 더 강력할 것이고, 그로 인해 어느 한 교회에서 숫자가 폭발하지는 않더라도 기독교 전체의 숫자가 증가할 겁니다."

이번 장에서는 교회의 다양성이 이 세대의 강력하고도 시의적절하며 선지자적인 증언이 될 수 있다는 빌 하이벨스의 주장을 자세히 분석하고자 한다. 이 세상은 문화적 다양성이 아름다운 모습이긴 하지만 그림의 떡에 불과하다고 생각한다. 이런 상황에서 세상이 이룰 수 없는 것을 복음이 이룰 수 있다는 사실을 보여 주면 그보다 더 강력한 증언은 없으리라. 이 책의 중심 주제와 관련해서는, 다인종 운동의 진정한 잠재력이 교회 안에 보냄의 문화를 창출하는 데 있음을 설명하고자 한다.

그와 동시에 역사적으로 백인 교회인 우리가 다문화적 다양성을 추구하는 과정에서 배운 것을 나누려 한다. 아무쪼록 이 통찰력을 통해 당신이 가능성에 대한 기대감과 현실 직시의 미덕을 함께 얻기를 바란다.

시도해서 뭐하는가?

다문화적 삶을 시도해 봤던 사람이라면 누구나 '다양한 색깔'의 신기함이 금방 사그라진다는 사실을 잘 안다. 처음에는 피부색이 다른 친구들과 열심히 어울리지만 색다른 기분은 곧 사라지고 어느새 자신과 비슷한 친구들에게로 돌아간다.

이런 현상을 보면 회의가 밀려온다. '과연 시도할 만한 가치가 있는가? 현대 교회의 일시적 유행에 불과한 게 아닐까?'

하지만 생각해 보라. 다문화주의의 창시자는 바로 하나님이시다. 그분은 교회를 시작하실 때부터 다문화주의를 향한 열정을 표현하셨다.

창세기 12장부터 계속해서 우리는 구속의 이야기 이면에 흐르는 부차적인 줄거리 하나를 볼 수 있다. 그것은 하나님이 죄인들을 그분께로 다시 부르실 뿐 아니라 죄로 인해 발생한 인종적 분열을 다시 합치신다는 것이다. 하나님이 아브라함에게 약속하신 구원은 단순히 하나님과의 개인적인 화해가 아니라 문화 간, 인종 간 화해이기도 하다.

사도행전의 저자는 교회가 탄생한 오순절에 이루어진 인종 통합의 놀라운 현장을 '일부러' 기록한다. 성령으로 충만한 사도들은 각국에서 찾아온 사람들의 언어들을 다 사용해서 복음을 전하기 시작했다. 16개의 다른 종족에게 각자의 언어로 설교했는데, 그것은 원래 사도들이 할 줄도 모르고 대부분 들어 본 적도 없는 언어들이었다(행 2:8-11 참조). 이 상황의 의미는 정말 강조해야 한다. 성령은 처음 복음을 전하실 때 여러 언어로 동시에 전하셨다!

이것은 한차례의 화려한 묘기나 쇼가 아니었다. 이것은 하나님이 이스라엘 백성에 대해 품으셨던 목적이자 예수님이 제자들에게 제시하셨던 비전에서 비롯한 사건이었다. 그 목적, 그 비전은 바로 우리가 이방의 빛이 되는 것이다(사 49:6; 눅 2:32 참조). 예수님은 하나님의 "집"을 모든 나라 사람이 찾아와 기도하는 곳으로 보셨다(막

11:17 참조). 요한계시록을 보면 요한은 "각 족속과 방언과 백성과 나라"에서 온 신자들이 예수님의 보좌 앞에서 모두 하나가 되어 예배하는 모습을 봤다(계 5:9; 21:26 참조).

오순절과 요한계시록 사이의 교회는 이 다가올 나라, 이미 왔지만 아직 완전히 오지 않은 나라를 보여 주어야 한다. 바울은 교회 안에서 서로 다른 문화와 인종 집단이 하나가 되는 모습이 하나님의 다각적인 지혜와 능력을 세상에 보여 주는 확실한 증거라고 설명한다(엡 3:10-11 참조). 이렇게 연합된 모습은 다가올 시대의 표징이다.

바울에 따르면 하나님의 지혜를 가장 분명하게 보여 줄 수 있는 건 설득력 있는 설교나 열광적인 예배가 아니라 교회 안에서 꽃피운 인종적 통합이다. 사도행전 13장 1-2절에서 누가는 초대교회가 이런 통합을 이루었다는 사실을 애써 언급한다. 누가는 안디옥 교회 리더들의 이름을 나열할 때 그들의 국적도 일일이 밝힌다. 바울과 바나바는 둘 다 이스라엘에서 태어나지 않았지만 유대인이었다. 마나엔은 헤롯의 식구였으니 유대인 왕족이었다. 시므온은 사하라 이남 아프리카 출신이었기 때문에 (문자적으로 '흑인'을 뜻하는) "니게르"라는 별명을 갖고 있었다. 루기오는 현대의 리비아에 해당하는 구레네 출신이었다. 언급된 다섯 명의 리더 가운데 한 명은 중동 출신이었고, 한 명은 아시아 출신이었으며, 한 사람은 지중해 지방 출신이었고, 두 사람은 아프리카 출신이었다.

왜 누가는 굳이 이 교회 리더들의 출신 배경과 인종을 기록했을까? 왜 이 리더들에 대해서 이 외에 다른 정보는 없는가? 내가 생각할 수 있는 유일한 답은 누가가 안디옥의 리더들이 여러 민족이었다는 점을 알리고 싶었다는 것이다. 그리고 예수님의 제자들이 처음 '그리스도인'이라 불린 곳이 안디옥이었다는 게 우연일까? 다양한 인종이 통합된 그곳에서 그들은 오직 '그리스도'의 이름으로 알려지기 시작했다. 왜냐하면 그들의 놀라운 연합을 달리 설명할 길이 없었기 때문이다.

단순히 인종주의자가 되지 않는 것으로는 부족하다

대부분의 교회에서 인종적 다양성이란 주제를 꺼내면 대개 이런 반응이 나타난다. '나는 인종주의자가 아니니까 괜찮다.' 그러나 하나님이 원하시는 건 단순히 우리가 다른 인종을 깔보는 것을 멈추는 게 아니다. 하나님은 연합을 원하신다. 우리는 인종적으로는 다르지만 아담이라는 똑같은 조상으로 인해 죄라는 동일한 문제를 안고 있는 사람들이다. 하지만 우리는 그리스도 안에서의 구원이라는 한 소망도 품고 있다.

하나님은 교회의 구성 자체가 이러한 복음의 메시지를 전하기 원하신다. 우리는 그리스도 안에서의 연합이 우리를 가르는 그 어떤 요소보다도 중요하다는 사실을 온 세상에 증명해 보여야 한다. 성령은 베드로의 인종주의를 지적하실 때 단순히 다른 민족을 깔보는 걸 그만두라고 명령하시지 않았다. 그분은 고넬료를 '받아들여' 함께 식사를 하라고 명령하셨다. 그리하여 베드로는 '인종주의자'에서 '비인종주의자'가 된 게 아니라 '은혜주의자'까지 나아갔다.

따라서 겨우 '인종주의자에서 벗어난 것'을 성공으로 여긴다면 복음의 목표를 제대로 이해하지 못한 것이다. 그리스도는 인종적 중립이 아니라 인종 간의 연합을 추구하신다.

현재 미국에서 특정 인종이 구성원의 80퍼센트 이상을 차지하지 않는 '다문화적' 교회는 겨우 5.5퍼센트밖에 되지 않는다.[1] 솔직히 고백하면, 우리 서밋교회도 아직 20퍼센트 벽을 넘지 못했다(현재 타 인종의 비율은 15퍼센트다). 그렇지만 하나님의 은혜로 점점 나아지고 있다. 그래도 5년 전에 비하면 10배나 나아졌다!

문화적 다양성은 복음의 DNA 자체에 들어 있다. 그래서 성령 충만한 교회라면 자연히 다양성을 향해 가게 되어 있다. 지금까지 복음이 퍼진 모양새를 봐도 알 수 있다. 현재 기독교 인구의 비율은 아프리카와 아시아, 유럽, 북미, 남미가 거의 동일하게 20퍼센트씩이다. 그에 반해 다른 모든 주요 종교는 한 대륙에 신도의 최소한 80퍼센트가 몰려 있다. 하지만 통계적으로 볼 때 기독교는 주된 문화가 따로 없다. 기독교는 역사상 가장 포괄적인 운동이다.

따라서 미국의 대다수 교회가 주로 하나의 문화로 이루어진 건 정상적인 모습이 아니다. 그렇다면 어떻게 해야 백인 교회(혹은 흑인이나 남미, 아랍 교회)가 문화적 다양성을 갖출 수 있을까?

그리스도 안에서의 정체성

다양성 안에서의 연합을 이루려면 모든 구성원이 '세 번째 인종'을 가장 중시해야 한다.[2] '첫 번째 인종'은 당신이 태어난 인종을 말하고, '두 번째 인종'은 당신이 속하지 않은 모든 인종이다. '세 번째 인종'은 하나님이 그리스도 안에서 태어나게 하신 새로운 사람이다.

그리스도인이 된다고 해서 첫 번째 인종에서 탈피하는 건 아니다. 당신을 전도한 사람들의 인종(당신의 인종과 다른 경우)으로 흡수될 필요도 없다. 그보다는 첫 번째 인종을 유지한 채 새로운 인종의 일부가 되는 것이다. 이 세 번째 인종에서는 첫 번째 인종의 차이를 초월한 연합이 이루어진다. 바울은 "유대인이나 헬라인이나 종이나 자유인이나 남자나 여자나 다 그리스도 예수 안에서 하나이니라"(갈 3:28)라고 말했다. 이는 우리가 구원을 받는다고 해서 남자나 여자 같은 성이 바뀌지 않는 것처럼 유대인이나 헬라인이라는 정체성이 바뀌지는 않는다는 뜻이다. 단지 그리스도 안에서의 인종이 성이나 문화, 사회경제적 지위 같은 다른 어떤 차이보다도 중요해질 뿐이다.

당연한 말이지만 하나님은 색맹이 아니시다. 하늘에 우리 모두를 똑같은 색으로 만드는 마법가루는 없다. 요한계시록 21장 26절은 하나님이 "만국의 영광과 존귀"를 천국에 받아들이신다고 말한다. 하나님은 천국이 문화적으로 다채로운 곳이 되기를 원하신다. 무수히 많은 성도가 어린 양의 보좌 주위에서 함께 경배하는 날에도 인종과 문화, 언어의 차이는 여전할 것이다(계 5:9-11 참조). 그리고 그 모습이 더없이 아름다울 것이다.

세 번째 인종이 우리의 주된 정체성이 되면 연합이 이루어질 수 있다. 물론 그렇다고 해서 내가 웨스트버지니아 주에서 네덜란드와 스코틀랜드 후손의 집안에서 백인으로 태어났다는 사실을 숨길 필요는 없다. 나는 노스캐롤라이나 주 중부에서 자랐고, 그 지역의 특색이 음악과 음식, 옷에 대한 내 취향과 예의에 대한 내 관념에 영향을 미쳤다. 나는 내 이런 뿌리를 소중하게 간직하되 그것을 '그리스도 안'에서의 정체성보다 더 중요하게 여기지는 않는다.

'유대인 중의 유대인'인 사도 바울은 순수한 유대인이었지만 그런 혈통에 연연하지 않았다. 고린도전서에서 바울은 자신이 유대인들에게는 "유대인과 같이"(9:20) 되었다고 말한다. 바울은 이미 유대인이지 않은가? 이미 유대인인데 왜 유대인처럼 되어야 했을까? 바울이 더는 자신의 인종을 '주된' 정체성으로 보지 않았던 것이다. 그가 유대인인 사실을 부인할 수는 없었다. 하지만 이제 유대인이란 혈통이 그에게는 그리 중요하지 않아 마치 옷처럼 입거나 벗을 수 있게 되었다. 그에게는 유대인이라는 인종적, 문화적 정체성보다 그리스도 안에 있는 사람이라는 '세 번째 인종'이 더 영구적이고, 중요했다.

최근에 우리 교회의 한 유색인종 교인이 내게 우리 교회의 예배 음악 스타일과 예배 시간의 길이, 교회 안에서의 행동 등이 낯설지만 "복음과 선교는 너무 마음에 들어서 그 모든 차이가 별로 중요하게 느껴지지 않는다"라고 말했다. 그의 '세 번째 인종'이 그의 첫 번째 취향을 없애지는 않았다. 하지만 그에게는 이제 자신의 취향보다 성도의 연합이 더 중요해졌다. 그래서 그는 세 번째 인종이 되지 않았다면 절대 어울리지 않았을 사람들과 아름다운 연합을 이루어 냈다.

다문화주의가 복음 자체는 아니다

다문화주의는 복음의 아름답고도 필연적인 산물이지만 그것이 교회에게 주어진 유일한 임무도 아니요 심지어 주된 임무도 아니다. 예수님은 '제자를 삼는 것'을 지상대명령의 핵심으로 명시하셨다. 따라서 우리는 주변 지역사회 전체를 전도해야 할 필요성과 다양성을 위한 노력 사이에서 적절한 균형을 유지해야 한다. 바울은 이를 위해 헬라인들에게 헬라인이 되어 주는 식으로 주변 사람들에게 맞춰 줘야 한다고 말했다. 그렇다면 주로 다수의 문화에 맞추는 게 타당하다.

헬라인을 전도할 때는 헬라인의 복장과 표현, 스타일로 접근하는 게 가장 좋다(고전 9:19-21 참조). 바울은 믿지 않는 헬라인들이 구원받기 전에 유대나 에티오피아의 문화를 받아들일 거라고 기대하지 않았다. 그래서 그는 헬라인을 전도하기 위해 자신이 최대한 헬라의 문화에 맞추겠다고 말한 것이다.

같은 부류끼리 전도하는 게 가장 좋은 경우가 있다. 예컨대, 대개 운동선수는 운동선수를, 교수는 교수를 전도하는 것이 가장 효과적일 수 있다. 마찬가지로, 대체로 같은 인종끼리 전도하는 게 가장 효과적이다. 이것은 잘못된 것이 아니다. 이것은 바울처럼 인간의 본성을 간파하고 거기에 맞추는 것일 뿐이다.

따라서 우리는 다문화적인 연합과, 최대한 빨리 많은 사람을 제자로 삼으라는 하나님의 명령을 균형 있게 추구해야 한다. 좋은 것에 너무 집중한 나머지 가장 중요한 제자 만들기에 소홀히 하는 경우들이 더러 눈에 띤다. 제자들을 다문화주의(제자가 된 증거 중 하나)로 인도하지 말라는 뜻이 아니라 단지 그것이 출발점은 아니라는 것이다.

나아가, 이 땅의 교회가 아무리 다문화적인 연합을 이뤄도 언젠가 천국에서 경험할 연합에 비할 바가 아니다. 현재의 교회는 다가올 나라의 완성이 아니라 '표징'이다. 우리가 아무리 잘해 봐야 이 땅에서의 다문화적 연합에는 한계가 있을 수밖에 없다. 그것은 무엇보다도 우리가 같은 언어를 사용하지 않기 때문이다. 언어는 문화의 가장 기본적인 요소인데 대부분의 교회 예배는 한 가지 언어로밖에 드릴 수 없다.

지리적 상황도 완벽한 다문화주의를 불가능하게 만드는 요인 중 하나다. 예컨대, 사방 수백 킬로미터 안에 백인만 가득한 북아일랜드에서 교회가 다문화주의를 이루지 않았다고 비판하는 건 부당하다. 천국에서만 다문화주의의 완성을 경험할 수 있다. 지구 상의 어떤 교회가 진정으로 천국을 이루었다고 말할 수 있을까? 대단한 다양성을 이룬 다문화적 교회를 적잖이 봤지만 언어조차도 문제가 되지 않는 요한계시록 5장 9-11절의 절대적인 연합을 이룬 교회는 이 세상 어디에도 없다.

언젠가 아랍 사람과 에스키모들이 하나님의 보좌 주변에 나란히 앉아 예배를 드리겠지만 개인적으로 나는 한 예배에서 아랍 음악과 에스키모 음악을 동시에 사용하는 교회를 보지 못했고 그런 교회가 있다는 말을 들어 본 적도 없다. 물론 그런 교회가 존재할지도 모르고 언젠가 바로 그런 교회에 다니고 있다는 독자에게서 편지를 받을지도 모르겠지만, 내가 무슨 말을 하려는 것인지 알 것이다.

교회가 다가올 연합을 비추는 거울은 될 수 있을지언정 예수님의 재림 전까지는 그 완성을 경험할 수 없다. 사도행전 2장에서는 온갖 민족이 각자 자신의 언어로 베드로의 설교를 들었지만 내가 설교하는 이곳에서는 아직 중남미 사람들이나 중국인들에게 그런 기적이 일어난 적이 없다. 그래서 우리는 교인들이 각자의 언어로 설교를 들을 수 있도록 별도로 예배를 드린다.

다시 말하지만 다문화적인 노력과 주변 지역의 문화에 맞추려는 노력이 병행되어야 한다. 우리가 다문화적 연합과 효과적인 전도를 동시에 추구하기 위해 사용하는 방법을 예로 들어 보겠다. 우리 교회에는 수백 명의 중남미 사람들을 목회하는 캠퍼스가 따로 있다. 이 형제자매들은 영어를 알아듣지 못하기 때문에 영어 예배에 잘 참여하지 않는다. 하지만 이 캠퍼스의 중남미인 리더들은 (우리가 선택권을 주었음에도) 따로 독립해서 나가지 않기로 결정했다. 그것은 무엇보다도 영어를 사용하는 형제자매들과 복음의 연합을 이루고 싶어 해서다. 그래서 매주 중남미 캠퍼스의 목사는 내게 설교 본문을 받아 스페인어로 교인들에게 전한다. 우리는 하나의 리더십 아래 같은 시설에서 만나는 한 몸이지만 각자 다른 예배당에서 다른 언어로 예배를 드린다.

간혹 다문화주의를 복음 자체로 오해하는 교회가 보인다. 심지어 "인종 화해의 복음"이라는 말도 들어 봤다. 그 의도는 충분히 이해하지만 이것은 매우 위험한 표현이다. 복음의 본질은 하나님이 그리스도 안에서 우리와 화해하신다는 것(수직적 화해)이며 이 화해의 열매는 인종 화해를 비롯해서 다른 모든 종류의 화해(수평적 화해)다(기본적으로, '-의 복음'이라는 말 앞에 '그리스도'가 십자가에서 완성하신 일이 아닌 다른 것이 붙은 건 다 구원의 열매를 수단으로 오해한 것으로 봐도 무방하다).

내 취향을 내려놓는 훈련

교회의 다수를 이루는 성도들은 입으로는 다문화적 교회를 원한다고 말하지만 가만히 살펴보면 실제로는 그것을 원하지 않는다. 그들은 그저 다른 인종 집단이 '자신들의' 예배 스타일을 따라오기를 원할 뿐이다. 그리고 보면 그들은 결국 '다문화적' 교회가 아니라 '다색' 교회를 원하는 것이다.[3]

"자네의 교회가 다문화적인 교회인지 어떻게 알 수 있는지 아는가?" 한 친구가 내게 그렇게 묻고는 답을 말해 주었다. "자주 불편함을 느껴야 다문화적인 교회라고 할 수 있지." 그는 불편함을 느끼지 않으면 아직도 자신만의 문화적 취향을 고수하는 교회라고 말했다. 한번은 한 백인 대학생이 내게 우리 교회가 좀 더 다문화적이었으면 좋겠다고 말했다. 일단은 함께 기도해 보자고 말하고서 넘어갔는데, 몇 주 뒤 그가 나를 찾아와 우리 찬양 리더 중 한 명이 무대에서 방방 뛰어다니고 모두에게 손을 들라고 하는 게 마음에 들지 않았다고 말했다. 그는 그 리더를 좀 자중시켜 달라고 부탁했다. 이에 나는 그가 원하는 건 사실상 다문화적 교회가 아니라 여러 인종이 '그의' 스타일대로 예배하는 교회라는 점을 분명히 지적해 주었다.

다수도 자신의 취향을 내려놓는 법을 배워야 한다. 아니, 다수가 먼저 솔선수범해야 한다. 왜냐하면 그것이 복음의 방식이기 때문이다. 바울은 '강한' 위치에 있는 자들이 약한 위치에 있는 자들을 섬겨야 한다고 말했다. 바울은 빌립보 교인들에게 그리스도의 본을 따라 다른 이의 취향을 자신의 취향보다 중시하라고 권고했다(2:1-5 참조). 이 취향에는 물론 문화적인 취향도 포함된다. 문화적 힘을 포함해서 강한 위치에 있는 그리스도인은 그 힘을 사용해 자신이 아닌 약한 자들을 섬겨야 한다. 교회 안의 문화적 다수가 자신의 문화적 취향을 포기하지 않아도 수적으로는 성장할 수 있을지 모른다. 그러나 진정으로 문화적 소수들을 섬기기 원한다면 그들의 문화적 취향을 자신의 취향 위에 두어야 한다.

앞서 내가 다수 문화에 맞춰야 한다고 말했던 것과 상충하는 것처럼 들리는가? 약간 그렇기도 하다. 어쨌든 두 원칙의 적절한 균형을 유지해야 한다.

음악, 중요하기도, 중요하지 않기도 하다

자, 이제 다양성을 추구하는 서구 교회의 가장 까다로운 문제 중 하나를 살펴보자. 음악과 예배 스타일에 관한 취향 차이를 조율하는 게 상당히 어렵다. 이에 관해 내가 배운 중요한 교훈 하나를 소개하겠다.

다양성의 핵심은 음악이 아니다. 그러나 동시에, 다양성에는 음악이 중요하다. 어떤 이들은 이렇게 말한다. "교회에 흑인들이 찾아오기를 원하는가? 그렇다면 가스펠 음악을 연주하라. 중남미 사람들을 원하는가? 살사 음악을 연주하라. 시골 사람들을 원하는가? 컨트리 음악을 연주하라. 이들 모두를 원하는가? 이 음악 모두를 조금씩 섞어서 연주하라."

하지만 현실에서 이런 방식은 통하지 않는다. 오히려 우리 사이의 틈을 더 벌릴 뿐이다. 복음의 연합은 단순히 음악과 예배 스타일의 일치를 말하지 않는다. 복음의 연합은 진정한 관계와 서로를 향한 겸손에 달려 있다.

하지만 음악 스타일이 다양성을 추구하는 교회의 가장 골치 아픈 문제 중 하나인 것은 부인할 수 없는 사실이다. '모든 사람'에게 예배 스타일의 취향이 있고, 인간은 자신과 취향이 다른 사람들을 잘 받아들이지 못한다.

우리 교회에는 전통적인 남침례교인들이 꽤 있다. 찬양 시간에 그들은 열심히 찬양을 부르기는 하지만 두 손을 옆구리에 딱 붙인 채로 있다. 가끔 어깨를 쳐들기도 하고 조용한 찬양을 부를 때는 마치 쟁반을 들 듯 두 손을 앞으로 내밀지만 그것이 다다. 그러다가 내가 설교단에 오르면 저마다 노트를 꺼내 마치 조리법을 적듯 열심히 적어 내려가고 가끔씩, 특히 내가 목소리를 높일 때마다 "아멘"으로 양념을 친다.

우리 교회에는 흑인들도 있다. 그들은 찬양할 때면 방방 뛰면서 춤을 춘다(가끔은 달리기도 한다). 설교 중에는 내게 말을 걸기도 한다 ("아멘"이 아니라 주어와 동사, 목적어, 형용사를 갖춘 완벽한 문장으로).

그런가 하면 한국인 신자들은 하도 열정적으로 뛰면서 찬양을 부르는 바람에 가끔은 다칠까 걱정이 될 정도다. 그들은 노래를 부르는 게 아니라 아예 '고함'을 지르고, 마치 예수님과 하이파이브라도 하려는 듯 하늘 높이 점프를 한다. 그런데 설교 시간만 되면 언제 그랬냐는 듯 자리에 앉아 쥐 죽은 듯이 조용히 귀를 기울인다. 한번은 한 한국인 신자에게 찬양할 때는 그토록 열정적인데 설교 시간만 되면 조용해지는 이유를 물었더니 한국에서는 다른 사람이 이야기할 때, 특히 선생이 이야기할 때 떠드는 건 무례한 행동이라는 답이 돌아왔다. 그들의 침묵은 예의의 표시인 것이다.

이 행동들 중 무엇이 '가장 좋은' 행동인가? 음……. 감정 표현이 격한 교인들은 그토록 위대하신 하나님 앞에서 가만히 앉아 있는 교인들을 이상한 눈으로 쳐다본다. 그들은 농구 경기를 볼 때는 목이 뒤로 꺾일 듯 고함을 지르면서 어떻게 우주의 하나님 앞에서는 미지근한 반응을 보일 수 있냐며 목소리를 높인다. 우주의 하나님이 한낱 농구 선수보다도 못하단 말인가.

반대로, 심하게 '은사주의적인' 찬양 리더들이 감정과 군중 심리만 자극하고 '성령'이란 표현을 남발한다고 비판하는 사람들도 있다. 그들은 시끄러운 음악과 은사주의적인 리더가 주제와 상관없이 군중을 흥분시킨다고 말한다. 나아가, 서구의 비신자들은 교회 안의 감정적인 순간을 '매우' 싫어한다. 그들에게 특히 '성령 충만'은 감정을 인위적으로 끌어올린 결과에 불과하다. 따라서 서구의 비신자들을 전도하려면 '주정주의'를 경계해야 한다.

어떤 문화가 더 옳은 것일까? 이번에도, 음…….

양쪽 모두에 귀를 기울여야 할 진리가 있다. 잘못된 것은 서로 상대방이 잘못되었다고 비판하는 모습이다. 중요한 건 늘 성경을 연구하고 현재 자신이 처한 상황을 분석하며 표현 방식이 다른 사람들과 함께 예배하는 것에 마음을 여는 것이다. 다시 말하지만, 우리가 다문화적 교회 안에 있다는 증거 가운데 하나는 때로 불편함을 느낀다는 것이다. 다문화적 교회 안에서는 언제라도 예배나 찬양 방식이 우리와 다른 사람과 나란히 앉을 수 있기 때문이다.

우리는 교회 안의 인종적 다양성을 설명하기 위해 비프 스튜의 비유를 사용한다. 마치 한 가방에 담긴 조약돌처럼 각 문화가 교회 안에서 나란히 붙어만 있을 뿐 서로 융합되지 않는다면 진정한 다양성이라고 말할 수 없다. 그런가 하면 각 문화가 독특한 맛을 잃어버린 것도 진정한 연합이 아니다. 수많은 색깔이 마구 섞이면 보기 싫은 회색만 나올 뿐이다. 우리는 비프 스튜처럼 각 요소의 독특한 맛이 살아 있으면서도 각 요소가 서로에게 맛을 더해 주는 교회가 되기를 원한다.

먼저 리더의 생각이 열려야 한다

다문화주의가 교회 안에 뿌리 내리기 원한다면 리더가 먼저 다양성을 갖춰야 한다. 리더들이 먼저 본을 보여야 성도들이 따라온다. 사도행전 13장의 교회는 리더들의 다양성을 추구하고 중시했다. 그 결과, 교회의 나머지 구성원도 그 본을 따랐다.

"교회 리더십들을 다양한 인종으로 구성한다고 하지만 대부분은 구색만 맞추고 있지 않은가?" 이렇게 주장하는 사람들이 있다. 무슨 말이냐면 '실제로' 권한을 줄 생각 없이 단지 자신의 교회 교역자와 임직자들이 다양하다는 걸 보여 주기 위해 피부색이 다른 사람을 리더로 세우는 경우나 단지 피부색 때문에 자격이 없는 사람을 리더로 세우는 경우를 말한다.

물론 이런 교회도 있겠지만 교회 리더십의 다양성을 진지하게 추구하는 교회도 있다. 그러면 '아직은 우리가 생각만큼 다양하지 못하지만 이 방향을 추구하고 있다'라는 뜻을 모두가 알아주게 되어 있다. 한번은 백인 친구와 함께 흑인으로만 이루어진 대형교회를 방문한 적이 있다. 그때 모두 우리를 쳐다보며 '당신들은 여기에 왜 온 거요?'라고 말하는 것 같아 안절부절못했던 기억이 난다. 모두 지나칠 만큼 친절했지만 오지 말아야 할 곳을 온 기분이 들었다.

만약 백인이 한 명만 있었어도 그런 기분을 느끼지 않았을 것이다. 그리스도 안에서의 형제자매끼리 그런 기분을 느껴서는 안 될지도 모르겠지만 어쩔 수 없이 그런 기분이 들었다. 그 일로 흑인이나 중남미인, 아시아인, 아랍인이 우리 교회에 들어와서 백색의 바다만 볼 때 어떤 기분을 느낄지 조금이나마 이해하게 되었다.

우리는 모든 예배의 리더들에 소수인종들을 포함시키려고 노력하며, 몇몇 유색인종 목사와 장로들을 요직에 배치했다. 그 외에도 수많은 유색인들을 미래의 리더로 키우는 작업을 이미 시작했다. 우리는 수많은 유색인 목사와 리더들의 능력을 두 눈으로 확인했다. 내가 이 글을 쓰는 지금, 우리 찬양팀의 60퍼센트가 흑인이며, 우리 교회 캠퍼스 목사들은 여덟 명 중에 한 명이 유색인이다.

리더들의 다양성을 추구하는 목적은 대외적으로 선전하기 위해서가 아니라 실제로 교회에 다양성의 정신을 불어넣기 위함이다. 의도적인 노력 없이는 이런 종류의 문화적 다양성이 이루어지지 않는다. 가만히 놔두면 우리는 또다시 같은 부류끼리 모이게 되어 있다. 따라서 다양성을 이루려면 확실한 의도를 갖고 실질적으로 노력하는 복음의 리더십이 필요하다.

반짝 행사가 아니라 평소 그 삶을 살아야 한다

복음적인 다문화주의는 주일에만 반짝 선보이는 쇼가 아니라 삶의 방식이다. 당신의 교회에 다양성이 부족하다고 한탄하기 전에 먼저 자신에게 이렇게 물어보라. '당신'이 다른 인종과 적극적으로 우정을 쌓고 있는가?

백인과 흑인, 중남미인이 모두 좋아하는 예배 스타일을 찾는 것보다 인간관계가 더 중요하다. 하나님이 원하시는 건 주일에 다문화적인 외양을 갖추는 게 아니라 주일은 물론이고 주중에도 늘 다문화적인 삶을 사는 것이다. 다문화적인 삶을 살기 시작하면 우리의 행사가 자연스럽게 다문화적인 색채를 갖추게 된다.

지역사회의 문화 간 화합을 '소명'으로 추구하는 사람들이 나와야 한다. 해외 선교와 마찬가지로 자신이 사는 지역 내의 문화 간 화합도 '모든' 신자가 참여해야 할 일이지만 하나님은 일부 신자들에게 이 일에 대한 특별한 열정을 불어넣으신다. 사도 바울이 바로 그런 경우다. 사도 바울처럼 (성령의 리더십을 따라) 이 일을 '자신의' 일로 삼는 사람들이 나와야 한다. 지척에 있는 외국인에게도 사람들을 보내지 않으면서 수만 킬로미터 밖에 있는 외국인에게 사람들을 보낸다는 건 우스운 일이다. 길 하나도 건너려고 하지 않으면서 바다는 어찌도 잘 건너는지.

앞에서 우리 교인들이 일부러 문화적으로 낯선 타동네로 이사해 거기서 복음을 실천하는 '거주' 사역을 소개했다. 결과적으로 이 사역은 우리 지역사회에 복음을 전파하는 데 큰 역할을 했다. 혹시 하나님이 당신이나 당신 교회의 교인들을 이런 식으로 도시의 다른 지역으로 보내시는지를 놓고 기도해 보라.

이런 일에 특별한 '소명'을 받지 않았다 해도 우리는 모두 자신의 안전지대 밖에 있는 사람과 관계를 쌓기 위해 '의도적으로' 노력하라는 명령을 받았다. 바울은 우리가 이런 식으로 그리스도를 본받고(빌 2:1-5 참조), 하나님의 다각적이고도 더없이 아름다운 지혜를 세상에 보여 줄 수 있다고 말했다(엡 3:10-11 참조). 예수님을 따르는 것은 자신의 도시나 학교에서도 "영문 밖으로"(히 13:13) 나간다는 뜻이다.

우리의 연합을 간절히 기다리시는 성령님

미국 독립선언문은 위대한 인종 평등의 선언을 담고 있다. "우리는 모든 인간이 동등하게 창조되었다는 사실을 자명한 진리로 받아들인다." 하지만 이 문장의 잉크도 채 마르기 전에 많은 독립선언문 작성자들이 노예주의 삶으로 돌아갔다.

미국은 언제나 인간 평등에 대한 드높은 이상을 품고 있었지만, 그 이상만큼 실제로 인종 화합을 이루어 낸 적이 없다. 심지어 오늘날까지도 그 이상은 멀게만 보인다.

최근 〈애틀랜틱〉 지의 기사를 보니 다문화 마을을 '선호'한다고 말하는 사람들도 실제로 그런 마을로 이사한 뒤에는 자신과 같은 인종으로만 구성된 마을을 그리워한다고 한다.[4] 인종 통합의 현실은 여전히 이론을 따라가지 못하고 있다.

그런데 세상이 원하는 걸 바로 복음이 이뤄 낼 수 있다. 바울은 이렇게 말했다. "율법이 육신으로 말미암아 연약하여 할 수 없는 그 것을 하나님은 하시나니 곧 …… 자기 아들을 죄 있는 육신의 모양 으로 보내어"(롬 8:3). 모든 법이 그렇듯 미국 헌법은 우리가 어떤 사 람이 '되어야' 하는지를 잘 말해 주지만 우리를 그런 사람으로 '만들 어 주기에는' 역부족이다. 타락한 인간에게 법은 마치 철로와도 같 다. 우리가 '가야 할' 길을 정해 주기는 하지만 실제로 우리가 그 길 을 따라 가게 만들지는 못한다. 그러나 복음은 우리를 법의 완성으로 이끌어 주는 엔진이다.

흑인 목사 토니 에반스는 이렇게 말했다.

> 우리의 인종 분열은 질병이다. 인간적인 처방전은 먹히지 않는 다. 기껏해야 잠시 증상을 감출 뿐이다. 우리에게 필요한 건 이 암이 우리를 파괴하기 전에 그것을 파괴하는 창조주의 처방전 이다. 만약 교회가 이 연합의 문제를 해결한다면 마침내 미국이 그 이상대로 '하나님 아래서 하나의 국가'가 되도록 도울 수 있 을 것이다.[5]

이 처방전은 다름 아닌 복음이다. 에반스의 말을 계속 인용해 보겠다.

> 우리가 수백 년이 지난 지금까지도 미국의 인종 문제를 해결하 지 못한 이유는 사람들이 하나님과 상관없이 연합을 시도하고 있어서다. 동시에, 하나님 아래에 있는 사람들은 이미 연합을 손

에 쥐고도 그것을 삶으로 살아 내지 못하고 있다. 이 모든 상황의 결과는 미국에 큰 해를 끼치고 있다. 국가로서 문화적 연합을 이루지 못한 것은 교회가 영적 연합을 유지하지 못한 상황과 직접 연관이 있다. 우리는 한 가족의 일부가 되었기 때문에 교회에는 이미 연합이 주어졌다.[6]

교회는 우리 사회가 그토록 갈망하는 인종 연합을 보여 주어야 한다. 그래야 세상이 우리를 구원하실 수 있는 유일한 분, 우리 마음이 갈망하는 것을 이뤄 주실 수 있는 유일한 분인 하나님이 계시다는 사실을 인정하게 된다.

그런데 안타깝게도 서구 교회는 대부분 인종 통합에서 오히려 세상에 '뒤지고' 있는 듯하다. 그래서 마틴 루터 킹 목사는 "주일 아침 11시가 미국에서 가장 분열된 시간이다"라는 말까지 했다. 영화는 교회를 편협한 인종주의자의 집단으로 그린다. 물론 억울한 부분도 있지만 전혀 근거 없는 비난은 아니다.

미국은 인종 연합을 이뤄 가고 있다고 생각하지만 현실을 보면 착각도 그런 착각이 없다. 사회학자들은 대개 이 점을 인정한다. 지난 10년 사이에 일어난 수많은 사건이 흑백 사이의 깊은 앙금을 여실히 보여 준다. 최근의 예를 들자면 듀크대학 라크로스팀 사건, 트레이본 마틴 총격 사건, 미주리 주 퍼거슨에서 마이클 브라운이 사망한 사건 등이 있다. 최근 공개된 할리우드 고위 인사들 사이의 이메일 교신 내용을 보면 인종 차별 반대 목소리를 가장 크게 내는 사람들 중에도 인종주의자가 얼마나 많은지를 알 수 있다.[7]

이것이 내가 교회가 인종에 관한 '카이로스' 순간에 놓여 있다고 말하는 이유다. '카이로스'는 특별히 정해진 시간을 뜻하는 헬라어다. 세상이 원하지만 이룰 수 없는 연합을 그리스도 안에서는 이루어 낼 수 있다. 나는 지금이 이 사실을 세상에 보여 주라고 하나님이 서구 교회를 위해 정해 주신 시간이라고 믿는다. 육체가 법을 통해 이룰 수 없는 것을 하나님은 복음을 통해 성령으로 이루실 수 있다.

로드니 스타크는 *The Rise of Christianity*(기독교의 부상)이라는 책에서 초대교회를 폭발적인 성장으로 이끈 주된 요인 중 하나로 다문화적 연합을 꼽았다. 로마 제국은 역사상 처음으로 대도시 안에 다양한 문화를 하나로 결집시켰다. 그 바람에 이 도시들은 유례없는 인종 분열로 몸살을 앓았다. 그렇지만 유일하게 교회 안에서만큼은 여러 인종이 사회 계급을 내려놓고 화목하게 어울렸다.[8] 로마 세계가 이해할 수 없다는 표정으로 쳐다보자 이 그리스도인은 자신들의 연합이 예수님이 유대인이나 헬라인, 로마인으로서가 아니라 '모든' 인류의 하나님이요 '모든' 인종의 구주로서 그들의 죄를 위해 돌아가셨다가 부활하셨다는 사실에서 비롯한다고 설명했다.

우리는 지금 이런 '카이로스' 순간에 놓여 있다. 인류에게는 죄라는 공통의 문제점과 예수님이라는 공통의 구주가 있다. 교회가 다문화주의를 이루면 인류의 이러한 공통성을 증명해 보이고 "모든 피조물보다 먼저 나신 분"(골 1:15)께 영광을 돌릴 수 있다.

정말 좋은 소식은, 성령이 우리 안에 이런 연합을 이루기를 간절히 원하신다는 것이다. 따라서 우리는 그저 그분을 방해하지만 않으면 된다. 사도 바울은 에베소 교인들에게 교회의 연합을 "지키라"(4:3)라고 촉구했다. 보다시피 그는 연합을 만들어 내라고 하지 않고 지키라고 했다. 연합을 만들어 내는 건 복음과 성령의 역할이다. 그들은 그저 성령이 만들어 주신 연합을 가꾸고 지켜 나가기만 하면 됐다. 가장 힘든 부분은 성령이 해 주신다.

우리가 뒤로 물러서면 성령이 우리 세대에 놀라운 연합을 이뤄 주실 것이다.

다문화주의의 열쇠

이 모든 이야기가 '미래가 보내는 교회의 것'이라는 이 책의 주제와 무슨 상관이 있는지 의아한가? 최소한 세 가지 면에서 상관있다. 첫째, 빌 하이벨스가 말했듯이 때로 우리는 (최소한 잠시 동안은) 하나의 문화에 집중함으로써 얻을 수 있는 수적 성장과 다문화적 신앙 공동체 구축 사이에서 하나를 선택해야 한다.

빌 하이벨스와 마찬가지로 나는 하나의 문화에 집중함으로써 얻을 수 있는 일시적인 수적 폭발보다 다문화적 교회가 장기적으로 더 큰 전도의 성과를 거둘 수 있다고 믿는다. 오직 백인들만 25,000명이 모여 멋진 음악을 듣고 재미있는 설교를 듣는 모습은 사실상 하나님의 능력을 보여 주는 모습이 아니다. 그것은 콘서트 현장과 크게 다를 바가 없다. 공통점이 별로 없는 사람들이 그리스도 안에서 하나로 모인 모습이야말로 하나님의 구원하시는 능력을 보여 준다.

둘째, 다문화적인 연합을 이루려면 교회 전체와 신자 개개인이 자신의 도시 안에서 다른 문화로 '보내지는' 법을 배워야 한다. 자신이 사는 곳에서 낯선 문화 속으로 들어갈 수 있어야 한다. 교회가 매주 누가 찾아오는지만 살펴보면서 현상 유지에 급급하면 앞으로 5년이 지나도 그리스도인 사회는 지금보다 조금도 더 다문화적으로 나아가지 못할 것이다.

셋째, 다문화적 연합은 우리가 세우는 교회들, 처음부터 다문화적 DNA를 품고 시작된 교회에서 가장 강하게 나타날 것이다. 공민권 운동가 존 퍼킨스는 우리 교회에서 설교를 마친 뒤 내게 이렇게 말했다.

> 아마도 미국 교회는 곧 우리가 늘 갈망해 왔고 가능하다고 믿어 왔던 수준의 다양성을 이룰 수 있을 겁니다. …… 다만 자체적인 다양성을 추구하는 대형교회들을 통해 이루어질 가능성은 낮습니다. 물론 그런 교회도 다양성을 추구해야 하지만 말입니다. 우리가 원하는 수준의 다양성은 애초에 다문화적인 교회를 새로 세움으로써 이루어질 겁니다.

부모들은 우리의 '자녀'가 우리보다 위대해질 수 있음을 안다. 우리 아이들은 우리의 실수에서 배우고 우리 어깨를 딛고 일어섬으로써 우리가 그저 꿈에서만 상상했던 수준을 이룰 수 있다.

그렇다고 해서 기존 교회가 다양성을 추구할 필요가 없다는 뜻은 아니다. 다만 다양성은 우리 '자녀들'에게 더 자연스럽다. 앞서 말했듯이 우리 서밋교회는 백인들이 주를 이루는 교회지만 하나님의 은혜로 다문화적인 교회로 차근차근 나아가고 있다. 그렇지만 우리가 애초에 이 가치 위에 새롭게 세워진 교회를 통해 나타나는 하나님의 역사를 보노라면 벌린 입이 다물어지지 않을 정도다. 그래서 다문화주의와 관련해서도 미래는 보내는 교회의 것이다.

9

할지 말지가 아니라, 내가 할 모험이 무엇인지 물으라

다림줄 9. "모험은 언제나 옳다"

인생에서 중요한 일의 대부분은 과감하게 뛰어내리지 않고서는 이룰 수 없다. 보내는 교회, 보내는 부모, 보내는 사람이 되기 위해서도 모험은 필수다. 모험은 언제나 두렵다. 그러나 모험 없이 얻을 수 있는 인생의 보상은 거의 없다.

예수님은 종들에게 얼마간의 돈을 주고 떠난 부자 주인의 비유를 통해 진정한 제자가 되려면 모험이 꼭 필요하다는 점을 일깨워 주셨다. 주인은 세 명의 종에게 각각 다섯 달란트와 두 달란트, 한 달란트를 주었다(달란트는 당시 매우 큰 돈의 단위였다. 한 달란트란 무려 20년 치 봉급에 가까운 돈이었다.[1] 따라서 이 주인은 각 사람에게 100년 치 봉급, 40년 치 봉급, 20년 치 봉급을 준 것이다).

다섯 달란트 받은 자는 바로 가서 그것으로 장사하여 또 다섯 달란트를 남기고 두 달란트 받은 자도 그같이 하여 또 두 달란트를 남겼으되 한 달란트 받은 자는 가서 땅을 파고 그 주인의 돈을 감추어 두었더니 (마 25:16-18).

20년 치 봉급을 요즘 시세로 백만 달러라고 봤을 때, 2백만 달러를 받은 종은 4백만 달러로 불렸고, 5백만 달러를 받은 사람은 천만 달러로 불렸다. 여행에서 돌아온 주인은 처음 두 종에게는 현명하게 투자했다며 칭찬을 아끼지 않았지만 돈을 묻어 둔 종에게는 호통을 쳤다.

그 주인이 대답하여 이르되 악하고 게으른 종아 나는 심지 않은 데서 거두고 헤치지 않은 데서 모으는 줄로 네가 알았느냐 그러면 네가 마땅히 내 돈을 취리하는 자들에게나 맡겼다가 내가 돌아와서 내 원금과 이자를 받게 하였을 것이니라 하고 그에게서 그 한 달란트를 빼앗아 열 달란트 가진 자에게 주라 무릇 있는 자는 받아 풍족하게 되고 없는 자는 그 있는 것까지 빼앗기리라 이 무익한 종을 바깥 어두운 데로 내쫓으라 거기서 슬피 울며 이를 갈리라 하니라 (마 25:26-30).

이 비유에서 두 가지에 주목하게 된다. 첫째, 예수님은 처음 두 종이 '그분의' 돈으로 모험한 것을 '칭찬'하셨다. 돈을 투자하면 잃을 수도 있었다. 이것이 투자의 본질이다. 이익을 본다는 보장은 없다! 그런데 예수님은 "도대체 무슨 생각으로 그런 일을 벌였던 것이냐? 내 돈을 다 잃으면 어쩔 뻔했느냐?"라고 말씀하시지 않고 그들을 칭찬하셨다.

두 번째 주목할 점은 예수님이 모험하지 않은 종을 "악한 종"이라 부르셨다는 것이다. 악하다고? 그가 무슨 짓을 했기에? 돈을 훔친 것도 아니고 음란한 짓을 저지른 것도 아니다. 심지어 무책임하게 행동한 것도 아니다. 그는 음주가무나 매춘, 도박, 카리브 해의 5성급 호텔에서 주인의 돈을 탕진하지 않았다. 사실, 그는 자신을 위해서는 단 한 푼도 쓰지 않고 받은 그대로 주인에게 돌려주었다. 그런데도 "악한 종"이라는 평을 들었다.

'악' 하면 대개 우리는 우리가 '행하는' 나쁜 짓만을 떠올린다. 하지만 이 비유에 따르면 '악'은 우리가 한 것만큼이나 하지 않은 것에도 적용된다. 하나님 나라를 위해 우리 인생 전부를 걸지 않는 것은 하나님의 법을 마구 어긴 것만큼이나 악한 것이다.

잠시 이 사실을 마음 깊이 음미해 보라. 나쁜 행동을 하지 않는 것만 중요한 게 아니라 하나님이 주신 좋은 것으로 좋은 일을 하는 게 중요하다.

성장은 하지만 악한 교회일 수 있다?

주로 우리는 이 비유를 개인에게만 적용하지만 나는 지역 교회도 스스로 이 원칙을 적용해야 한다고 믿는다. 대부분의 교회가 크기로만 성공을 가늠하니, 출석 교인 숫자를 늘리는 데 자원의 노른자위를 투자하는 것도 어느 면에서는 이해가 간다. 물론 교회를 성장시키는 것도 하나님 나라의 자원을 지혜롭게 투자한 것일 수 있다.

그렇지만 교회가 가장 좋은 리더들과 자원들을 '내보내지' 않고 주님이 주신 복을 움켜쥐기만 하면 그분이 뭐라고 하실까? 우리 교회가 받은 복이 배가될 수 있도록 밭에 흩어 심지 않고 안전하게 보관만 하면 그분이 뭐라고 하실까? 혹시 우리도 "악한 종"이라 불리지 않을까? 목회자가 사람들을 끌어모아 교회의 수익을 늘리기 위해서만 돈을 쓴다면 전혀 모험을 하고 있지 않은 것이다. 물론 출석수를 늘려 줄 수 있는 것에만 돈을 투자하면 '투자' 수익을 즉시 거둘 수는 있다.

지금 예수님이 자신의 안위와 명성을 위해서만 자원을 투자해 온 교회 리더들을 보며 바리새인에게 하셨던 말씀을 똑같이 하시지 않을까? "너희는 자기 상을 이미 받았느니라"(마 6:2-4 참조).

누누이 말했듯이 보냄의 대가는 너무 크다. 남들이 잘되는 모습을 보기 위해 최고의 인력들을 내보내고 소중한 자원들을 내놓으며 감정적인 에너지를 쏟아야 하니까 말이다. 하지만 우리가 그렇게 하는 것은, 우리 주인이 주신 것을 밭에 뿌려 배가시키라고 명령하셨기 때문이다. 예수님은 우리 자신을 위해서 쌓아 두라고 귀한 것들을 주신 게 아니라 그분의 나라를 위해 더 큰 열매를 맺으라고 주신 것이다.

매년 5월 우리 교회는 새로이 교회를 개척하러 나갈 사람들을 임명한다. 국내 교회 개척에는 최소한 한 명의 전임 사역자가 임명되는데, 이 사역자는 9개월 동안 우리 교회에 머물면서 데리고 나갈 교인들을 모집한다. 이렇게 구성된 팀이 설교단 앞에 한 줄로 설 때면 그중에 우리 교회의 중요한 사역을 이끌었던 리더들이 보인다. 친구들도 보인다. 충성스러운 자원자들과 아낌없이 재정을 나눴던 사람들도 보인다.

교회 개척팀에 지원하는 사람들은 대개 희생적으로 나누는 사람들이다. 한 교회 개척팀을 보내면서 "새로운 음향 시스템"이 날아갔다고 농담조로 말했던 기억이 난다. "첨단 조명 시스템"이 날아갔다고 말한 적도 있다. 설교단 주변을 보면 계속해서 우리 교회에 두고 싶은 '물건'들이 보인다. 하지만 우리가 충성스럽게 투자하면 이런 보상은 언젠가 우리 주님이 주실 보상에 비할 바가 아니다.

그렇지만 여전히 두려운 것은 어쩔 수 없다. 작년에 우리가 보낸 160명이 대체되지 않으면 어떻게 하나? 아무도 나서서 그들의 공백을 메꿔 주지 않으면? 새로운 사람들이 나서서 이 160명만큼 줄어든 헌금을 채워 주지 않으면?

하지만 이 모험은 반드시 해야 한다. 이 모험을 하지 않으면 '악한' 것이기에.

모험하지 않는 건 더 위험하다

여기서 끝이 아니다. 모험을 하지 않으면 쇠락은 따 놓은 당상이다. 모험을 거부한 종은 심지어 자신이 받은 한 달란트마저 빼앗겼다.

모세 시대에 이스라엘 국가는 하나님이 제시하신 모험을 받아들이지 않았다. 모세가 약속의 땅을 살펴보라고 보낸 열두 명의 정탐꾼 중 열 명은 돌아와서 이렇게 말했다. "땅은 마음에 들지만 그곳에는 거인들이 있고 그들에 비하면 우리는 한낱 메뚜기에 불과합니다." 그중에서 오직 두 명, 여호수아와 갈렙만 믿음의 말을 했다. "우리 힘만으로는 어려운 게 사실입니다. 하지만 그 거인들은 하나님에 비하면 아무것도 아닙니다. 하나님이 이미 승리를 약속해 주셨으니 모험해볼 만합니다!"(민 13:26-33 참조)

이 열 정탐꾼의 보고는 정확한 보고였음에도 불구하고 하나님은 그 보고를 "악평"(민 13:32)으로 보셨다.[2]

하나님을 위해 모험하는 것은 위험하지만 모험하지 않는 건 '더' 위험하다. 요한복음 12장 24절에서 예수님은 추수의 원칙을 가르치면서 자신의 목숨을 부여잡는 사람은 그것을 잃을 것이라고 말씀하셨다. 이는 우리의 자원이나 리더, 힘을 움켜쥐면 반드시 잃는다는 뜻이기도 하다. 하나님 나라에서는 뭐든 부여잡으면 잃고, 내어주면 얻는다.

"영원히 잃을 수 없는 것을 얻기 위해 영원히 간직할 수 없는 것을 포기하는 사람은 바보가 아니다."[3] 순교한 에콰도르 선교사 짐 엘리엇의 이 말은 성도 개개인만이 아니라 목사와 교회에도 똑같이 적용된다.

우리가 보내는 일에 헌신하기 시작한 뒤로 하나님은 우리 교회에 넘치도록 복을 부어 주셨다. 우리가 세운 교회들이 하나님 나라를 위해 모으는 재정이, 우리가 교회 개척에 쓴 지원금에서 최소한 열 배로 불어났다. 특히, 나는 하나님이 이 교회들의 성공을 보시면서 우리를 칭찬하실 줄 믿는다. 이 교회들이 사람들에게 세례를 베푸는 모습을 보면 우리가 우리 교인들에게 세례를 베풀 때보다 오히려 더 기쁘다. 예수님의 비유에 등장한 처음 두 종처럼 우리가 그분과 함께 투자수익을 영원히 누릴 것을 생각할 때 말할 수 없는 기쁨이 솟아난다.

우리가 하나님 나라를 위해 우리의 자원을 사용하면 그분은 우리를 "모든 일에 넉넉"(고후 9:11)하게 해 주신다. 하지만 이런 믿음의 경험이 쌓여 있는데도 뭔가를 크게 내놓을 때면 이번에는 돌려받지 못할 것 같은 두려움이 고개 드는 게 우리의 현실이다.

확실한 보장이 없더라도

성경의 처음부터 끝까지 우리는 결과가 보장되지 않는 모험을 통해 하나님 나라가 확장되는 모습을 확인할 수 있다. 다윗이 골리앗에게 맞선 것도 모험이었다. 성경 어디에도 하나님이 다윗에게 골리앗과 싸우라고 말씀하셨거나 승리를 구두로 보장해 주셨다는 구절은 없다. 다윗은 스스로 무시무시한 거인 앞에 서서, 하나님이 쓰러뜨려 주실 줄 믿고서 돌 몇 개를 집어 들었다(삼상 17장 참조).

다윗 왕의 절친한 친구 요나단은 단 한 명의 아군을 데리고서 블레셋의 한 부대 전체와 맞서는 모험을 감행했다(삼상 14:1-6 참조). 요나단은 자신의 갑옷과 검을 나르는 자만 대동한 채 광야에 나갔다가 숨어 있는 블레셋 부대를 만났다. 지원군이 올 때까지 가만히 기다리는 게 상책처럼 보였지만 요나단과 그의 무기를 드는 자는 둘이서 한 부대 전체를 상대하기로 결심했다. 아니, 정확히 말하면 '요나단'이 결정했다. 그가 자신의 무기 드는 자를 어떻게 설득했는지 들어 보라.

우리가 이 할례 받지 않은 자들에게로 건너가자 여호와께서 우리를 위하여 일하실까 하노라 여호와의 구원은 사람이 많고 적음에 달리지 아니하였느니라(삼상 14:6).

분명히 일하신다가 아니라 일하실까 하노라? 미안하지만 나로 하여금 훈련받은 블레셋 부대 전체를 상대하도록 설득하려면 그런 애매한 말로는 어림도 없다. 하지만 그들은 모험을 했고 하나님은 그들에게 승리를 주셨다(삼상 14:11-15 참조).

사드락과 메삭, 아벳느고는 느부갓네살 왕의 명령을 거역하는 모험을 했다. 다니엘서 3장 어디에도 하나님이 이 세 젊은이에게 맹렬한 풀무불에서 구해 주겠다고 약속하신 구절은 없다. 사실, 왕 앞에서 이 세 친구는 반신반의한 모습을 보였다.

왕이여, 우리가 섬기는 하나님이 계시다면 우리를 맹렬히 타는 풀무불 가운데에서 능히 건져내시겠고 왕의 손에서도 건져내시리이다(단 3:17).

여기까지는 확신에 가득 차 보이지만 그 다음 말에서는 분위기가 조금 바뀐다.

그렇게 하지 아니하실지라도 왕이여 우리가 왕의 신들을 섬기지도 아니하고 왕이 세우신 금 신상에게 절하지도 아니할 줄을 아옵소서(단 3:18).

그렇게 하지 아니하실지라도? 왜 갑자기 자신이 없어졌을까? 그것은 하나님이 풀무불에서 무사히 걸어 나올 것이라는 보장을 해 주시지 않았기 때문이다. 맹렬한 풀무불 속으로 들어가는 것은 결과를 보장할 수 없는 모험이었다. 물론 하나님은 그들의 모험에 구원으로 화답해 주셨다.

에스더가 아닥사스다 왕 앞에 나아가 유대인들을 살려 달라고 간청한 것도 큰 모험이었다. 이 난폭한 왕이 어떻게 나올지 아무도 알 수 없었다. 에스더가 왕을 찾아가기 전에 삼촌 모르드개에게 "죽으면 죽으리이다"라고 말했던 것으로 보아 이 일이 얼마나 위험한 일이었는지를 알 수 있다(에 4:15-16 참조).

바울의 삶 전체는 모험의 연속이었다(행 20:23; 고후 11:24-28 참조). *Risk Is Right*(모험이 옳다)란 책에서 존 파이퍼는 바울에 관해 다음과 같이 썼다.

> 다음번 재난이 어디서 찾아올지 알 수 없었다. 매일 그는 하나님의 일을 위해 목숨을 걸었다. 가는 길마다 안전하지 않았다. 강도, 동포인 유대인도, 이방인도, 도시도, 광야도 안전하지 않았다. 바다도 안전하지 않았다. 심지어 소위 그리스도인 형제들도 안전하지 않았다. 안전은 신기루였다. 사도 바울에게 안전은 존재하지 않았다.[4]

존 파이퍼는 이렇게 결론을 내렸다. "그리스도인 삶은 모험으로의 부름이다. 모험의 삶을 살든지 삶을 허비하든지 둘 중 하나다."

"하나님, 어떤 식으로든 보장해 주십시오." 우리는 그렇게 말하지만 하나님은 대답이 없으시다. 교회를 세우고, 보내고, 투자하고, 가는 것은 모두 믿음의 도약이다. 하지만 모험 없이는 하나님 나라를 확장시킬 수 없다.

존 파이퍼는 이렇게 말한다. "우리가 이 땅에서의 삶이 어떻게 펼쳐질지 확실하게 알 수 없는 것…… 그래서 하나님 나라를 위해 모험을 하는 것이 그분의 뜻이다."⁵

모든 모험이 내 몫은 아니다

모든 모험심이 하나님에게서 온 것이라는 말은 절대 아니다. 수풀 속에 숨어서 다음 날까지 기다리는 게 현명한 경우도 있다. 다윗 왕은 적잖이 싸움을 피했고, 바울은 대립을 피하기 위해 성을 몰래 빠져나가기도 했다(행 9:25 참조).

예수님을 따른다는 건, 하나님 나라를 위해 어떤 모험을 할지 성령께 묻는다는 뜻이다. 지상대명령은 어느 한 사람이 감당하기에는 너무 거대한 것이다. 그래서 성령은 그 명령을, 당신을 위한 특정한 임무로 좁혀 주신다. 당신이 모든 위험으로 부름을 받은 건 아니다. 언젠가 래리 오스본은 이 점을 내게 이렇게 설명해 주었다. "하늘에서 오는 모든 것에 당신의 이름표가 붙어 있지는 않다."

하지만 분명 우리의 이름표가 붙은 모험이 있으며, 우리는 하나님이 우리를 위해 준비하신 블레셋 군대를 찾아 목숨을 걸고 싸울 책임이 있다.

로마서의 끝부분에서 바울은 말년에 이르러 자신의 사역이 무엇으로 좁혀졌는지를 말해 준다. "내가 그리스도의 이름을 부르는 곳에는 복음을 전하지 않기를 힘썼노니"(롬 15:20).

알다시피 그의 사역은 더없이 광범위하게 시작되었다. 회당에서 유대인들과 논쟁했고, 최초의 교회들을 세웠으며, 유대인과 이방인 모두에게 설교하려면 몸이 두 개라도 모자랐을 것이다. 하지만 그가 나이를 먹을수록 하나님은 그리스도의 이름이 불리지 않은 곳에서 복음을 전하는 것으로 사역의 초점을 좁혀 주셨다. 그 뒤로 바울은 그 일을 평생의 임무로 삼았다. 그리고 그 임무를 완성하기 위해서라면 어떤 모험도 하기로 마음을 먹었다(롬 15:31; 행 20:22-24 참조).

하나님은 모든 제자를 이렇게 인도해 주신다. 복음 전도의 사명에서 하나님이 어떤 부분을 당신의 '임무'로 부각시켜 주셨는가? 혹시 하나님이 당신에게 직장에서 성경 공부 모임을 시작하라고 부르고 계시는가? 주일학교 교사에 지원하라고 하시는가? 입양에 대한 마음을 주시는가?

복음이 영향력을 발휘하지 못하는 분야에서 입지를 다지라고 하시는가? 가난한 동네로 이사하라고 하시는가? 비신자들이 가득한 동네에서 살면서 복음을 실천하라고 하시는가? 당신의 교회가 다음해에는 교회 개척을 위해 벅찰 만큼 많은 재정을 지원해야 한다고 하시는가? 혹은 첫 교회를 개척하는 작업을 시작하라고 하시는가?

당신의 임무가 무엇인지는 성령이 차차 보여 주실 것이다. 그렇지만 확실한 것은 그 임무가 무엇이든지 위험을 동반할 것이라는 점이다.

통 크게 구하길 기뻐하신다

다시 달란트 비유로 돌아가서, 처음 두 종이 어떤 면에서 세 번째 종과 달랐는지 아는가? 다시 말해, 세 번째 종은 주인을 위해 모험을 하지 못했는데 첫 번째와 두 번째 종은 그렇게 할 수 있었던 '이유'는 무엇일까?

나는 세 번째 종이 주인에게 한 말에 단서가 있다고 생각한다.

> 주인이여 당신은 굳은 사람이라 심지 않은 데서 거두고 헤치지 않은 데서 모으는 줄을 내가 알았으므로 두려워하여 나가서 당신의 달란트를 땅에 감추어 두었었나이다 보소서 당신의 것을 가지셨나이다(마 25:24-25).

세 번째 종은 주인의 선함을 믿지 못했다. 반면, 다른 두 종은 주인이 은혜로운 사람임을 알았을 뿐 아니라 모험을 하다가 그들이 실수를 저지르더라도 그것을 만회해 줄 능력이 있음을 알았다.

하나님의 이름으로 이루어지는 모든 모험은 그분의 선하심에 대한 확신으로 시작된다. 예를 들어, 예수님의 옷을 만진 여인은 그분의 선하심을 믿었기 때문에 치유를 받았다(눅 8:45-46 참조). 예수님의 마음을 움직여 자신의 딸의 병을 고침 받은 이방 여인은 그분의 마음속에 자신과 같은 "개들"에게도[6] 나눠 줄 만큼 은혜가 충분함을 알았기 때문에 끝까지 포기하지 않았다(마 15:27 참조).

　알렉산더 대왕을 오랫동안 섬겼던 한 장군에 관한 흥미로운 이야기 하나가 있다. 하루는 이 장군이 알렉산더를 찾아와 딸의 결혼식 비용을 지원해 달라고 부탁했다. 이에 알렉산더는 재무 담당자에게 필요한 만큼 자금을 요청하라고 흔쾌히 허락했다. 그런데 얼마 뒤 재무 담당자가 알렉산더를 찾아와 그가 왕의 호의를 남용했다고 불평했다. 이 장군은 헬라 역사상 가장 호화로운 결혼식을 치르고도 남을 만큼 많은 돈을 요청했던 것이다.

　알렉산더는 잠시 생각에 잠겼다가 이내 괜찮다는 표시로 손을 흔들었다. "그가 원하는 대로 다 주거라." 재무 담당자가 황당한 표정을 짓자 알렉산더는 이렇게 말했다. "장군은 두 가지 면에서 내게 경의를 표한 것이다. 그는 내가 그 요청을 들어 줄 만큼 부유하다고 믿었고, 또 내가 그만큼 통이 크다고 믿었다. 바로 이것이 나에게 경의를 표한 게 아니고 무엇이겠는가?"

　우리 하나님은 우리의 어떤 요청도 들어 주실 만큼 선하고, 은혜롭고, 강하시다. 하나님은 우리가 큰 요청을 할 때보다 작은 요청을 할 때 오히려 기뻐하시지 않는다. 존 뉴턴은 〈자, 내 영혼아, 너의 간청을 준비하라〉란 찬송가에서 이 점을 다음과 같이 표현했다.

너는 왕 앞에 나아가는 것이니 큰 간청을 드리라.
은혜와 능력이 크시니 무엇을 요청해도 지나치지 않으리.

뭐든 가치 있는 일에는 위험이 따른다. C. S. 루이스는 자신이 믿음으로 살고 있는지 확인하려면 자신이 하나님을 위해서 하고 있는 일이 '두려운' 일인지 자문하라고 말했다. 전혀 두렵지 않다면 믿음을 발휘하고 있지 않은 것이다.[7] 따라서 두려울까 봐 두려워하지 마라. 우리 주인은 모험하라는 명령만 주신 게 아니라 우리가 성령의 인도하심을 따라 모험을 하면 우리의 투자를 그분의 나라에서 몇 배의 수확으로 불려 주겠다는 약속도 주셨다.

우리 교회는 하나님께 2050년까지 천 개의 교회를 세우고 천 개의 도시를 섬기게 해달라고 기도하고 있다. 이를 위해 우리는 5천 명을 파송하기를 원한다. 이에 필요한 목사와 교회 리더들을 양성하기 위한 목회자훈련학교도 이미 세웠다. 우리는 롤리-더럼 지역 주민 5만 명에게 세례를 베풀 수 있게 해 달라고 기도했다. 우리를 이슬람 세계와 유럽의 각성을 위한 중요한 도구로 써 달라고 기도했다. 매년 우리는 벅찰 만큼 많은 재정과 리더들을 교회 밖으로 내보내려고 노력한다. 하나님의 일을 제대로 하려면 두려움이 느껴져야만 한다.

어떤 이들은 우리의 비전이 "과하다"라고 말하고 어떤 이들은 "어리석다"라는 표현도 서슴지 않는다. 그러나 우리는 이렇게 공격적으로 투자하는 것이 달란트를 맡겨 주신 주인에 대한 당연한 충성이라고 생각한다. 은혜롭고 강하신 하나님은 우리의 부족한 능력을 얼마든지 채워 주실 수 있고, 또 기꺼이 채워 주신다. 따라서 너무 몸을 사리는 우를 범하느니 너무 큰 모험을 하는 우를 범하는 편이 낫다.

'당신'은 어디서 모험을 해야 할까? 성령이 벅찰 만큼 헌금을 하라고 말씀하시는가? 이웃집으로 찾아가 문을 두드리라고 말씀하시는가? 물 위를 걸으신 하나님이 우리가 있어야 할 지점까지 정확히 인도하실 줄 믿고서 온 힘을 다해서 뛰어내리기만 하면 절벽을 넘어 무사히 웅덩이로 다이빙할 수 있다.

단, 한 가지 주의해야 할 게 있다. 어떤 모험을 하든지 교회 리더들의 지혜로운 조언과 성경의 분명한 지시에 따라 해야 한다. 무모한 모험은 옳지 않으며, 성령은 '절대' 하나님의 말씀과 상충하는 일을 시키시지 않는다. 예를 들어, 사역에 더 집중할 수 있도록 가족을 버리라는 하나님의 음성을 느꼈다는 사람이 있었다. 분명히 말하건대 그것은 절대 성령이 주신 느낌이 아니다(딤전 5:8 참조). 나아가, 우리가 성령의 음성을 느꼈다고 해도 교회 리더들의 조언을 구하고 따라야 한다(행 13:2 참조). 어떤 모험으로 이끄시는 하나님의 손길을 느낀다면 먼저 교회의 목사를 비롯해서 성령 충만한 형제자매들에게 묻고 나서 행동하라.

참고로, 내가 쓴 책 《지저스 컨티뉴드》(Jesus Continued, 두란노 역간)를 보면 성령이 당신을 어떤 모험으로 부르시는지 분간하는 데 도움이 될 것이다. 그 책에서 나는 성령이 우리 삶 속에서 어떤 식으로 역사하고 말씀하시는지, 그래서 그분이 주시는 특별한 느낌과 단순한 '소화불량'을 어떻게 구분할지를 탐구했다. 어쩌다 보니 뜬금없는 책 선전이 되었지만 이 문제를 더 깊이 탐구하고 싶다면 그 책이 좋은 출발점이 되지 않을까 싶다.

하나님을 향해 빈손을 들다

솔직히 나도 아직 이 '모험'이란 것을 완전히 터득하지 못했다. 내가 새로운 모험으로 부르시는 성령의 음성에 얼마나 순종했는지 돌아볼 때면 언제나 고개가 숙여진다.

얼마 전에 내가 이번 장에 쓴 내용을 스스로 얼마나 믿는지 깊이 반성하게 한 사건이 있었다. 올해의 교회 개척자 네 명과 한 테이블에 둘러앉아 그들이 데려가려는 사람들의 목록을 보고받았다. 한 명은 워싱턴 DC에, 다른 한 명은 윌밍턴에, 두 명은 우리 본 교회에서 20분이 채 걸리지 않는 곳에 교회를 세울 예정이었다. 각각 우리 교인을 15명, 23명, 20명, 50명 이상을 데려갈 예정이라고 했다. 그들이 보고한 목록에는 장로들, 누구보다도 후히 베푸는 교인들, 중요한 자원자들, 뛰어난 찬양 사역자들, 내가 개인적으로 친한 이들이 포함되어 있었다.

세 번째 개척자가 목록을 보고하는데 속에서 뭔가 울컥했다. 솔직히 당시는 그것이 슬픔인지 기쁨인지 알 수가 없었다. 하지만 지금 와서 돌아보니 그것은 두려움이었다. 처음 두 개척자가 목록을 나열할 때 배에 두 방의 펀치를 맞은 것처럼 얼얼했다. 그런데 이제 세 번째 개척자가 카운터펀치를 날렸다.

'보냄'은 설교하기는 쉬워도 실천하기는 힘든 주제다. 이 개척팀들이 떠나고 나면 다음해에 우리 교회는 눈에 띄게 횅해질 것이다.

이들의 말을 듣다가 테이블 아래로 두 손을 내려 하나님을 향해 폈다. 내가 이 땅에서 가장 소중히 여기는 것 중에 하나인 내 교회, 그것을 움켜쥐었던 두 손에 힘을 풀었다. 예수님에 대한 경배와 그분의 약속에 대한 믿음을 담아 그것을 그분께 바쳤다. 내 나라를 내려놓으면 하나님이 '그분의' 나라를 세우시리라는 믿음으로 두 손을 폈다.

10

세상 속으로 함께, 끝까지, 계속 가자

다림줄 10. "비전을 입이 닳도록 말한다. 그래야 누군가에게 겨우 들려진다"

엔트와인은 내가 우리 교회에서 세례를 베푼 첫 흑인이다. 농구 사역을 통해 그를 처음 알게 되었다. 그는 190센티미터가 넘는 키에다 기술까지 겸비한 훌륭한 선수였다. 친구들은 그가 워낙 점프를 잘한다고 해서 "에어"(Air)라고 불렀다. 하나님은 그의 마음을 열어 나와 함께 성경 공부를 시작하게 해 주셨다.

엔트와인은 폭력과 범죄로 얼룩진 과거를 가지고 있었다. 하지만 나와 성경 공부를 하고 우정을 쌓은 지 몇 달 만에 마침내 은혜의 빛이 그를 관통했다. 그날 그는 무릎을 꿇고 대성통곡을 하며 예수님을 구주로 영접했다. 그때부터 그는 친구들을 교회로 데려오기 시작했고, 오래지 않아 그의 여자 친구도 구원을 받았다. 그리고 얼마 있지 않아 나는 두 사람의 결혼식 주례를 맡았다.

세례를 받던 날, 엔트와인은 온 교인 앞에 서서 이렇게 말했다. "친구들은 제게 왜 '그 백색 교회'에 가냐고 했습니다. 하지만 저는 이렇게 말했지요. '거긴 백색 교회가 아니야. 벽돌은 빨간색이고 내부는 자주색이지. 이 교회는 내가 예수님을 만난 곳이야. 그분은 모든 인종의 구주시지.'"

그날 예배가 끝나고 나이 지긋한 교인 한 분이 나를 찾아와 말했다. "목사님, 솔직히 요즘 목사님이 추진하고 계신 변화 중에 마음에 들지 않는 게 많아요." 그는 목이 메는 듯 잠시 말을 멈췄다가 다시 이어갔다. "하지만 이런 식의 변화라면 무조건 환영입니다."

백 마디 말보다 뭐가 좋은지를 약간이라도 보여 주는 것이 훨씬 더 큰 변화의 의지를 만들어 낼 수 있다. 목회자가 선교의 아이디어를 미처 다 실천하기도 전에 사람들이 새로운 아이디어를 내놓기를 원한다면 사람들이 하나님이 원하시는 것을 보고 느낄 수 있도록 해 줘야 한다. 자세한 청사진을 제시할 필요도 없다. 그저 하나님이 원하시는 것을 살짝만 맛보여 주면 된다.

경영 전문가 존 코터에 따르면, 변화를 원하는 리더가 가장 크게 실수하는 것은 사람들의 변화 의지를 과대평가하는 것이다. 리더가 어떤 변화를 제안한다는 건, 그 변화가 필요한 이유에 관해 최소한 몇 달은 고민했다는 뜻이다. 하지만 조직의 다른 사람들은 아직 그 변화의 필요성을 느끼지 못한다. 그들이 느끼는 것은 익숙한 것을 떠나는 과정에서 따르는 고통뿐이다. 리더에게는 획기적인 아이디어처럼 보이는 것이 직원들에게는 불필요한 불편으로밖에 보이지 않는다.

칩 히스와 댄 히스 부부는 이것을 "지식 격차의 저주"라 부른다.[1] 그들은 자신이 이끄는 사람들이 이해도에서 자신보다 훨씬 못하다는 사실을 아는 리더가 많지 않다고 말한다. 사람들이 변화의 고통을 감내할 수 있으려면 현재 상태의 문제점을 리더만큼 확실히 느껴야 한다.

토끼를 보게 도와주라

예전에 들은 이야기인데, 한 할아버지가 손자와 함께 시골집의 현관 앞에 앉아 한가로이 시간을 보내고 있었다. 마당에는 여섯 마리의 개가 누워 있었다. 그때 약 100미터 앞의 수풀에서 토끼 한 마리가 갑자기 튀어나와 잠시 집 쪽을 바라보다가 이내 수풀 속으로 사라졌다. 그러자 개 한 마리가 벌떡 일어나 한 번 짖고는 쏜살같이 달려갔다. 그 즉시 다른 개들도 일제히 일어나 요란하게 짖으며 첫 번째 개를 맹렬하게 따라갔다.

할아버지는 이 모습을 보고는 손자에게 말했다. "얘야, 어떻게 될지 말해 줄까? 잠시 후면 다섯 마리 개는 고개를 떨어뜨리고 혀를 내민 채 하나씩 돌아올 게다. 그리고 30분쯤 뒤에 제일 처음 뛰어간 개가 입에 토끼를 물고 돌아올 거야."

아니나 다를까, 할아버지가 말한 그대로 되었다. 손자는 놀란 표정으로 물었다. "어떻게 아셨어요?"

할아버지는 씩 웃으며 이렇게 설명해 주었다. "저 개만 실제로 토끼를 봤기 때문이야. 나머지 다른 개들은 그냥 신이 나서 덩달아 짖고 뛰어간 거지."

교회 안에는 이 다섯 마리의 개처럼 좋은 설교에 잠시 신이 나서 짖고 뛰다가 결국 고개를 숙이고 혀를 내민 채 익숙했던 방식으로 돌아가는 사람들이 너무 많다. 실제로 '토끼를 본' 사람들만 토끼를 잡을 때까지 계속해서 달린다.

교인들이 변화를 위한 고통을 끝까지 참아내며 계속 희생하도록 만들 수 있는 유일한 방법은 목회자가 하나님이 주시려는 것을 살짝 보여 주는 것이다.

복음에 흠뻑 젖으면 비전가가 된다

매력적인 비전을 내놓았다면 이제 겨우 절반이 끝난 것이다. 그다음부터가 훨씬 더 어렵다. 어떻게 해야 사람들의 마음속에 전도를 위해 무엇이라도 희생할 만큼 강한 열정을 불어넣을 수 있을까?

그 답은 이 책의 출발점에 있다. 이 책이 어디에서 시작되었는가? 바로 복음이다. 복음에 흠뻑 젖으면 비전가가 된다. 복음은 우리에게 세상을 향한 하나님의 긍휼하심과 세상을 변화시키려는 그분의 의지를 보여 준다. 복음은 선교 혁신의 단연 가장 강력한 기폭제다.

현대 선교 운동의 아버지 윌리엄 캐리는 외국에 선교사를 보내지 않으려는 한 영국 교회에 다음과 같은 유명한 말을 전했다.

> 하나님의 위대한 일을 기대하고 나서 그분을 위해 위대한 일을 시도하라!

여기서 글의 순서가 중요하다. 큰 기대가 먼저다. 기대가 클수록 큰 시도가 이루어진다. 또 큰 기대는 복음에 대한 깊은 이해에서 비롯한다. 복음에서 우리는 하나님의 구원하시려는 바람을 볼 수 있다. 그리고 그것을 보면 하나님께 우리 세대에 구원의 역사를 일으켜 달라고 요청하게 된다.

아침마다 나는 다음 네 문장으로 복음을 정리하는 기도를 빠짐

없이 드리고 하루를 시작하려고 노력한다.

"그리스도 안에 있는 지금, 제가 무슨 짓을 해도 저를 향한 주님의 사랑은 조금도 줄어들지 않습니다." 복음 안에서 나는 하나님과 그분의 모든 복을 온전히 누릴 수 있다. 이는 그리스도를 통해 값없이 받는 과분한 선물이다.

"제가 영원한 기쁨을 누리기 위해 필요한 것은 오직 주님뿐입니다." 그리스도 안에서 나는 기쁨과 목적 있는 삶을 살기 위해 필요한 모든 것을 갖고 있다. 인간의 칭찬이나 돈 같은 것은 필요하지 않다. 그리스도 안에서 내가 필요한 것을 모두 가졌으니 내가 가진 모든 것을 얼마든지 포기할 수 있다.

"주님이 제게 해 주신 대로 다른 이에게 해 주겠습니다." 내가 가진 모든 것은 그리스도가 나를 위해 전부를 포기하신 덕분에 갖게 된 것이다. 그분은 부유하셨지만 나를 위해 가난해지셨다. 우리는 그분의 죽음으로 살고 있으니 더는 우리 자신을 위해서 살면 안 된다. 그분이 우리를 위해 자신의 생명과 자원을 내놓으신 것처럼 우리도 다른 이를 위해 그렇게 해야 한다.

"십자가를 생각할 때마다 주님의 긍휼하심이 얼마나 큰지, 부활을 생각할 때마다 주님의 능력이 얼마나 큰지를 새삼 느낍니다." (십자가만큼 큰) 주님의 긍휼과 (부활만큼 큰) 구원의 능력을 통해 세상을 보면 하나님을 위해 못할 일이 없다.[2]

매일 아침, 복음을 정리한 이 네 문장을 읊을 때마다 '토끼를 보는' 데 도움이 된다. 19세기 기도의 거인 앤드류 머레이는 다음과 같이 말했다.

중보기도를 하기 전에는 먼저 조용히 하고 하나님의 영광 가운데 그분을 경배하라. 그분이 하실 수 있는 일과 그분이 구속받은 자들의 기도를 얼마나 기뻐하시는지에 관해 생각하라. 그리스도 안에서 당신의 자리와 특권을 생각하면서 큰일을 기대하라![3]

복음을 진정으로 보면 믿음이 솟아나고, 그 믿음은 선교의 비전과 하나님 나라를 위해 모험을 하기 위한 확신을 낳는다. 앞에서 말했듯이 교인들의 마음속에 비전을 불어넣고 유지하기 위한 최선의 방법은 그들이 복음에 흠뻑 젖게 만드는 것이다.

이 외에도 하나님이 복음을 통해 우리의 마음속에 탄생시킨 비전을 더욱 키울 수 있는 방법 몇 가지를 소개하겠다.

함께 무릎 꿇고 기도할 때 일이 일어난다

성부 하나님은 철야기도회 후에 예수님께 제자가 되고 나중에는 기독교 운동의 리더들이 될 열두 명을 밝혀 주셨다(눅 6:12-16 참조). 하나님이 바울과 바나바를 안디옥 교회의 첫 공식 선교사로 보낼 계획을 알려 주신 것도 집중적인 공동 기도 시간을 통해서였다(행 13:2 참조).

사역에 관한 수천 가지 좋은 아이디어보다 하나의 '하나님 아이디어'가 낫다. 하나님은 예수님과 제자들에게 하셨던 것처럼 기도를 통해 우리에게 그런 '하나님 아이디어'를 보여 주신다.

교회 안에서 성령이 기도를 통해 비전을 보여 주시면 온 교인이 온 마음으로 받아들이게 된다. 사도행전 13장을 읽어 보면 소수의 리더들이 바울과 바나바의 파송을 결정한 뒤에 교인들에게 필요한 자금을 요청한 것으로 보이지 않는다. 그보다는 성령이 온 교인에게 말씀하시고 온 교인이 아멘으로 화답했다. 바울과 바나바의 파송은 일부 리더들만의 비전이 아니라 '그들 모두의' 비전이었다. 그래서 그들은 그 일을 이루기 위해 희생적으로 드릴 수 있었다.

19세기의 위대한 개신교 선교 운동의 시작은 건초더미 아래서 즉흥적으로 이루어진 한 기도회로 거슬러 올라간다. 매사추세츠 주 윌리엄스대학 학생 다섯 명이 들판의 한 나무 아래 옹기종기 앉아 신학과 비신자들의 운명에 관해 토론하고 있는데 갑자기 소나기가 내려 피할 곳을 찾게 되었다. 그리하여 다섯 학생은 몇 시간 동안 건초더미 아래서 믿지 않는 나라들의 구원을 놓고 뜨겁게 기도했다.

이 기도회에서 미국성서협회와 연합해외선교사협회가 탄생했다. 이 두 협회가 미국 내에서 일으킨 선교 운동은 이후 50년 동안 1,250명의 선교사를 파송하는 엄청난 결과를 낳았다. 그 즉흥 기도회에서 성령은 미국 교회를 향한 계획을 밝혀 주셨고, 거기서 탄생한 운동은 무려 2세대 동안 교회의 리더들을 배출했다.

미국의 첫 대각성 운동(Great Awakening)을 이끈 리더이자 역사상 가장 위대한 교회 개척 운동의 촉매제 역할을 했던 존 웨슬리는 다음과 같이 말했다.

하나님이 행하시는 모든 역사는 믿음의 기도에 대한 응답이다.[4]

매년 우리 목회팀은 며칠간 하나님과 단둘이 시간을 가지면서 우리의 미래에 관한 성령의 계획에 귀를 기울인다. 기도회야말로 가장 중요한 아이디어의 원천이다. 교회의 회의는 '약간의 기도를 곁들인 브레인스토밍'이 아니라 '약간의 토론을 곁들인 기도회'가 되어야 한다.

교인들 속에서 비전과 선교의 열정이 싹트기를 원한다면 다 함께 무릎을 꿇고 기도해야 한다. 하나님 나라의 확장은 함께 무릎을 꿇은 교회를 통해 이루어진다. 기적적인 공급하심을 끊임없이 경험했던 앤드류 머레이는 이런 말을 했다.

> 교회로 하여금 기도하게 만든다면 세계 복음화에 역사상 가장 큰 공헌을 하는 셈이다.

비전을 공기처럼 매일 들이마실 것

빌 하이벨스는 위대한 비전의 문제점은 새는 것이라고 말했다. 비전 항아리에 한 번 채워서는 소용이 없다. 아무리 좋은 비전이라도 갈라진 틈 사이로 하루가 다르게 빠져나가기 때문이다. 그의 말을 더 들어 보자.

> 어떤 가치든 교회 안에 잘 살아 있는 것은 결코 우연이 아니다. 의식적이고도 헌신적인 노력을 통해서만 그렇게 될 수 있다.[5]

빌 하이벨스는, 비전은 '빛'만 아니라 '열'도 필요로 한다고 주장한다. '빛'이 빛나는 아이디어라면 '열'은 리더가 그 아이디어에 공급하는 에너지다. 리더는 비전을 정확히 제시할 뿐 아니라 계속 반복해서 제시해야 한다.

전기 작가의 말에 따르면, 영국 수상 재임 초기에는 윈스턴 처칠의 화려한 언변이 오히려 그의 리더십을 '방해'했다고 한다. 처칠은 연설 능력의 '빛'을 너무 자신한 나머지 실제로 변화를 일으키기 위한 후속 노력(열)을 게을리했다. 즉 중요한 리더들을 직접 만나거나 반대자들의 물음에 참을성 있게 대답하거나 개인적인 관계를 쌓기 위해 노력하지 않았다는 말이다. 그는 충분한 빛으로 자신의 비전을 한 번 비추기만 하면 사람들이 알아서 따라오리라 생각했다. 물론 그것은 오산이었다. 다행히 그는 빛에 열을 더하는 법을 배워 20세기 최고의 리더 반열에 오를 수 있었다.

미국의 린든 존슨 대통령은 특별히 뛰어난 웅변가는 아니었지만 리더십만큼은 실로 대단했다. 그의 연설은 일종의 '서문'에 불과했고 본격적인 내용은 의원들과 얼굴을 마주한 대화 속에서 반복적으로 전달되었다.

조직의 여러 수준에서 여러 사람의 입을 통해 비전이 반복해서 표현되는 것이 바로 변화의 열쇠다. 그런 의미에서 우리 교회의 교역자들은 틈만 나면 이런 다림줄을 말한다. "내가 이것을 입이 닳도록 말해야 교역자들이 겨우 한 번 들을까 말까 하고, 교역자들이 질리도록 들어야 교인들이 겨우 한 번 들을까 말까 하다."

우리 교회는 새신자들이 나온 지 6주 안에 우리의 중요한 가치들을 말로 표현할 수 있도록 만들기 위해 노력한다. 새신자들이 공동체를 세우고 우리 도시를 섬기고 복음을 모든 것을 중심에 놓고 가족들을 돌보고 제자를 키우고 온 세상에 교회를 세운다는 서밋교회의 가치를 파악하는 데 6주 이상이 걸리면 안 된다. 교회 벽마다 비전을 써 붙이고, 설교와 광고 시간에도 반복하고, 모든 사역 속에 우리 사명과 비전의 핵심 요소들을 불어넣는다. 비전을 웹사이트의 한 구석에 처박아 두지 않고 공기처럼 매일 그것을 들이마신다.

좀 진부한 표현을 사용하자면, 비전은 배우기보다 사로잡히는 것이다. 열정은 전염성이 강하며, 진정한 열정은 백 마디 설명보다 낫다. 한 나이 든 법률가가 제자에게 이런 말을 했다. "사실이 확실하다면 사실을 내세워라. 전례가 확실하다면 전례를 내세워라. 연민에 자신이 있다면 연민을 일으켜라. 아무것도 없다면……. 음, 탁자를 내려쳐라. 사람들은 다른 무엇보다도 열정을 따르니까."

비전의 열매가 일으키는 탄력

복음으로 변화된 삶을 가까이서 지켜보는 것만큼 큰 열정을 일으키는 것도 없다. 우리 교회를 통해 예수님을 만났다는 편지를 받을 때마다 어디서도 얻을 수 없는 큰 힘을 얻는다.

앞에서 말한 우리 교회의 그 나이 지긋한 성도가 고통스러운 변화의 과정을 감내할 수 있었던 것은 엔트와인의 변화 과정을 두 눈으로 봤기 때문이다. 따라서 당신 교회의 사역이나 교회가 교회 담장 밖으로 보낸 사람들의 사역, 당신의 개인적인 삶 속에서 나타난 수확에 관한 이야기를 최대한 자주 하라.

일전에 아내 베로니카와 우리 교회의 초창기 모습이 지금과 얼마나 달랐는지를 추억하며 이야기를 나눈 적이 있다. 우리 교회는 작은 강당에서 300여 명이 모이는 전통적인 침례교회였다. 지금과는 완전히 다른 교회로 봐도 무방할 정도다. 그 교회가 롤리-더럼 지역 전역에 여덟 개의 예배 처소에서 9천 명이 모이는 교회로 변했다.

지난 12년 사이에 우리 교회가 얼마나 변했는지를 생각하면 감개무량하다. 교리는 동일하지만 교회 행정에서 정관과 음악 스타일, 목회 철학까지 거의 모든 것이 변했다. 그런데 이상하게도 우리는 한 번도 '큰' 변화를 도입한 적이 없었다. 우리는 다음해에 더 많은 사람을 전도하기 위해 필요한 변화를 조금씩 시도하면서 서서히 변해 갔다. 한편, 우리가 어떤 변화를 추진하든 찬성표가 96퍼센트 이하로 내려간 적이 없다. 추수에 대한 높은 기대감은 더 많은 사람을 전도하기 위해 필요한 변화라면 뭐든지 받아들일 수 있는 희생정신과 열정으로 이어졌다.

내가 가장 좋아하는 리더십 책 가운데 하나는 《손자병법》이다. 손자는 "탄력"이 장군의 가장 중요한 지원군이라고 말했다. 탄력을 받으면 작은 군대라도 훨씬 큰 군대를 이길 수 있다. 손자는 어떤 싸움을 싸워야 하느냐 만큼이나 언제 싸우느냐가 중요하다고 말했다. 작은 전투를 연속으로 이기면 탄력을 받아 훨씬 더 큰 전쟁에서 이길 수 있다. 전투들을 적절한 때에 적절한 순서대로 하면 피 한 방울 흘리지 않고 전쟁에서 이길 수도 있다.[6]

처음 서밋교회에 부임했을 때 꼭 이루고 싶은 변화들, 꼭 싸우고 싶은 '전쟁들'이 너무 많았다. 하지만 우리는 그런 변화에 관한 논의를 대부분 뒤로 미루고 복음 전도에 필요한 변화에만 집중했다. 우리는 그해 부활절 예배에 천 명이 모인다는 대담한 목표를 세웠다. 우리 도시에는 주일 예배에 800명 이상 출석하는 교회가 단 하나도 없을 뿐 아니라 부활절까지는 겨우 3개월밖에 남지 않았기 때문에 말도 안 되는 목표라는 반대의 목소리가 사방에서 터져 나왔다.

그런데 그 부활주일에 우리 리더 중 한 명이 눈물을 펑펑 흘리며 나를 찾아와 1,122명이 참석했다는 소식을 알렸다. 원래 그 리더도 우리가 추진하는 변화에 다소 회의적인 사람이었지만 이제는 하나님이 이끄시는 곳이라면 어디든 갈 준비가 되었다고 말했다. 불가능하게만 보이던 목표를 달성하자 다음 변화들을 추진할 운동력이 발생했다. 덕분에 그 뒤로는 반대하는 사람이 거의 혹은 전혀 없이 변화가 순조롭게 이루어졌다.

당신의 교회는 35명이 모이는 교회라서 이번 부활절에 그저 50명만이라도 모이기를 소망하고 있는가? 낙심할 필요 없다. 15명의 새 얼굴이 나타난 것만으로도 교인들의 열정에 불을 지피기에 충분한 이야깃거리가 될 수 있다. 그런 이야기를 틈만 나면 하라.

새로운 제안에 저항력이 강한 교회라면 일단 아주 작은 변화라도 추진하라. 그래서 단 몇 사람이라도 새 얼굴이 나타난다면 그 이야기를 거듭하면서 축하하라. 그러면 다음번 변화를 '구매하기' 위한 자금을 얻게 될 것이다.

성령이 교회를 움직이신다

19세기 초에 한 노인이 새로 건설된 철도역에 서서 거대한 기관차가 하늘로 증기를 내뿜는 모습을 지켜봤다. 이 새로운 강철 기계에 관해 많이 들어 보긴 했지만 두 눈으로 보니 그 위용이 실로 대단했다. 그 거대한 모습에 압도된 노인은 나직이 중얼거렸다. "저런 게 굴러가지는 않을 거야. 절대 굴러가지 않을 거야."

그때 기적 소리가 울리며 강력한 엔진이 바퀴를 돌리기 시작했다. 절대 움직이지 않을 것만 같던 강철 덩어리가 서서히 전진하며 속도를 높였다. 곧 저 멀리 사라져 하늘로 뿜는 연기만 흐릿하게 보였다. 노인은 다시 중얼거렸다. "저걸 아무도 세울 수 없을 거야. 아무도."

함께 복음에 흠뻑 젖어 뜨겁게 기도하고, 리더들이 비전을 반복해서 선포하고, 나아가 그 비전의 열매들을 실제로 보여 주면 그 무엇으로도 멈출 수 없는 운동력이 발생한다. 일단 이런 운동력이 일어나면 사람들을 억지로 사명으로 끌고 갈 필요가 없다. 오히려 사람들이 당신을 끌고 갈 것이다.

성령은 교회를 움직이신다. 성령은 사도행전 2장의 교회를 가득 채운 급하고 강한 바람이시다. 그분이 일으키는 거센 복음의 바람은 지금도 여전히 불고 있다. 우리는 그저 돛을 올리고 우리 육신이 항해를 방해하지 않도록 하기만 하면 된다. 마르틴 루터가 종교개혁에 관해서 했던 말처럼 우리는 그저 하나님의 말씀을 선포하고, 성령께 순종하고 나서, 하나님이 그분의 역사를 행하시도록 맡기면 된다.

말씀과 성령에 대한 옳은 반응은 세 가지 부분으로 이루어진다.

마지막으로 이 세 가지를 나누면서 이 책을 마무리하고자 한다.

믿음과 순종. 이것은 하나님의 선하심에 대한 확신에서 나온다.

'내 왕국'이 아닌 '하나님 나라'에 대한 사랑. 영혼은 비할 데 없이 귀하다. 영혼이 우리의 작은 왕국보다 귀하다. 하나님의 영광이 우리의 평판보다 중요하다. 우리를 내세우면 잠시 사람들의 칭찬을 받지만 곧 잊힌다. 반면, 예수님을 보여 주면 사람들이 영원한 구원을 받는다. 우리가 예수님의 나라에 투자하는 '달란트'가 혹시 이생에서 우리에게 돌아오지 않더라도 영원한 보상이 우리를 기다린다. 그 보상을 받을 때 우리는 달란트 투자한 것을 조금도 후회하지 않을 것이다. 오히려 더 많이 투자하지 못한 게 아쉬울 것이다.

모험할 용기. 하나님은 그분의 말씀에 순종하고 그분의 영을 따라 그분의 이름으로 큰 시도를 하는 자들에게 상을 주신다.

목회자들이 이것을 받아들이고 자신이 이끄는 사람들에게 불어넣으면 그 무엇도 그 교회를 멈추게 할 수 없다. 성령이 우리 마음속에 가득하고 예수님의 약속이 우리의 뒤를 받쳐 주면 음부의 권세도 우리를 이길 수 없다.

예수님이 우리의 손 위에 씨앗을 두셨다. 이것을 움켜쥘지 심을지는 우리의 선택이다. 물론 지혜로운 선택은 하나뿐이다.

부록

부록1

목회자와 교회 리더십을 위한 해외 선교 전략 세우기

J. D. 그리어
윌 토뷰런(서밋교회 사역 행정 목사)

　교회의 '해외 선교 전략'을 수립하기 위한 11가지 원칙을 제안하고자 한다. 이 11가지 원칙은 서밋교회 해외 선교 전략의 근간을 이룬다. 아마도 이 모든 원칙을 당신의 상황에 적용하기는 힘들 것이다. 하지만 당신이 섬기는 교회나 사역 기관이 어떻게 하면 해외 선교를 효과적으로 감당할지 고민할 때 이런 원칙이 좋은 출발점이 되어 줄 것이다.

내가 없어서는 안 되는 곳으로

하나님이 밝혀 주신 인류 역사를 위한 계획은, 지구 상의 모든 종족 내에 성장하는 교회를 세우는 것이다. 우리는 요한계시록 5장에서 모든 종족과 방언과 백성과 나라가 "죽임 당하신 어린 양!"이라고 외치는 장면에서 이 비전이 온전히 이루어진 모습을 볼 수 있다.

모든 종족이 자신을 위해 죽임을 당하신 어린 양을 알기 전까지는 인류 역사가 끝나지 않는다. 따라서 우리는 구원받는 사람들의 숫자만이 아니라 하나님이 원하시는 교회의 '형태'를 추구해야 한다. 하나님은 바로 모든 족속이 예배하는 상황을 원하신다. 이것이 사도 바울, 애도니럼 저드슨, 짐 엘리엇 같은 이들이, 많은 사람이 구원을 받는 곳을 떠나서 그리스도의 이름을 아직 듣지 못한 곳으로 간 이유다.

많은 리더가 잘못 알고 있는 사실이 하나 있다. 우리가 해외 선교를 추구하는 건 그것이 하나님 나라에 숫자를 더하기 위한 가장 빠른 길이기 때문이 아니다. 해외 선교의 목적은 수적 성장에 있지 않다(물론 수적 성장도 원하기는 하지만). 우리가 해외로 나가는 것은 하나님이 모든 족속과 방언으로 이루어진 천국을 원하시며 그런 날이 올 때까지 인류 역사가 끝나지 않는다고 선포하셨기 때문이다(마 24:14 참조). 사도행전에서는 빌립 같은 사람들이 성령의 인도하심을 따라 폭발적인 수적 성장의 현장을 떠나 상대적으로 수적 성장이 잘 일어나지 않는 곳으로 갔다(행 8:1-39; 1:8 참조).

21세기의 기술 진보에도 불구하고 아직 전 세계적으로 수많은 미전도 종족이 남아 있다. 알려진 신자와 교회가 없는 인종 집단이 아직도 있다. 예수님이 처음 지상대명령을 내리신 지 2천 년이 지난 지금까지 상황이 이렇다는 건 있을 수 없는 일이다.

그리스도는 그들을 구원하기 위한 역사를 이미 마치셨지만, 그들이 그 역사의 혜택을 받으려면 그 역사에 관한 복음을 들어야 한다. "복음은 적시에 도착해야만 복된 소식이다." 칼 헨리가 한 말이다. 이처럼 적시에 그들에게 복음을 전해 주는 게 우리의 책임이다.

미전도 지역의 대부분은 한 가지 이유로 복음이 침투하지 못했다. 그것은 접근하기가 매우 힘들고 기독교에 매우 적대적이라는 것이다. 그러나 예수님은 이 종족들도 그분의 보좌 주위에서 예배할 것이라고 분명히 선포하셨다. 우리는 이 약속에 따라 그들을 찾아가는 것이다.

동남아를 폐허로 만든 끔찍한 쓰나미가 닥치기 몇 년 전, 나(그리어)는 그 파괴적인 파도가 처음 땅을 치게 될 지점에 서 있었다. 내 옆에는 당시 남침례회연맹 회장인 페이지 패터슨이 서 있었다. 그곳에서 패터슨은 내게 평생 잊지 못할 말을 했다. "우리는 세계 복음화에서 실로 놀라운 성과를 거두었습니다. 하지만 이슬람 세계에서는 아직도 이렇다 할 복음 운동이 일어나지 못하고 있습니다. 교회 역사 속에서 이슬람권 복음화의 장은 대체 어디에 있는 거죠?"

이슬람권은 세계에서 가장 덜 전도된 부분인 10/40 창의 대부분을 차지하고 있다. 현재 있는 곳에서 우리를 '필요로' 한다고 하더라도 우리가 '없어서는 안 되는' 곳이 있다면 그곳으로 가야 하지 않을까?[1]

내 친구 중에 중앙아시아의 미전도 도시에서 복음을 전하는 친구가 있다. 최근에 그는 미국의 한 유수한 기독교 대학에서 선교학과 교수로 와달라는 제안을 받았다. 이 대학의 총장은 직접 내 친구에게 전화를 걸어 이렇게 말했다. "제 책상 위에 이 자리를 원하는 사람들의 이력서가 말 그대로 100장이 올라와 있습니다. 하지만 저는 선생님이 이 일에 가장 적임자라고 확신합니다."

나중에 내 친구는 내게 이렇게 말했다. "나를 칭찬하는 말인 줄은 알지만 나는 그것을 '내가 이 일을 맡지 않아도 대신 맡아 줄 사람이 100명이나 있다'라는 말로 해석했네. 하지만 내가 중앙아시아의 이 자리를 떠나면 이 자리를 맡을 사람이 말 그대로 지구 상에 단 한 명도 없다네. 혹시 새로운 사람을 훈련시킨다 해도 최소한 5년 동안은 이곳의 언어와 문화를 배워야 겨우 이 일을 시작할 수 있을 걸세. 그래서 총장님에게 고마움을 전한 뒤에 내가 없어서는 안 될 곳에 남기 위해 내가 필요한 곳에 가는 것을 포기하겠다고 말했네."

우리를 필요로 하는 곳은 사방에 깔려 있다. 하지만 아직 아무도 가지 않았고 가려는 사람도 없는 미전도 지역이 수천이다. 하나님은 누군가 이런 곳에서 그분의 도관(conduit)이 되기만 하면 그분의 능력을 넘치도록 부어 주겠다고 약속하셨다. 우리는 그저 가기만 하면 된다. 개인적으로 나는 이슬람권 전도의 새로운 트렌드에 관한 박사 과정을 밟고 *Breaking the Islam Code*(이슬람 법전 깨부수기)란 책을 쓰면서 이 부름에 순종하려고 노력해 왔다.

기쁜 소식이 있다. 랄프 윈터는 바울이 세상을 떠날 당시는 교회 한 곳당 12개의 미전도 종족이 있었지만 지금은 교회와 미전도 종족의 비율이 6,413대 1이라고 말한다. 미국 교회와 미전도 종족의 비율만 해도 60대 1이다.[2] 이는 미국 교회 60곳 중 하나만 한 곳의 미전도 종족을 책임져도 모든 종족과 방언이 우리 세대에 복음을 듣게 된다는 뜻이다(게다가 미국 외에 다른 국가의 신자들도 미전도 종족 전도를 위해 힘을 쏟는다는 사실까지 고려하면 매우 고무적이다). 하나님의 은혜로 이 임무의 완성이 가시권에 들어왔다.

'모두'를 참여시키기 위한 포트폴리오를 만들라

예수님의 이름을 전혀 들어본 적이 없거나 자신의 언어로 된 성경책을 갖지 못한 사람이 정말 많다는 현실을 고려하면 미전도 종족의 전도를 시급한 일로 삼아야 마땅하다. 하지만 전도하기 힘든 외국 땅에만 초점을 맞추면 교회 안의 보통 사람들은 개인적으로 참여할 수 없다는 점도 고려해야 한다. 모두 소말리아로 가서 살 수는 없는 노릇이지 않은가.

하나님은 그리스도의 몸 안에 다양한 은사를 주셨다. 이는 모두 같은 임무를 맡지 않았다는 뜻이다. 교회 안에는 빈민 구호, 고아, 의료 구호 사역에 열정을 품은 사람들도 많다. 따라서 모든 은사와 성령이 주신 관심사를 가진 사람들을 두루 참여시킬 수 있는 선교 사역의 포트폴리오가 필요하다.

사람들이 쉽게 선교에 참여할 길을 마련해 주는 건 잘못이 아니다. 아프가니스탄처럼 한 달씩 걸리는 곳까지 다녀올 금전적, 시간적 여유가 없는 미국 교인에게는 중미나 카리브 해로 선교 여행을 다녀오는 게 현실적일 수 있다. 전도하기 가장 힘든 지역에서 복음을 전하려면 큰 위험을 감수해야 하는데, 아직 그 정도로 준비되지 않은 사람들도 있다. 그래도 괜찮다. 요한복음 6장에서 예수님은 아직 준비되지 않은 자들에게는 특정한 일을 허락하시지 않았다. 하나님이 우리에게 그런 분별력을 주실 때는 그에 따라 선교 사역을 계획해도 좋다.

많은 교회가 한 쪽 극단으로 흐르곤 한다. 그래서 너무 산발적인 교회도 있고 너무 집중적인 교회도 있다. 산발적인 방식은 사람들을 각자 원하는 곳으로 마구 보내는 것이다. 그러면 특별한 방향성도 없이 사람들이 세계 곳곳으로 흩어질 수 있다. 한 부부는 중국에, 몇 사람은 스웨덴에, 한 사람은 이집트에, 또 한 사람은 페루에 선교사로 가는 식으로 중구난방이다. 이렇게 하면 교인들이 특정한 선교지를 '우리 교회의' 선교지로 여기면서 집중적으로 기도하기가 힘들다. 반대로, 너무 집중적인 방식은 많은 교인을 참여시키기 힘들다. '무조건 아프리카가 아니면 안 된다'라는 식의 방식을 채택하면 선교에 열정이 있는 많은 사람이 사이드라인 밖에서 구경할 수밖에 없다.

따라서 두 접근법 사이의 균형이 필요하다. 교회 차원에서 집중해야 할 곳에 집중하면서도 교인들이 저마다 하나님께 받은 소명을 추구할 수 있는 자유를 줘야 한다. 우리는 보다 '쉬운' 곳으로 가는 단기선교 참여를 통해 교인들에게 복음화가 가장 덜 된 종족에 대한 비전을 불어넣는다.

수적 목표를 세우되, 비전을 더 중시하라

수적 목표는 '우리 자신'의 계획이기 쉽다. 하지만 우리가 특정한 목표를 세웠다고 해서 하나님이 꼭 그 방향으로 역사하시리라는 보장은 없다. 성령은 바람처럼 움직이신다. 그래서 우리가 아무리 열심히 뛰어다녀도 원하는 만큼의 결과가 나오지 않을 때도 있고, 성령이 우리가 요청하거나 기대한 것보다 훨씬 더 크게 역사하실 때도 있다.

동시에, 구체적인 수적 목표를 세우면 의욕이 솟아날 수 있다. 숫자를 정하면 교인들은 자신들을 통해 나타날 수 있는 하나님의 역사를 구체적으로 꿈꿀 수 있다. 우리 교회도 수적으로 단기(최대 한 달)와 중기(최대 2년), 장기 목표를 세운다. 금년에는 단기선교에 천 명을 보낼 계획이다. 우리 평생에 5천 명의 선교사를 보내고 천 개의 교회를 세우겠다는 목표도 세웠다.

이런 구체적인 수적 목표를 전 교인에게 제시하자 교역자들과 리더들의 열정이 활활 타오르는 것을 볼 수 있었다. 천 개의 교회? 5천 명의 선교사 파송? 우리가 정말로 그런 유산을 남길 수 있으면 얼마나 좋을까? 수적 목표를 세우면 경과를 측정하고, 목표를 향해 더 분발하도록 서로를 격려할 수 있다.

누가 한 말인지는 알 수 없지만 다음 글은 수적 목표와 비전의 차이점을 정확히 보여 준다.

> 목표는 이기고 있을 때는⋯⋯ 의욕을 불러일으킬 수 있다. 하지만 비전이 목표보다 더 강력하다. 비전은 활기와 영감을 불어넣

는다. 비전은 모든 위대한 인간 노력 이면의 원동력이다. 비전은 에너지의 공유, 경외감, 책임감에 관한 것이다.

구체적인 수적 목표를 사용하되, 비전을 더 중시하라.

선교 정신이 교회 안에 가득 차게 하라

선교 전략이 효과를 거두려면 1-2년마다 한 번씩 선교에 관한 설교 시리즈를 진행하는 것만으로는 부족하다. 선교의 정신이 교회 안에 가득 차야 한다. 선교가 교회의 DNA 속으로 녹아들어야 한다. 그래서 교회에 처음 온 사람도 몇 주만 지나면 선교가 우리에게 정말 중요하다는 것을 알아채야 한다. 선교가 설교 예화나 소그룹 커리큘럼, 주일학교 수업, 기도 내용, 심지어 교회 벽의 그림에도 나타나야 한다.

해외 선교가 모든 사역을 속속들이 물들여야 한다. 선교를 선교부에만 맡기면 그것이 하나님의 계획에서 분리되고, 은연중에 선교가 선발된 소수를 위한 사명이라는 메시지를 교인들에게 전해 주게 된다. 하지만 선교는 예수님의 모든 제자가 참여해야 하는 것이다.

선교를 교회의 DNA 속으로 불어넣는다는 것은 곧 아이들과 가족들을 일찍부터 선교에 참여시킨다는 뜻이다. 앞에서 살폈듯이 부모들은 하나님이 복음 전도를 위해 자녀를 주셨다는 확신 속에서 양육해야 한다. 솔로몬 왕의 말처럼 "젊은 자의 자식은 장사의 수중의 화살 같으니"(시 127:4). 아이들이 어울리는 환경, 우리가 가르치는 커리큘럼, 우리가 가족에게 제시하는 선교 여행과 섬김의 기회까지 모든 면에서 선교의 요소를 고려해야 한다.[3]

학생부 사역도 마찬가지다. 우리는 모든 고등학생에게 여름방학 중 한 번을 정해 우리 교회 개척팀과 함께 외국에서 4주 동안 살면서 복음을 전할 것을 권장한다. 대학생들에게도 최소한 한 번의 여름 전체를 선교에 투자할 것을 권장한다. 그 여름 동안 대학생들은 세 번의 선교 여행을 다녀오고, 하나님이 세상에서 어떤 역사를 펼치고 계시며 자신들이 그 역사에서 어떤 역할을 할 수 있는지를 배우는 수업에 참여한다. 우리 교회의 모든 사역은 처음부터 끝까지 교인들이 하나님의 세계 선교 사역에서 자신의 자리를 찾도록 돕는 데 중점을 두고 있다. 선교는 단순히 우리가 하는 일이 아니라 하나님의 백성으로서 우리의 정체성 그 자체다.

구체적인 은사와 재능에 따라 프로그램을 짜라

처음 선교 인력을 모집할 때는 자원자들이 잘 나타나지 않아 극도로 좌절했다. 교인이 천 명이었을 때 한 선교 여행에 20명을 모으지 못해 안절부절못했던 기억이 난다. 한 달 내내 "어서요! 14명만 더 나오면 20명을 채울 수 있어요!"라며 사람들을 모집했다. 그러다가 어느 날 전술을 바꾸었다. "치과의사 다섯 명과 내과 및 외과 의사 다섯 명, 간호사 다섯 명이 필요합니다." 그랬더니 그날로 스무 명이 채워졌다.

사람들은 구체적으로 자신이 해야 할 일이 있다고 느낄 때 훨씬 더 잘 참여한다. 자신의 기술이 현장에서 꼭 필요한 기술이라는 걸 알면 열정이 솟아난다. 내가 살펴본 바로 신자들은 대부분 하나님 나라를 위해 자신의 삶을 어디서 어떻게 사용할지 알기를 원한다. 단지 누구도 그들에게 그것을 알려 주지 않았을 뿐이다. 자신의 기술을 선교에 사용할 기회만 나타나면 즉시 뛰어들 사람들이 많다.

자원자들을 모집할 때는 3천 명 중에서 한 명을 얻는 것보다 세 명 중에서 한 명을 얻는 게 더 쉽다고 한다. 3천 명에게 이야기하면 다들 다른 사람의 얼굴을 쳐다본다. 하지만 세 명에게 이야기를 하면 바로 자신에게 하는 이야기로 받아들인다. 따라서 3천 명에게 이야기하더라도 당신이 염두에 둔 세 명이 자신에게 하는 말임을 알 수 있도록 하라. 그들의 독특한 기술이 필요한 기회를 제시하면, 하나님이 바로 '그들'을 선교로 부르고 계신다는 메시지를 보낼 수 있다.

이를 위해 우리가 사용하는 방법 중 하나는 우리가 전도하려는 지역의 '고유한 영역들'을 규명하는 것이다. '고유한 영역들'이란 교육, 의료, 농업, 정치, 사업, 레크리에이션처럼 그 지역의 특성을 이루는 측면을 말한다.[4] 이런 영역을 공략하는 전략을 짜라.

예를 들어, 우리는 사업과 의료, 교육을 롤리-더럼 지역의 가장 중요한 영역으로 판단했다. 그래서 우리의 많은 사역이 이런 분야에서 복음을 실천할 제자들을 키우는 데 초점을 맞추고 있다. 우리는 우리 지역사회의 다섯 가지 망가진 영역도 규명했다. 노숙자, 고아, 교도소 수감자, 미혼모, 고등학교 중퇴자가 그것이다. 우리는 이런 영역 하나하나에 대해서 사역을 개발하고 있다(혹은 교인들이 사역을 개발하도록 권장한다).

교인들이 자신의 지역사회를 이런 시각으로 바라보게 만들면 자원자가 떨어질 일이 없다. 대부분의 교인들은 '진짜' 선교는 전문 사역자만 할 수 있는 일이라고 생각한다. '평범한 교인들'은 뒤치다꺼리나 하면서 헌금만 제대로 내면 된다. 과연 그럴까? 복음서 기자 누가는 '평범한' 신자들을 복음의 창끝으로 제시한다. 복음에 문을 닫은 국가들이라도 교육과 사업, 스포츠, 의료에는 기꺼이 문을 연다. 사람들이 이 점을 깨닫게 도와주면 교회 전체가 하나의 선교사 공동체가 될 수 있다.

단기선교 여행은 시간낭비가 아니다

우리는 2년에 한 번씩 해외 단기선교를 다녀오는 것을 모든 교역자의 의무로 삼고 비용을 제공한다. 목사와 교회 리더들이 온 세상에서 나타나는 하나님의 역사를 보는 것이 정말로 중요하다. 두 눈으로 보는 것만큼 열정을 솟아나게 하는 것도 없기 때문이다. 나아가 우리는 우리 교회의 선교 여행에 참여하는 모든 교인의 경비 일부를 지원한다.

과연 단기선교가 가치 있는가 하는 문제는 오랜 논쟁거리다. '단기선교는 시간낭비 아닌가? 국내 선교에 사용할 수 있는 돈을 빨아들이는 블랙홀 아닌가? 게다가 많은 교인이 '해외여행 욕구'를 충족하기 위해 단기선교를 남용하지 않는가? 많은 단기선교가 현지 선교사들에게 도움이 되기는커녕 가이드나 베이비시터 같은 일로 짐만 지우고 있지 않은가? 또한 이곳에도 도울 일이 태산 같은데 뭣 하러

멀리 외국까지 나가는가?'

이런 비판은 결코 가볍게 넘어갈 문제가 아니다. 그래서 이런 비판이 나름대로 근거가 있음에도 내가 여전히 단기선교를 지지하는 까닭을 간단히 설명하고 넘어가고자 한다.

'단기선교는 돈 낭비 아닌가요?'

단기선교는 제로섬 게임이 아니다. 그러니까 단기선교에 사용되는 돈만큼 선교사에게 지원할 돈이 줄어드는 게 아니다. 오히려 정반대다. 선교 현장을 보고 온 사람들은 선교 헌금을 더 내게 되어 있다. 그렇게 단기선교에 사용되는 돈은 결국 몇 배로 불어나서 돌아온다.

앞에서 밝혔듯이 몇몇 교인이 비싼 돈을 들여서 다녀온 선교 여행이 전 교인에게 큰 감동을 주어, 다음해 우리 교회의 선교 헌금은 남침례교연맹에서 '1인당 가장 높은 액수'를 기록했다. 그 선교 여행에 10만 달러의 경비를 쓴 결과, 다음해에 그보다 두 배로 많은 선교 헌금이 걷혔다(게다가 교인들이 선교 여행을 가지 않는다고 해서 그 돈을 선교 헌금으로 내는 것도 아니다!).

작년에 우리는 39명의 교인을 중앙아시아 단기선교로 보냈다. 금년에는 그 39명 중에서 8명이 자발적으로 단기선교팀을 꾸려서 이끌고 있다. 덕분에 작년에 우리는 국제선교이사회 같은 단체에 보낸 210만 달러를 비롯해서 총 620만 달러를 선교에 사용했다.

나아가, 단기선교 중에 부름을 느꼈다는 중기(1년 이상) 선교사들과 장기 선교사들이 정말로 많다. 하나님은 이런 여행 중에 보고 들은 것을 바탕으로 우리 남은 삶의 방향을 보여 주신다.

마지막으로, 처음 예루살렘 밖으로 복음을 전한 것이 단기선교로 나간 일반 신도의 입을 통해서라는 사실을 잊지 말자(행 8:26-39 참조). 빌립은 자신의 고향에서 250킬로미터가 넘게 떨어진 곳에서 에티오피아 내시를 만나 복음을 전하고 그가 에티오피아 최초의 교회 개척자가 되도록 도와주었다. 단기선교는 분명 하나님의 계획 속에 있다.

우리 교회에서는 '단기선교가 평생 선교사를 만든다'라는 표현을 사용한다. 하나님이 그분의 백성을 열국으로 보내시는 것은 열국을 변화시키기 위해서만이 아니라 그들 자신도 변화시키기 위해서다. 때로 하나님은 '이곳'에서의 삶을 변화시키기 위해 우리를 '저곳'으로 보내신다. 우리 교회의 선교 목사 중 한 명은 이렇게 말했다. "장담하는데 외국 땅에 발을 디디는 순간 당신은 완전히 다른 사람이 될 것이다."

'해외여행 하고 싶어서 가는 거 아닌가요?'

안타깝게도 어느 정도는 맞는 말이다. 우리가 아무리 애를 써도 단기선교를 교회에서 후원하는 휴가쯤으로 여기는 사람들이 완전히 사라지지는 않는다. 그러나 우리는 그런 사람들이 생기지 않도록 최선을 다한다. 사실, 단기선교지 중에는 이국적이고 재미있는 곳들도 있다. 하지만 육체적으로 불편해서, 푹 쉬려는 사람이라면 절대 가지 않을 만한 곳도 많다. 우리는 이 점을 강조하는 동시에, 선교 여행의 목적이 스크랩북을 채우는 게 아니라 그곳의 사람들을 섬기는 것이라는 점을 분명히 밝히고서 지원자를 모집한다.

아울러 우리는 선교 여행의 사전 준비로 강도 높은 훈련을 시킨다. 예를 들어 책을 읽고, 성경 구절을 암송하고, 기도 일기를 쓰고, 주변 사람들에게 전도하는 연습을 하게 한다. 그러다 보면 처음에는 단순히 세상 구경이나 하려고 신청했던 사람들이 도중에 바뀌는 경우가 자주 생긴다. 나는 '관광객의 마음으로 떠났던 이들'이 외국 땅에서 복음의 절박성을 보고 나서 새로운 비전을 품고 돌아오는 경우를 수없이 봤다.

'이곳에도 할 일이 많잖아요'

최근 한 교회의 리더는 내게 자신의 교회가 세계 선교에 참여하지 않는 것은 자신의 지역사회에 할 일이 너무 많기 때문이라고 설명했다. 그는 제 앞가림도 못하는 사람이 남의 문제를 고치겠다고 나서는 것은 교만한 것이라고 했다. 나는 그에게 이렇게 물었다. "우리에게 복음을 전해 준 사람들이 자신의 땅이 복음으로 완전히 뒤덮일 때까지 기다렸다면 과연 그들이 우리에게 올 수 있었을까요? 바울이 모든 유대인을 전도한 다음에 이방인들에게 갔나요?"

우리가 해외로 나가는 것은 이곳에 할 일이 남아 있지 않기 때문이 아니라 하나님이 모든 신자에게 열국에 복음을 전할 능력과 책임을 주셨기 때문이다. 우리는 '순차주의'를 경계해야 한다. 해외 선교는 제자로의 부름에 처음부터 포함되어 있으니, 우리의 선교 포트폴리오에도 처음부터 포함되어야 한다.

그리스도의 제자라면 세상을 향한 그리스도의 심장을 품어야 한다. 성령으로 충만하기를 원하는 교회는 "예루살렘과 온 유대와 사마리아와 땅끝까지 이르러"(행 1:8) 복음의 증인 되는 일에 참여해야 한다.

'단기선교는 도움보다 해를 더 끼쳐요'

안타깝지만 실제로 그런 경우가 많다. 좋은 뜻으로 시작된 선교 여행이 선교사에게 오히려 폐를 끼치는 경우가 적지 않다. 선교사들이 찾아온 사람들의 아기를 봐 주고 여행 가이드 역할을 해 주느라 선교에 집중해야 할 시간을 빼앗긴다. 그런가 하면 어설픈 도움이나 서투른 전도가 오히려 방해가 되기도 한다. 한 선교 기관의 리더는 내게 멕시코에 미국 교인들이 선교 여행을 자주 오는 도시가 있는데 한 해에 그 도시에서 전도된 사람의 숫자가 무려 그 도시 인구의 세 배였다고 말했다. 과연 이것이 제대로 전도한 것일까?

이런 문제에 대한 해결책을 제시한 책 중 하나는 스티브 코벳과 브라이언 피커트의 《헬프》(*When Helping Hurts*, 국제제자훈련원 역간)다. 저자들은 우리가 돕는다고 한 것이 오히려 해를 끼치는 경우가 얼마나 많은지를 여실히 보여 준다. 예컨대, 스스로 할 수 있고 해야 하는 일을 대신 해 주면 우리 자신은 뿌듯할지 몰라도 정작 상대방은 배울 기회를 잃고 만다. 하나님은 우리만큼이나 다른 사람들 속에도 큰 리더십 잠재력을 넣어 두셨다. 우리가 대신 이끌어 주는 것은 사실상 그들을 돕는 게 아니다.

그래서 우리는 현지인 교인들이 스스로 지을 수 있는 교회를 대신 지어 주지 않는다. 그것은 소중한 자원을 비효율적으로 사용하는 것이다. 우리가 가서 교회를 지어 주면 비용이 열 배나 더 들어갈뿐더러 현지인들의 참여를 저하시키는 결과를 낳는다. 우리는 단기선교를 통해 되도록 현지인 신자들을 지원하고 훈련하기 위해서 노력한다.[5] 그곳의 운동을 이끌기에는 우리보다 그들이 더 적격이다. 우리는 그저 촉진시키고 지원하고 훈련하기 위해서 간다.

물론 단기선교는 도움보다 해를 끼칠 수 있다. 하지만 그렇게 되지 않을 수도 있다. 그래서 다음 원칙이 필요하다.

현지인 리더들이 주도하게 하라

《헬프》에서 코벳과 피커트는 지원팀을 받는 현지인 목사의 시각에서 단기선교를 바라볼 수 있도록 도와준다. 그들은 당신이 태국 목사에게서 전화를 받은 미국 목사라고 상상해 보라고 말한다. 태국 목사가 고등학생이 반쯤 섞인 25명의 팀을 이끌고 당신의 교회로 찾아와 당신 교회의 주변 지역에서 여름성경학교를 진행하고 싶다고 말한다. 당신의 교회가 가장 바쁠 때밖에 찾아올 시간이 되지 않지만 자신들이 완벽한 커리큘럼과 연극, 게임을 준비했으니 아무런 걱정을 하지 말라고 한다. 또한 동네 꼬마들의 마음을 사로잡을 선물도 태국에서 가져갈 것이라고 한다. 게다가 뛰어난 전기 기사도 한 명 갈 것이라고 한다.

물론 당신은 교회에서 두 시간쯤 떨어진 공항으로 그들을 데려올 차편을 마련해야 한다. 또한 숙소를 제공하고 그들의 입맛에 어느 정도는 맞는 음식을 하루에 세 끼씩 제공해야 한다. 태국 목사는 미국인들이 즐겨 먹는 캐서롤(casserole: 오븐에 넣어서 천천히 익혀 만드는, 한국의 찌개나 찜 비슷한 요리)을 태국인들은 별로 좋아하지 않는다고 귀띔한다. 따라서 그들의 입맛에 맞게 음식을 준비해야 한다. 게다가 그들 중 대부분은 영어를 거의 혹은 전혀 못한다. 따라서 그들과 항상 동행할 통역관을 섭외해야 한다. 그리고 그들이 이곳에 있는 동안 명승지와 쇼핑몰을 구경시켜 주는 게 예의일 것이다. 그 외에도 고려할 사항이 아직 남았다.

> 한편, 당신 교회의 교인들은 지난 3년간 차근차근 아파트 주민과 관계를 쌓으면서 그들의 신뢰를 얻어 왔다. 아파트 주민들은 주로 저소득층 가족들이다. 그들이 당신 교회의 활동에 마음을 열기까지는 꽤 오랜 시간이 걸렸다.
>
> 당신이 계속해서 이 단기선교 제안의 장단점을 따져 본다. 복음을 위해 희생할 수 있는 좋은 기회다. 온 교인이 열광하고 있다. 이대로라면 4만 달러는 족히 모일 것이다. 이 돈으로 최신 음향 시스템을 갖추고 유아실을 수리할 수 있다. 하지만 영어도 잘 못하는 25명의 사람들을 재우고 입히고 관리하려면 이 비용이 다 들어간다. 아파트 주민들과의 관계는 또 어떤가? 그들이 태국인들이 캔디를 나눠 주고 여름성경학교를 진행하는 것에 어떻게 반응할까?
>
> "남에게 대접을 받고자 하는 대로 너희도 남을 대접하라." 단순하게 들리지만 그렇지가 않다.[6]

우리는 모든 단기선교의 계획과 규칙을 최대한 현지인 리더들과 주재 선교사가 정하게 하는 편이다. 우리가 섬김을 받기 위해서가 아니라 섬기기 위해서 간다는 점을 항상 분명히 밝힌다. 그래서 늘 우리가 필요하다고 생각하는 것을 밀어붙이지 않고 우리가 무엇을 해 주면 좋은지를 물어본다. 혹시 우리가 오는 것 자체가 도움이 되지 않는다고 하면(실제로 이런 경우가 가끔 있다) 다른 지원 방법을 찾는다. 단순히 우리가 뿌듯함을 느끼거나 이야깃거리를 만들기 위해서 선교 여행을 가서는 안 된다.

코벳과 피커트는 현지인 리더들이 중요한 것들을 정하고, 단기선교팀이 현지인 리더들을 지원하는 것에 초점을 맞추며, 팀이 평생 변함없이 물심양면으로 지원하면서 현지인들과 장기적인 관계를 쌓을 때 비로소 단기선교가 소기의 효과를 거둘 수 있다고 말한다.

가난한 사람들을 '구해 내기' 위해서 간다는 생각은 처음부터 잘못된 것이다. 이런 생각은 좋은 의도로 시작된 일을 완전히 망쳐 놓는다. 우리는 뭔가 근본적인 차이점이 있어서 우리는 번영하고 가난한 국가의 사람들은 힘들게 산다고 생각한다. 그렇지 않다. 지구상의 모든 사람은 하나님의 형상을 따라 지음을 받았다. 이는 모든 사람에게 번영할 잠재력이 있다는 뜻이다. 따라서 우리의 역할은 가난한 국가의 사람들을 위해 뭔가를 해 주는 게 아니라 그들이 하나님께 이미 받은 잠재력을 일깨워 스스로 일어설 수 있도록 돕는 것이다.

코벳과 피커트는 도울 곳에 찾아가 '내가 어떤 필요를 채워 줄 수 있을까요?'라고 묻지 말고 '당신이 당신 자신의 필요를 채우도록 어떻게 도와줄까요?' 혹은 '당신의 어떤 자원들을 활용할 수 있도록 도와줄까요?'라고 물으라고 말한다. 현지인들이 리더가 되고 우리 방문자들은 종이 되어야 한다. 현지인들이 스스로 문제를 해결하고 우리는 그저 그것을 지원하는 사람이 되어야 한다. 아울러 우리는 선교 여행이 끝난 뒤에도 계속해서 장기적인 관계를 쌓아갈 수 있도록 노력해야 한다. 단순히 우물만 파는 것보다 깊은 우정을 쌓는 게 더 많은 겸손과 노력을 필요로 한다. 그렇지만 그렇게 해야 그 나라 사람들에게 훨씬 더 장기적인 유익을 끼칠 수 있다.

가장 좋은 선교 조직은 소그룹이다

단기선교에서 가장 완벽한 규모는 대개 소그룹이다. 그렇다면 소그룹이 스스로 자금을 모으고 팀을 짜고 계획을 세우도록 아예 단기선교의 책임을 넘기는 게 어떨까? 교회가 전체 과정을 '책임지는' 것보다 소그룹의 선교 활동을 '촉진하는' 것이 훨씬 더 효과적이다.

앞서 말했듯이 소그룹 구성원들이 함께 선교 여행을 다녀오는 것만이 아니라 아예 다 함께 선교지에 이사해 같이 살면서 교회 개척을 돕는 모습을 볼 때만큼 기쁠 때도 없다. 우리는 교회 개척 활동의 일환으로 주기적으로 특정 소그룹 전체를 북미의 다른 도시로 이사하게 한다. 심지어 미국에서 3년 동안 모이다가 함께 중앙아시아로 날아간 소그룹도 있다. 그렇게 하나님은 한 소그룹 전체를 외국에서 살도록 부르셨다!

이런 소그룹의 최대 장점은 여행을 떠나기 전에 이미 친형제처럼 끈끈한 관계를 쌓았다는 것이다. 이것은 큰 장점이다. 사람들이 선교지에서 돌아오는 첫 번째 이유가 서로간의 불화이기 때문이다. 소그룹은 오랫동안 함께 부대끼면서 이런 관계적 문제점을 어느 정도 해결한 상태이기 때문에 훨씬 유리한 것이다. 아예 교회 개척을 위한 소그룹을 구성한 뒤에 함께 파송하는 것이 선교의 미래일지도 모른다.

선교 여행 준비는 제자 훈련의 이상적인 장이다

목사들은 대부분 교인들이 성경 암송, 전도 훈련, 기도, 성경 공부 같은 '일반적인' 영적 훈련에 잘 참여하지 않아 골머리를 썩고 있다. 그런데 선교 여행 준비가 교인들을 이런 훈련을 참여시킬 좋은 출발점이 될 수 있다. 우리는 선교 여행을 앞둔 사람들에게 읽을 책의 목록과 암송할 성경 구절을 알려 주고 기도 일기를 쓰게 한다. 많은 사람이 선교 여행 준비 기간에 처음으로 전도하는 법을 배우고, 매일 성경을 묵상하는 큐티(quiet time) 습관을 기르기 시작한다.

사람들에게 여기서 해야 할 일을 가르치기 위해 2,500달러나 쓰고 그들을 수만 리 밖으로 보내는 게 소모적인 일처럼 보이지만 다문화적 경험에는 내면 깊은 곳의 열정을 자극하는 뭔가가 있다. 특히 고등학생과 대학생들은 사람이 완전히 달라져서 돌아온다. 단기선교를 통해 하나님이 세상 속에서 하고 계신 일을 맛보고 나면 자신이 '이곳'에서 무엇을 해야 하는지를 더 깊이 깨달을 수 있다. 단기선교팀이 돌아올 때마다 그들에게서 이런 말을 듣는다. "왜 이곳에서는 그렇게 살지 못했을까? 왜 열심히 기도하고 전도하고 섬기지 못했을까?" 언젠가 이런 말도 들은 적이 있다. "아픈 교회를 위한 가장 좋은 처방은 선교 다이어트다."

선교 여행이 비싼 제자 훈련 프로그램일지 모르지만 그 효과는 비할 데가 없다. 대체적으로 나는 제자 훈련에 도움이 되는 지출은 '아주' 잘한 지출이라고 생각한다. 먼 데까지 비춰 주는 빛이라면, 그 빛이 시작된 곳에서는 얼마나 더 밝겠는가!

가장 뛰어난 해외 선교사들이 지금 당신의 동네에 있다

외국인이 아무리 열심히 전도한다고 해도 현지인 신자만큼 효과적으로 전도할 수 없다. 그런데 많은 사람이 생각지 못하는 사실 중 하나는 세계화로 인해 열국이 '우리에게' 찾아왔다는 것이다. 역사상 처음으로 하나님은 우리에게 현재의 자리를 떠나지 않고도 현지인들을 훈련시켜 지상대명령을 완성할 수 있는 놀라운 기회를 주셨다.

2010년 인구 조사 결과를 보면, 우리 교회를 둘러싼 카운티들(웨이크, 더럼, 오렌지)의 주민 10명 중 1명이 외국에서 태어난 사람들이다. 우리 도시의 대학에는 국제 학생이 상당히 많으며, 북아프리카와 중앙아시아, 중동에서 넘어온 난민 중에는 미전도 종족이 상당수를 차지한다.

안타깝게도 이런 학생과 난민들은 대개 미국인과 깊은 우정을 쌓지 못한다. 국제 학생 중 약 80퍼센트가 이곳에서 공부하는 내내 미국인 가정을 한 번도 방문하지 못했다고 한다![7] 전 세계적으로 300명에 가까운 현재 혹은 과거의 리더들이 미국 대학에서 공부했다는 사실을 생각하면 우리가 얼마나 엄청난 기회를 놓치고 있는지 모른다.[8] 폐쇄적인 국가들의 최고 인재들이 우리 코앞에서 살고 있다. 우리는 이것을 하나님이 주신 절호의 기회로 여겨야만 한다.

내가 대학에 다닐 때 모든 국제 학생은 특별 학생 센터에서 모임을 가졌다. 나는 그들 중 몇 명과 친해지게 되었는데, 처음 그 학생 센터에 갔을 때 내가 그해에 그곳을 방문한 첫 미국인이라는 말을 들었다! 얼마나 가슴이 아프던지. 그 친구들은 기꺼이 나를 그들의 세상 속으로 초대해 주었다. 나는 추수감사절에 그 친구들을 우리 집으로 초대했고 그들의 기숙사에도 자주 놀러갔으며 쉬는 시간마다 그들과 어울렸다. 그해 크리스마스에 그들은 아무도 교회에 다니지 않으면서도 내게 크리스마스 파티를 열어 주었다.

그들과 어울린 것은 내 대학 시절에서 가장 값진 경험 중 하나였다. 특히 그들 중 몇몇이 예수님을 믿게 된 건 생각할수록 감사한 일이다. 그들과 헤어진 지 1년이 지난 뒤에도 그들이 고향에서 가족과 친구들에게 그리스도를 전하고 있다는 편지가 끊이지 않았다.

미전도 지역에서 수많은 사람이 우리 곁으로 찾아오고 있는 지금, 우리에게는 세 가지 선택사항이 있다. 그들을 눈엣가시로 여길 것인가? 무시할 것인가? 아니면 하나님이 우리에게 주신 기회를 붙잡을 것인가? 우리에게 다가오는 세상을 무시한 채 세상으로 나가기 위해 수십억 달러를 쓰고 있는 현실이 얼마나 어처구니없는가!

하나님은 지상대명령을 지역 교회에 주셨다

필시 당신의 교회가 속한 교단이나 협력하는 파라처치(parachurch) 기관(파라처치란 "교회와 나란히 가는"이란 뜻으로 선교 단체 등을 가리킨다)이 있을 것이다. 우리도 그렇다. 우리는 국제선교이사회나 크루(Cru), 파이오니어스(Pioneers) 같은 기관과 긴밀히 협력하고 있으며, 이런 협력을 귀하게 여긴다. 혼자서 하기보다 함께하면 훨씬 많은 것을 이룰 수 있다. 교단이라는 구조는 어느 한 교회가 혼자서 할 수 없는 일을 이루게 해 준다.

나아가, 교단이라는 구조는 개별 교회나 운동에는 부족한 안정성을 제공해 준다. 개별 교회는 오르막길과 내리막길을 오락가락하지만, 기관은 체계적인 모금 메커니즘과 훈련 프로그램으로 안정적인 활동을 이어간다.

팀 켈러는 운동과 기관은 서로를 필요로 한다고 말했다. 그가 말하는 '운동'은 선교 사명을 중심으로 모인 열정적인 사람들의 집단이며, 대개 카리스마 넘치는 리더들이 이끈다. 팀 켈러는 운동이 없는 기관은 생명력이 없고 기관이 없는 운동은 지구력이 없다고 지적했다.[9]

그렇지만 하나님은 분명 지상대명령을 지역 교회에 주셨다. 사도행전에서 고도로 조직화된 선교 위원회나 신학교는 찾아볼 수 없다. 단지 지역 교회들이 교회를 섬기기 위한 사람들을 파송했을 뿐이다. 그렇다고 사도행전에서 그런 기관의 '씨앗'조차 찾을 수 없는 것도 아니다. 다만 지역 교회야말로 하나님의 '주전 선수'다. 우리가 지상대명령을 이루기 위해 어떤 방법을 고안해 내든지 그 중심에는 지역 교회가 있어야 한다. 그런 의미에서 교단이나 파라처치와 협력하려는 교회에 두 가지 조언을 하고 싶다.

지상대명령을 외주해서는 안 된다

좋은 파라처치와 나쁜 파라처치가 있다. 좋은 파라처치는 지역 교회가 선교 사명을 이루도록 돕는다. 반면, 나쁜 파라처치는 교회로부터 사명을 빼앗아 직접 하려고 한다.

지상대명령 수행을 도와주는 조직이 많은 것은 좋은 일이지만 지역 교회가 자신의 책임을 포기해서는 안 된다. 십계명에 순종하는 일을 외주할 수 없는 것만큼이나 이 명령에 순종하는 일도 외주할 수 없다. "도저히 진실을 말하지 못하겠어요. 대신 해 주실래요?" 그럴 수 없다. 마찬가지로, 지역 교회가 해야 할 일을 다른 조직에 돈을 줘서 맡긴다는 것은 있을 수 없는 일이다. 물론 이 일을 더 잘 해내기 위해 다른 이와 협력할 수는 있다. 하지만 선교 사명의 책임을 떠넘겨서는 곤란하다.

교회들이 필요로 하는 교단은 선교 사명을 이루도록 도와줄 교단이다. 따라서 파라처치들과 교단들은 얼마나 많은 교회를 세웠는지 자랑하지 말고, 지역 교회들이 얼마나 많은 교회를 세우도록 도왔는지에 초점을 맞춰야 한다. 이는 사소한 차이처럼 들리지만 중요한 것이다. 후자에 초점을 맞추면 많은 파라처치와 교단이 완전히 달라질 것이다.

우리 교단에서는 지난 몇 년 사이에 선교의 '목표'로서 지역 교회가 크게 늘어나는 역사가 일어났다. 나는 이제 선교의 '수단'으로서도 지역 교회의 회복이 일어나야 한다고 믿는다. 우리 교단이 교회 개척을 중시하는 것만으로는 부족하다. 교회가 선교의 수단 역할을 잘할 수 있도록 지원하는 일도 병행되어야 한다. 지역 교회가 이끌고, 교단은 촉진하고 지원하는 역할을 해야 한다.

교단은 선교 지원에 대해 더 폭넓은 접근법을 취해야 한다

많은 교단이 선교에 대해 천편일률적인 접근법을 취하고 있다. 즉 우리가 총회에 인력과 자금을 보내면 총회에서 그 사람들을 우리를 위한 선교사로 훈련시킨다. 하지만 '세속적인' 직업을 가지고 가장 전도하기 힘든 지역에 들어가 선교의 최전선에서 싸우고 있는 신자들도 많다.

다시 말하지만, 10/40 창에서 세속적인 일을 하는 미국인이 무려 2백만 명이다. 그중에서 단 10퍼센트만 그리스도의 제자다운 삶을 산다면 '선교사들'의 숫자는 '아무런 추가 비용 없이' 500퍼센트나 늘어난다. 교회들이 이런 사람들을 찾아 훈련하고 서로 연결시키고 돌볼 수 있도록 교단이 지원해야 하지 않을까?

교단과 파라처치들은 전통적인 파송 시스템으로 많은 것을 이루었다. 이 일을 축소할 필요는 없다. 다만 이 기관들은 지역 교회가 자체적으로 사람들을 훈련해 파송할 수 있도록 돕는 일로 사역을 확장해야 한다. 이런 기관에 '당신의 교회'가 팀을 모집하고 훈련하고 파송할 수 있도록 도와달라고 요청하라. 구체적인 예를 들자면, 당신의 교회 안에서 소그룹 같은 팀을 구성해 2년간 훈련한 뒤에 파송할 수 있도록 도와 달라고 요청하라. 혹은 이미 해외에서 일을 하는 사업가들을 제자 삼는 자로 훈련시키고, 그렇게 훈련된 사람들이 전도한 현지인들을 현지의 교회 개척 운동에 참여시킬 수 있도록 도와달라고 요청하라.

아무쪼록 당신 교회의 해외 선교 프로그램을 계획하는 데 이 11가지 원칙이 좋은 길잡이가 되었으면 한다. 개중에는 당신에게 특히 더 유용한 원칙도 있을 것이다.

당신의 교회나 사역 기관을 위한 프로그램을 계획하는 내내 성령의 인도하심을 구하기를 바란다. 또한 잃은 양을 찾아 구원하기 위해 오신 목자 예수님은 우리가 그분을 따르기만 하면 이 일을 잘할 수 있도록 도와주겠다고 약속하셨다. 그러니 "나를 따라오라 내가 너희를 사람을 낚는 어부가 되게 하리라"(마 4:19)라는 말씀을 늘 기억하라. 단순히 따르고 믿기만 하면 주님이 필요한 모든 지혜와 기술을 주실 것이다.

주님이 뭐라고 하셨는가? "내가 이 반석 위에 내 교회를 세우리니 음부의 권세가 이기지 못하리라"(마 16:18). "내게 구하라 내가 이방 나라를 네 유업으로 주리니"(시 2:8).

뭐하는가? 어서 무릎을 꿇고 그분께 구하지 않고.

부록 2

목회자와 교회 리더십을 위한 국내 교회 개척 전략 세우기

J. D. 그리어
마이크 맥 대니얼(서밋교회 국내 교회 개척 책임자)

이 책에서 나(그리어)는 교회 개척 전략보다 교회 개척 '문화'가 더 중요하다고 여러 번 강조했다. 문화 없는 전략은 피로와 좌절, 실패를 낳을 뿐이다. 피터 드러커의 말을 빌자면 "문화는 전략을 아침 식사로 먹어치운다."[1]

보냄의 문화가 교회의 구석구석까지 스며들지 않으면 우리의 어떤 노력도 사람들의 마음속에 뿌리를 내리지 못한다. 팀 켈러는 보냄의 문화가 부재하면 교회 개척은 가끔씩 예외적으로 이루어지며 그럴 때마다 교인들이 충격을 받는다고 말한다.[2] 반면, 적절한 문화가 자리를 잡으면 사과나무에 사과가 자연스러운 것처럼 그 교회에는 교회 개척이 자연스러워진다.

이 부록의 목적은 당신이 섬기는 교회에 또 다른 프로그램을 더하게 만드는 게 아니라 어떻게 하면 이미 진행되는 프로그램에 교회 개척의 문화를 불어넣을 수 있는지를 보여 주는 것이다. 우리는 당신이 이미 보냄을 중시하고, 이 책에서 설명한 방법을 통해 그 가치를 교인들에게 불어넣고 있다고 믿는다. 이제 이 부록의 내용을 적용하면 당신의 전략과 실행을 더 다듬을 수 있고, 교인들도 교회 개척을 예외적으로가 아니라 자연스럽게 받아들일 수 있을 것이다.

구체적인 방법으로 넘어가기에 앞서 '교회 개척' 하면 목사나 교인 할 것 없이 모두의 머릿속에 당장 떠오르는 질문 하나를 다뤄야 할 듯하다. '미국에 교회가 이미 충분히 많지 않은가? 도움이 필요한 기존 교회가 수두룩한데 왜 굳이 시간을 들여 새 교회를 세우는가? 기존 교회들을 돕는 전도와 제자 훈련 프로그램에 집중하는 것이 사명을 완성하는 데 더 효과적이지 않은가?'

이미 많은데 왜 또 교회를 개척하는가

교회를 개척한다고 해서 기존 교회를 되살리고 돕는 노력을 배제해서는 안 된다. 우리 서밋교회도 기존 교회가 되살아난 경우다. 하지만 우리는 교회 개척이 모든 선교 전략의 중심에 있어야 한다고 굳게 믿는다. 여기에는 다섯 가지 이유가 있다.

그저 개인 전도면 된다?

사도행전에 나타난 바울의 전도 전략 전체를 요약하면, 자신의 지역에서 가장 크고 영향력이 높은 도시들을 찾아 그곳에 교회를 세우는 것이었다.[3] 그렇다고 해서 그의 전략이 시골에는 교회를 세우지 말라는 건 아니었다. 다만 모든 것이 도시에서 지방으로 흘러가기 마련이니 복음이 전혀 들어가지 않은 지역에서는 대개 도시부터 공략하는 게 최선책이다.

팀 켈러는 예수님이 "세례를 베풀고 …… 모든 것을 가르쳐"라고 말씀하셨고 세례란 곧 언약의 공동체 속으로 들어가는 것을 함축하기 때문에 교회를 세워야만 지상대명령을 이룰 수 있다는 점을 지적했다. 다시 말해, 제자들이 정처 없이 돌아다니다가 되는 대로 전도하는 것은 예수님의 뜻이 아니었다. 예수님은 새로운 신자들을 모아 새로운 교회들을 세우라고 명령하셨다. 그래서 바울은 디도에게 이렇게 말했다. "내가 너를 그레데에 남겨 둔 이유는 남은 일을 정리하고 내가 명한 대로 각 성에 장로들을 세우게 하려 함이니"(딛 1:5). 장로의 임명은 곧 조직화된 교회를 의미한다. 전도만으로는 충분하지 않다. 교회를 세워야 한다.

이미 한 집 건너 한 집이 교회다?

'교회 개척은 미전도 지역에서나 필요하지 이곳 미국에서는 불필요하다. 거짓말을 조금 보태면 우리 동네에서는 한 집 건너 한 집이 교회다.' 하지만 현실은 그렇지가 않다. 통계학자들은 1900년에 미국인 만 명당 28개의 교회가 있었다고 말한다. 하지만 2004년에는 이 숫자가 만 명당 11곳으로 떨어졌고 지금도 계속해서 떨어지는 중이다. 연구에 따르면, 인구 증가가 이 추세를 유지한다면 새로운 교회를 세우는 속도를 지금보다 두 배로 끌어올려야 한다.[4] 즉 미국에서 하나님 나라를 지금보다 더 확장하기는커녕 단순히 인구 증가 속도만 따라가려고 해도 매년 7,200개의 새로운 교회를 세워야 한다!

심지어 서밋교회가 있는 남동부, 정확하게는 바이블 벨트(Bible Belt)도 예외는 아니다. 다음 지도는 미국 내 그리스도인들의 증감 추세를 한눈에 보여 준다.

2000-2006년 미국 내 복음주의 교회에 출석하는 인구의 증감

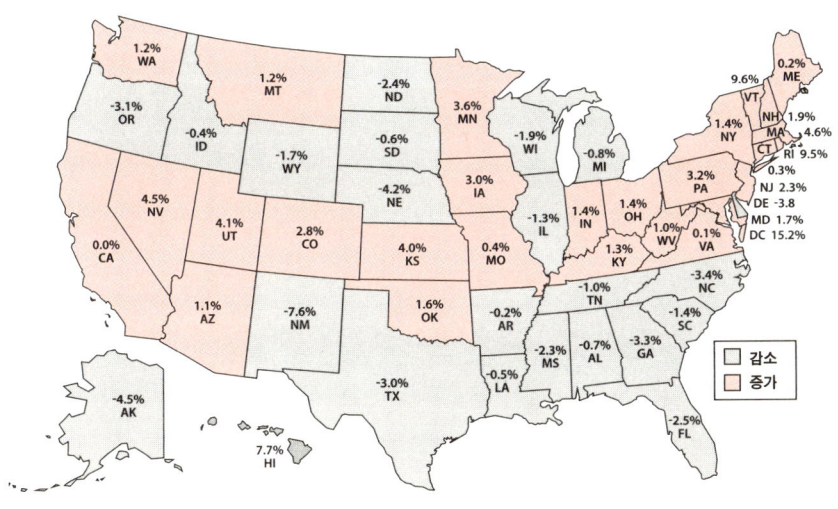

보다시피 복음주의 교회 출석률에서 가장 심한 급락을 보여 주는 주들이 남부에 대거 포진해 있다.[5] 우리 교회가 있는 바이블 벨트 오른쪽 끝의 노스캐롤라이나 주는 복음주의 교회 출석률에서 네 번째로 심한 하락세를 보였다.

죽어가는 기존 교회를 되살리는 게 더 효율적이다?

'하지만 그냥 기존 교회들을 되살리는 게 낫지 않은가? 죽어 가는 교회가 이토록 많은데 왜 굳이 시간과 돈, 노력을 들여 새로운 교회를 세우는가?' 답은 간단하다. 교회 개척이 새로운 사람들을 전도하기 위한 가장 효과적인 방법이기 때문이다.

> 연구에 따르면, 평균적으로 새로운 교회는 전혀 교회를 다니지 않는 사람들 중에서 새로운 교인의 3분의 1에서 3분의 2를 얻는 반면, 10-15년 이상 된 교회들은 새로운 교인의 80-90퍼센트를 다른 교회로부터 얻는다.[6]

다시 말해, 새로운 교회의 전도 효과가 기존 교회보다 6-8배가 높다. 래리 크레이더는 보통의 개척 교회에서 한 명의 세례 교인을 탄생시키려면 세 명이 필요하다고 말한다. 반면, 기존 교회에서는 95명이 필요하다.[7]

왜 그럴까? 크레이더는 오래된 교회일수록 버리기 힘든 전통이 있다는 점을 이유로 추정한다. 이러한 전통이 기존 교인들에게는 의미가 있지만 새로운 사람들로서는 이해하기 어렵다. 물론 대부분의 전통이 그 자체로는 나쁘지 않다. 오히려 교인의 제자화와 영적 성장에 도움이 되는 전통이 많다. 하지만 그곳만의 언어에 익숙하지 않은 사람들에게는 걸림돌로 작용한다. 반면, 새로운 교회는 새로운 사람을 얼마나 전도하느냐에 사활이 걸린 만큼 그런 걸림돌이 없다.

기존 교회에 대한 위협이다?

'하지만 새로운 교회를 개척하면 기존의 교회는 손해가 아닌가? 자신의 교회에 부흥을 일으킬 수 있는 인재들을 빼앗기는 게 아닌가?' 이것이 사람들이 교회 개척에 반대하는 가장 큰 이유 중 하나다. 그러나 이는 사실이 아니다. 교회 개척은 기존 교회에 손해가 되기는커녕 최소한 세 가지 이유로 오히려 도움이 된다.

첫째, 새로운 교회들은 그 지역의 복음 온도를 높인다. 항구에 수위가 높아지면 모든 배가 떠오르는 것처럼 개척된 교회들이 한 도시의 영적 온도를 높이면 그곳의 모든 교회가 혜택을 본다. 구체적으로 설명하자면 이렇다. 개척 교회에서 새로운 사람이 예수님을 영접하면 그는 이웃 사람에게 복음을 전하기 시작한다. 그러면 이 친구의 열심에 자극을 받은 이웃들이 형식적인 신앙생활에서 벗어나 '자신의' 교회에 더 적극적으로 참여하기로 결심한다.

내(그리어)가 우리 지역에 이사했을 때 바로 이런 일이 일어났다. 우리 부부와 친해진 한 부부가 우리의 열심을 보고서 자신의 교회에서 신앙생활을 더 열심히 하기로 결심했다. 새로운 교회들이 예수님의 제자를 번식시키면 그만큼 그 지역에서 예수님을 전하는 사람이 늘어난다. 이는 그 지역 전체의 영적 관심을 높이고, 그 결과 더 많은 구도자가 여러 교회로 찾아간다.

둘째, 새로운 교회들이 다시 기존 교회들을 먹여 살린다. 나(그리어)는 예전에 한동안 우리 교회에 나왔던 사람들을 자주 만난다. 그들은 결국 가족과 친구들이 다니는 교회로 돌아갔다. 처음에는 그것이 섭섭했지만 지금은 하나님이 잠시 그들을 우리에게 보내 중요한 것들을 불어넣고 원래 교회로 돌려보내셨다는 것을 안다. 모두가 큰 교회에 다녀야 하는 건 아니다.

마찬가지로, 모두가 작고 젊은 교회에 다녀야 하는 것도 아니다. 개척 교회들은 기존 교회들만큼 충분한 자원이나 프로그램을 제공할 수 없다. 그래서 개척 교회에서 예수님을 영접한 사람이 가족들에게 더 많은 기회를 제공할 수 있는 큰 교회로 옮기는 일이 드물지 않다.[8]

제대로만 한다면 교회 개척은 그 지역의 기존 교회에 큰 복이 될 수 있다. 제대로만 한다면 교회 개척은 개척하는 교회에도 복이 된다. 물론 화가 난 사람들이 한 무리를 데리고 나가 길 건너편에 따로 교회를 세우는 일이 심심치 않게 벌어진다. 그러나 이는 교회를 개척했다기보다는 '분열'이라는 표현이 더 어울린다. 건강한 교회 개척은 언제나 개척하는 교회에 유익을 끼친다. 왜냐하면 교회 개척은 교인들의 관심을 외부로 돌리고, 이는 활발한 아웃리치로 이어지기 때문이다. 다른 교회들을 세우는 교회는 스스로 성장할 가능성이 매우 높다는 연구 결과가 계속해서 나오고 있다.[9]

셋째, 새로운 교회들은 그리스도의 몸에 새로운 아이디어들을 불어넣는다. 팀 켈러가 지적했듯이 새로운 교회들은 생존을 위해 새로운 전도 방법을 찾아내야만 한다. 반면, 기존 교회들은 새로운 방법으로 모험을 하기보다는 지금까지 통했던 방식을 고수하는 경향이 있다. 하지만 다른 곳에서 새로운 아이디어의 효과가 '증명되면' 기존 교회들도 얼마든지 그 아이디어를 채택할 수 있다.[10]

다른 사역에 쓰일 자원을 낭비하는 것이다?

일부 목사들은 교회 개척이 대학생 전도나 빈민 구호, 아동 사역 개발 같은 중요한 사역에 사용해야 할 자원을 블랙홀처럼 빨아들인다고 생각한다. 물론 교회 개척 비용이 꽤 많이 들어갈 수도 있고, 성과 없이 자금만 빨아먹는 교회 개척 방식도 있다. 그러나 제대로만 하면 교회 개척은 하나님 나라를 위해 엄청난 투자수익을 일으킬 수 있다. 새로운 교회를 개척하면 베푸는 사람들이 늘어나 하나님 나라를 위해 사용할 자원이 그만큼 늘어난다.

팀 켈러의 설명을 들어 보자.

> 한 도시는 청소년 사역, 기독교 학교, 새로운 인구 집단에 대한 선교까지 다양한 사역을 필요로 한다. 이것에는 모두 외부의 자금 지원이 필요하다. 특히, 그리스도인의 기부를 필요로 한다. 하지만 새로운 교회는 오직 초기에만 외부의 자금 지원이 필요하다. 새로운 교회에는 몇 년 안에 지원 '대상'이 아닌 다른 사역들을 지원하는 곳으로 변한다. 새로운 교회들은 많은 수의 비신자를 전도하기 때문에, 교회 개척은 하나님 나라의 일을 위한 새로운 기부자들을 가장 빨리 만들어 낼 수 있는 방법이다.[11]

4년 전에 우리는 콜로라도 주 덴버에 서밋교회를 개척했다(이곳은 실제로 산악지대에 있기 때문에 "서밋"[summit; 정상, 산꼭대기]이란 이름이 훨씬 더 잘 어울린다). 우리는 이 교회를 세우기 위해 25명을 보냈지만 작년에 이 교회는 150명 이상으로 성장했다. 어느 날, 함께 모임 장소로 사용할 건물을 구입할 기회가 생겼다. 하지만 그 건물은 큰 데다 그 지역에서 새롭게 떠오르는 장소에 있어서 매우 비쌌다. 덴버 서밋교회 담임목사인 브라이언의 이야기를 들어 보자.

솔직히 주인이 그 건물을 파는 건 말이 되질 않았다. 그 땅은 그 도시에서 새롭게 떠오르는 지역 중 한 곳에 있었다. 특히 로키스 프로야구팀의 홈구장인 쿠어스 필드에서 몇 블록밖에 떨어져 있지 않아 인기가 대단했다. 골목마다 새로운 술집과 식당, 커피숍이 우후죽순처럼 생겨났다. 그래서 그곳의 부동산 가격은 천정부지로 치솟고 있었다. 게다가 건물주는 많은 수익을 내기로 유명한 전문 투자자였다. 하지만 우리 목사 중 한 명인 앤디 목사가 그와 친분이 있었기 때문에 그를 찾아가 건물을 팔 수 있는지 알아보기로 했다.

앤디는 건물주를 만나러 갈 때 극도로 긴장해 있었다. 그는 그 건물을 세 번 돌고서 들어가기로 했다. 긴장한 이유도 있고 여호수아가 여리고 성을 차지하기 전에 성 주위를 일곱 번 돈 것을 따라하자는 이유도 있었다. 어차피 손해 볼 건 없으니까.

그렇게 앤디는 건물주를 찾아가 우리의 비전을 제시했다. 하나님이 우리를 이곳으로 부르셨으며 이 도시를 섬기기 위해서는 이 건물이 꼭 필요하다고 설명했다. 그러고 나서 건물주에게 이렇게 말했다. "잘 들어 보세요. 친구로서 말하는데 이 건물은 당신의 것이 아닙니다." 건물주가 혼란스러운 표정을 짓자 앤디가 계속해서 설명했다. "서류에는 당신의 이름이 쓰여 있을지 몰라도 당신이 이 건물을 소유한 게 아닙니다. 이 건물의 진짜 소유주는 하나님이십니다. 우리는 이 건물을 우리에게 파는 게 하나님의 뜻이라고 믿습니다." 그러고 나서 앤디는 다시 한 번 그를 지그시 쳐다보며 말했다. "친구로서 말하는데 이 건물을 팔지 않으면 하나님이 당신에게 책임을 물으실 겁니다."

솔직히 앤디 목사의 마지막 말은 좀 문제가 있다. 우리는 그를 훈련할 때 그런 식으로 말하라고 가르치지 않았다. 그럼에도 불구하고 건물주는 시중가보다도 낮은 가격으로 건물을 팔겠다고 말했다. 자, 진짜 이야기는 이제부터다. 몇 주 뒤 건물주가 전화를 걸어와 계약일에 15만 달러를 지불한다는 새로운 조항을 계약서에 넣었다고 통보했다. 계약일까지는 열흘이 남았다.

이에 브라이언은 모교회인 우리에게 전화를 걸어 15만 달러를 지원해 줄 수 있는지 물었다. 우리는 도움을 약속하면서도 브라이언에게 먼저 그의 교인들에게 이 문제를 알릴 것을 권했다. 다시 말하지만 이 교회의 규모는 150명이고 대부분의 교인은 젊거나 새로운 신자였다. 그리고 그들 대부분은 이미 십일조를 내고 있었다. 그렇지만 브라이언 목사는 일단 성도들에게 이 사실을 알리고 희생적인 헌금을 부탁했다. 그러고 나서 모두 무릎을 꿇고 하나님께 도움을 요청하는 시간을 가졌다.

　브라이언은 자신의 교인들이 그렇게 뜨겁게 기도하는 모습을 처음 봤다고 말했다. 많은 교인이 눈물을 흘리며 기도했다. 성령이 그 교회에 충만히 임해, 많은 사람이 꼭 필요하지도 않은 물건을 샀던 것에 대해 회개했다. 어떤 교인들은 친구와 가족들에게 전화를 걸어 크리스마스 선물을 살 돈을 교회로 보내 달라고 부탁했다.

　우리 교회에 다녔던 드류는 고등학교에 다니는 동생에게 이 사실을 알렸다. 그러자 동생이 나중에 전화를 걸어와 90달러를 보내겠다고 말했다. 그런데 이틀 뒤에 다시 전화가 와서, 아무래도 안 되겠다며 새 게임기를 사려고 모아 두었던 돈을 헌금하겠다고 말했다. 그리하여 미국의 모든 고등학생이 PS4 게임기를 사는 날, 이 학생은 덴버 서밋교회에 500달러를 보냈다.

　그 결과는 어떠했을까? 덴버 서밋교회는 열흘 만에 15만 달러를 모으지 않았다. 무려 사흘 만에 25만 달러를 모았다!

　이처럼 교회 개척은 하나님 나라를 위해 엄청난 투자수익률을 발생시킨다. 우리가 덴버 서밋교회에 투자했더니 사흘 만에 25만 달러의 수익이 발생했다. 우리가 투자하지 않았다면 이 돈은 하나님 나라를 위해 쓰이지 못했을 것이다. 교회 개척은 새로운 제자들을 만들어 내고, 이 새로운 제자들에게서 새로운 헌금이 나온다. 따라서 교회를 개척하면 한정된 파이에 입만 늘어나는 게 아니라 파이가 늘어난다. 물론 사역 기관들도 전도를 하지만 그렇게 전도된 새신자들을 드릴 줄 아는 제자들로 변화시키는 과정은 수년이 걸린다. 하지만 교회 개척을 통해서는 그 과정을 거의 찰나로 앞당길 수 있다.

이 외에도 여러 가지 이유로 우리는 교회 개척이 보냄의 방법 중에서도 매우 중요하다고 믿는다. 새로운 교회 개척은 성경적이고, 꼭 필요하며, 금전적으로 이익이다. 교회 개척은 "한 도시의 신자 숫자를 늘리기 위한 최선의 방법이며 그리스도의 몸 전체를 쇄신하기 위한 최선의 방법 중 하나다. …… 역동적이고도 광범위한 교회 개척만큼 꾸준한 효과를 내는 것도 없다."[12] 교회가 지역사회의 물리적, 영적 필요를 '동시에' 꾸준히 채워 줄 수 있는 최선책은 다른 교회를 세우는 것이다.

새로운 교회를 세우려면

자, 이것이 새로운 교회들을 세워야 하는 '이유'다. 이제는 실제로 교회를 세우기 위한 '방법'에 관해 이야기해 보자. 앞서 말했듯이 서밋교회의 목표는 2050년까지 천 개의 교회를 세우는 것이다. 지금까지 우리는 113개의 교회를 세웠고, 하나님의 은혜로 이 모든 교회가 아직 문을 닫지 않고 꾸준히 성장하고 있다.

2050년 목표를 달성하기 위한 우리의 계획은 다음 원칙에 따라 수립되었다.

곱셈이 덧셈을 이긴다

우리는 천 개의 교회를 세우겠다는 계획을 실행에 옮기자마자 한 교회로는 이 목표를 달성할 수 없다는 것을 깨달았다. 교회들을 세우는 한 교회가 아니라 교회들을 세우는 여러 교회, 곧 '운동'이 필요하다.

교회 개척은 일종의 투자다. 투자를 하면, 투자액에 붙은 이자에 다시 이자가 붙기 시작한다. 이것을 '복리'라고 한다. 이런 식으로 투자액이 기하급수적으로 늘어난다.

내(그리어)가 '40년 동안 천 개 교회' 목표를 발표했을 때 많은 사람이 불가능한 꿈이라고 말했지만 그것은 우리 대부분이 덧셈의 조건에서만 생각했기 때문이다. 덧셈 기호를 곱셈 기호로 바꾸면 답이 완전히 달라진다. 우리는 계속해서 현재의 속도(1년에 네 교회)로 교회를 세우고 우리가 세운 교회들이 각자 5년에 한 교회씩을 세워 80퍼센트의 성공률을 기록하면 교회의 숫자가 다음과 같이 늘어나리라 판단했다.

예상되는 교회 숫자

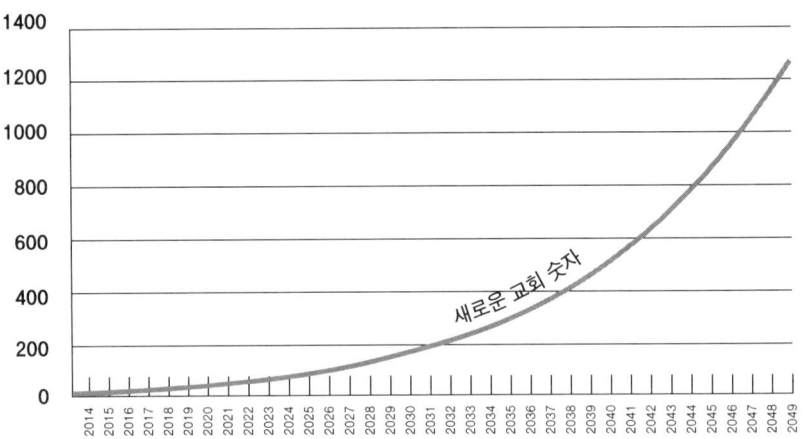

심지어 이는 우리가 해외에서 개척하는 교회들은 계산에 넣지도 않은 수치다. 중국에서는 아침에 교회 하나를 세우면 저녁에 천 개의 교회가 생겨난다고 말해도 될 만큼 성장세가 폭발적이다. 곱셈의 힘은 그야말로 불가능을 가능하게 해 준다.

물론 당신의 목표는 우리의 목표와 다를 것이다. 하지만 우리는 어느 환경에서나 적용할 수 있는 세 가지 교훈을 배웠다.

우리의 목표를 달성하기 위해서 가장 중요한 요소는 우리가 세우는 교회의 번식이다. 우리가 2050년까지 1년에 다섯 교회를 세워도 200교회, 즉 목표의 20퍼센트밖에 달성할 수 없다. 따라서 우리가 세우려는 교회의 80퍼센트는 우리가 직접 세운 교회가 아니라 우리의 '딸 교회'가 세운 교회가 될 것이다.

조기 투자는 기하급수적인 성장을 낳는다. 다시 말하지만 교회 개척은 마치 연금과도 같다. 조기에 부을수록 더 많은 돈이 나온다. 나무를 심을 가장 좋은 때는 20년 전이고 두 번째로 좋은 때는 오늘이라는 옛 속담도 있지 않은가. 조기에 많은 교회를 세울수록(그 모든 교회가 성공하지 않는다 해도) 미래에 더 많은 수익이 돌아온다.

천 개의 교회를 세우기 위한 유일한 방법은 우리의 '자녀들'에게 번식의 비전을 불어넣는 것이다. 교회를 세우기만 하지 말고 세운 교회에 교회 개척의 비전을 전해 주는 게 매우 중요하다. 우리는 이에 대해 '비전의 청지기'라는 표현을 쓴다. 우리는 우리가 세우는 모든 교회가 이 가치를 받아들이도록 한다. 우리가 세우는 교회에 줄 수 있는 최고의 선물은 번식의 비전, 번식의 DNA다.

앞에서 말했듯이 번식은 하나님이 그분의 나라를 넓히기 위해 사용하시는 방법이다. 모든 그리스도인, 그리고 모든 교회는 번식하기 위해 태어났다. 천 개의 교회를 세우는 비결은 우리 혼자서 천 개의 교회를 세우는 게 아니라 우리가 세운 교회가 교회를 세우고, 다시 그 교회가 또 다른 교회를 세우는 것이다.

제자를 삼을 수 있는 리더들을 키울 것

교회 개척이 너무 어렵게 느껴질 수 있다. 특히 교회를 세워 본 적이 없는 사람이라면 도저히 엄두가 나지 않을 것이다. 혹시 당신이 자신감을 얻을지 몰라서 고백하자면 우리(그리어, 맥대니얼)는 둘 다 직접 교회를 세워 본 적이 없다. 하지만 우리 교회는 미국에만 20개 이상의 탄탄한 교회를 세웠다. 여기서 우리 교회가 새로운 교회를 세웠다는 말은 리더를 훈련하고, 그 리더들이 12-60명 사이의 창립 멤버들을 모집하도록 돕고, 처음 3년간 자금을 지원했다는 뜻이다.

교회를 세워 본 적이 없다면 출발점은 교회 개척이 단순히 모든 그리스도인에게 주어진 임무의 연장선이라는 점을 깨닫는 것이다. 그 임무는 물론 제자를 삼고 새로운 리더를 키우는 것이다.

교회 개척의 핵심은 제자를 삼을 수 있는 리더들을 키워 내는 것이다. 좋은 리더는 건강한 교회를 세운다. 물론 교회 개척자가 배워야 할 특별한 기술이 있다. 이를테면 지역사회를 조사하고 첫 예배를 계획하는 법을 알아야 한다. 그렇지만 이런 기술은 시중에 널려 있는 양질의 교회 개척 지침서들과 수많은 조언자를 통해 얼마든지 습득할 수 있다.[13] 교회 개척자들이 중도에 포기하는 첫 번째 이유는 교회를 '세우기' 위한 특별한 기술과 상관이 없다. 문제는 인격이나 리더십 혹은 교회를 키우기 위한 기술이 부족한 것이다. 제자를 키울 수 있으려면 수준 높은 리더십을 갖춰야 한다.

교회 개척의 45퍼센트는 제자화, 45퍼센트는 리더 양성의 문제다. 나머지 10퍼센트만이 (지침서와 조언을 통해 얻을 수 있는) 교회 개척 기술의 문제다. 우리는 이 점을 깨닫고서 교회 개척에 과감히 뛰어들 자신감을 얻었다. 우리가 충분히 해낼 수 있다는 것을 알았다. 물론 당신도 얼마든지 해낼 수 있다.

지상대명령을 이루려면 리더들을 키워야 한다. 그렇지 않은 교회는 열매 맺는 교회라 불릴 수 없다. 앞선 내용에서 이미 내부에서 리더를 키우지 않고 외부에서 영입하는 데 의존하는 교회 개척 조직이 많다는 안타까운 현실을 다뤘다. 리더를 키우면 교회 개척이 정말 쉬워지는 것을.

물론 리더를 키우려면 관심과 노력이 필요하다. 처음에 나(그리어)는 그저 하나님의 손길이 느껴지는 젊은이들을 개인적으로 멘토링함으로써 리더로 키웠다. 지금은 교회 차원에서 리더 훈련과 지원 프로그램이 마련되었다. 우리는 '서밋 네트워크'라고 하는 교회 개척 실습 프로그램을 시작했다. 이는 매년 4-5명의 교회 개척자를 선별해서 8개월 동안 우리 교회에서 비전과 전략을 개발하고 자금을 모으고 팀을 꾸리도록 돕는 프로그램이다.

교회가 기하급수적인 성장을 원한다면 단순한 보냄만으로는 부족하다. 교회들을 세워야 한다. 그냥 교회가 아니라 다른 교회를 세울 수 있는 교회들을 세워야 한다. 하나님은 대형교회 혹은 직접 자신의 교회를 개척한 목사들만이 아니라 모든 교회와 모든 목사에게 교회 개척의 임무를 주셨다. 교회 개척의 본질은 제자를 삼고 리더를 키우는 것이다. 결국, 교회 개척은 모든 교회가 할 수 있는 일이다. 교회가 신성으로 번식하려면 다른 곳에서 리더를 영입하지 말고 스스로 키워 내야 한다. 번식의 진정한 척도는 얼마나 많은 교회를 세우느냐가 아니라 얼마나 많은 리더를 길러내느냐 하는 것이다. 리더를 기르면 교회 개척은 쉬워진다.

교회 개척 전략의 다섯 가지 핵심

마지막으로, 교회 개척 전략을 수립하기 위한 다섯 가지 핵심 요소를 제안하고자 한다. 우리는 이 다섯 가지 요소 하나하나가 조금 약하다 해도 이것들이 서로 연결되기만 하면 더없이 강한 교회 개척 운동이 탄생한다고 믿는다. 이 요소들은 바로 비전, 평가, 모집, 개발, 지원이다.

비전: 분명하고도 매력적인 비전을 던진다

우리 교회는 구체적인 교회 개척 전략을 수립하기도 전에 여러 교회를 개척했다. 그것은 우리가 번식의 비전을 던졌기 때문이다. "하나님, 저희는 보내는 교회가 되기를 원합니다. 방법을 알려 주십시오." 우리가 단순히 그렇게 말했더니 사람들이 알아서 나섰다.

담임목사가 이 비전의 옹호자가 되지 않으면 교인들의 마음을 움직일 수 없다. 교인들은 목사가 설교단에서 얼마나 자주 말하느냐로 뭔가의 가치를 평가한다. 담임목사가 먼저 교회 개척의 비전으로 불타오르지 않고서 교인들이 그러기를 바라는 것은 어불성설이다.

평가: 최고를 보낸다

'평가'라고 하면 시험이나 직무 평가가 떠오를지도 모르겠다. 그러나 여기서 평가는 단순히 하나님이 이 사람에게 교회 개척에 필요한 능력을 주셨는지를 확인하라는 뜻이다. 하나님께 필요한 능력을 받지도 못한 사람에게 교회를 개척하라고 격려하는 것은 그를 돕는 게 아니다. 의사가 되고 싶다고 해서 다 될 수 있는 건 아니다. 재능이 없으면 없다고 솔직하게 말해 주는 것이 당사자에게나 미래의 환자들에게나 바람직하다. 아무리 열정이 강해도 교회 개척은 원한다고 아무나 할 수 있는 일이 아니다.

신약을 보면 하나님은 교회의 외적인 인정을 통해 내적인 부름(뭔가를 하려는 열정)을 확인시켜 주신다. 사실 바나바와 사울의 경우, 누가는 교회를 개척하라는 교회의 외적인 부름만 언급할 뿐, 두 사람의 내면에서 일어난 열정에 대해서는 아무런 언급을 하지 않는다. 분명 교회의 부름이 그들 내면의 열정과 일치했겠지만 누가는 오직 외적인 부름만 부각시킨다(행 13:2 참조).

교회 개척자들을 평가하기 위한 다양한 도구가 존재하지만 가장 좋은 도구는 지역 교회의 활동에 참여시키는 것이다. '이들이 제자를 삼고 있는가? 교회에 충성을 다하는가? 소그룹을 번식시키고 있는가? 교인들을 선대하는가? 동료 사역자들과 잘 지내는가? 한 번 시작한 일을 끝까지 마무리하는가?' 우리는 온라인 평가와, 평가를 위한 수련회 같은 도구를 사용하지만 가장 좋은 평가 방법은 그들이 우리 교회 안에서 리더십을 발휘하는지 살피는 것이다. 우리는 후보자가 좋은 교회 개척자가 될지 묻지 않는다. 묻지 않아도 분명히 드러난다.

평가 과정 전체를 외주하지 말고 직접 하라. 부담스러운 질문을 과감히 던지고, 부담스러운 대화도 피하지 마라. 무능력한 교회 개척자를 리더로 해서 30명을 보내는 것은 시간낭비일 뿐 아니라 그 30명의 삶까지 허비하는 것이다. 당장은 부담스럽더라도 냉정하게 평가하고 가지치기를 해야 큰 손해를 피할 수 있다.

모집: 기다리기만 하지 않고 적극적으로 부른다

비전을 던지고 나서 파송할 사람들이 찾아올 때까지 기도하며 기다리는 것이 자신의 역할이라고 생각하는 교회 리더들이 많다. 하지만 성경을 보면 교회가 적극적으로 일꾼을 부른 사례가 많다. 다시 말하지만, 부름은 '내적으로'(하나님이 나를 부르신다는 강한 느낌) 느껴지기 전에 '외적으로'(다른 사람의 입술을 통해) 찾아오기도 한다. 예를 들어, 다윗 왕은 사무엘이 찾아와 하나님이 그를 왕으로 부르셨다는 말을 할 줄 꿈에도 생각지 못했던 것으로 보인다.

조금 전에도 말했듯이, 사도행전 13장 2절을 보면 성령은 선교 사역을 위해 "바나바와 사울을 따로 세우라"라고 '교회를 향해' 말씀하셨다. 이런 패턴은 사도행전의 처음부터 끝까지 계속된다. 사도행전 15장 22절에서 누가는 예루살렘 교회가 안디옥 선교 여행을 위한 인력을 어떻게 모집했는지 기록하고 있다. "이에 사도와 장로와 온 교회가 그중에서 사람들을 택하여 바울과 바나바와 함께 안디옥으로 보내기를 결정하니 곧 형제 중에 인도자인 바사바라 하는 유다와 실라더라." 디모데후서 4장 11절에서 바울은 "그가 나의 일에 유익하니라"라며 디모데에게 마가를 데려오라고 지시했다. 이는 '우리는 자금을 마련하고 있을 테니 마음의 준비가 되면 말하라'라는 수동적인 리더십과는 전혀 다르다(딤후 2:2 참조). 초대교회는 사람들이 반응할 때까지 기다리지 않고, 기도한 뒤에 적극적으로 다가가 임무를 맡겼다.

우리는 이런 적극적인 모집의 책임을 회복해야 한다. 기다리기만 하지 말고 적극적으로 불러야 한다. 단순히 목회자를 모집할 때만 그렇게 해야 하는 게 아니다. 우리는 교회 개척자들이 예수님처럼 기도한 뒤에 필요한 사람들을 정해 그들에게 따라올 것을 '요구'하도록 했다.

> 이때에 예수께서 기도하시러 산으로 가사 밤이 새도록 하나님께 기도하시고 밝으매 그 제자들을 부르사 그중에서 열둘을 택하여 사도라 칭하셨으니(눅 6:12-13).

어떻게 해야 이런 과정을 권장하면서도 교회에 있는 리더들의 씨가 마르지 않게 할 수 있을까? 교회 개척자들이 몇 번만 리더들을 뽑아 가면 당신 교회의 리더 밭이 황폐해지는 건 아닐까? 그래서 교회 개척자들은 최대한 많은 리더를 직접 키워서 데려가야 한다. 그렇지 않으면 개척자라고 말할 수 없다. 기존의 리더들 중에서만 인재를 뽑아 간다면 그는 아직 교회 개척자가 될 준비가 되지 않은 것이다. 우리는 새로운 리더를 키우지 않고 기존 리더들을 빼가기만 하는 사람에게 교회 개척팀을 맡길 생각이 없다.

하나님은 여러 영역에서 뛰어난 성과를 거두고 있는 훌륭한 리더들을 많이 보내 주셨다. 그러나 막대한 잠재력을 품고 있지만 아직 꽃을 피우지 못한 사람들도 그에 못지않게 많다. 교회 개척은 이런 사람들을 경기장으로 불러낼 수 있는 좋은 기회를 제공한다. 우리는 교회 활동에 적극적으로 참여하지 않던 사람들이 교회 개척팀에서 리더로 변신하는 모습을 매년 목격한다.

물론 우리가 개척하는 교회에 최고의 '기존' 리더들을 적잖이 보내는 건 사실이다. 하지만 대개 그들이 가는 것은 하나님이 (교회 개척자의 영입과 상관없이) 그들의 마음속에 부담감을 주셨거나 원래 해당 교회 개척자를 통해 제자로 훈련을 받았기 때문이다.

개발: 추수한 곡식 중에서 교회 개척자들을 기른다

몇 년 전 우리는 교회 개척자를 개발하는 데 말할 수 없이 도움이 되는 책 한 권을 만났다. 일반 리더십 책이었는데 제목은 《리더십 파이프라인》(*The Leadership Pipeline*, 미래의창 역간)이다.[14] 이 책의 전제는 많은 조직이 새로운 리더를 개발하지 못하는 것이 리더 개발을 분명한 단계와 전환점, 출구로 이루어진 여정으로 보지 않고 시간이 지나면 리더십이 저절로 향상되는 것으로 생각하기 때문이라는 것이다. 리더십 개발을 작은 단계들로 쪼개면 일부 사람들은 한 단계에서 다음 단계로 성장할 수 있다.

리더십 파이프라인은 제자화 파이프라인과 다르다. 제자화 파이프라인은 그리스도를 닮은 모습으로 조금씩 자라가는 것이다. 기본적으로 다음과 같이 생각하면 된다.

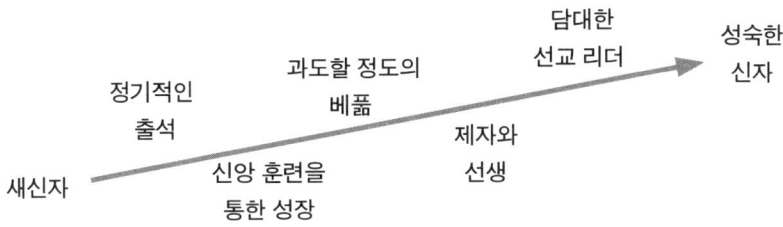

그리스도 안에서 자라면 더 후하고, 더 담대하고, 더 사랑이 많고, 더 친절하고, 더 지식이 많고, 더 그리스도를 닮게 변해 간다. 하지만 완성에 이를 수는 없다. 죽는 날까지 계속해서 올라간다. 새신자든 성숙한 그리스도인이든 맡은 바 책임들은 동일하다. 단지 성숙한 그리스도인이 더 많은 열매를 맺을 뿐이다.

하지만 리더십 파이프라인은 다르다. 각 단계마다 완전히 새로운 기술을 요한다. 리더십 파이프라인은 지그재그 형태로 올라가며, 출구가 있다.

어떤 이들은 리더십의 특정 단계 이상으로 성장할 능력이 없는데 이는 문제가 안 된다. 이것은 영적 성숙과는 상관없고 단지 영적 은사의 문제다. 램차란은 (기독교 사역이 아닌 비즈니스의 관점으로 쓴 책에서) 판매인의 예를 든다. 아

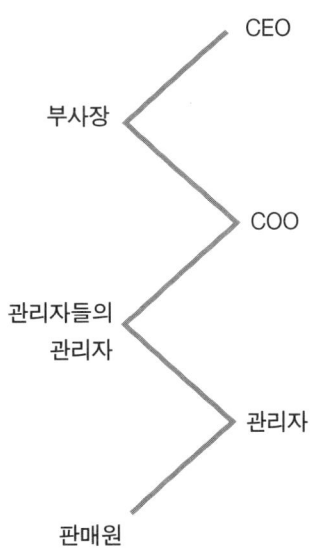

주 뛰어난 판매인이 다른 판매인들을 이끄는 리더로 승진하는 경우가 많다. 하지만 제품을 판매하는 기술과 판매인들을 이끄는 기술은 전혀 다른 종류다. 그래서 매우 뛰어난 판매자가 판매인들의 관리자로서는 형편없는 모습을 보이는 경우가 적잖이 있다. 판매 능력이 항상 관리 능력으로 이어지는 것은 아니다. 따라서 판매자를 자신의 기술과 상관없는 자리에 앉히는 것보다 판매 기술을 더 다듬도록 돕는 편이 더 낫다.

예수님의 제자들 중에는 하나님께 리더의 재능을 받지 않았기 때문에 평생 리더들의 리더가 되지 못하는 사람들도 있다. 그렇지만 상관없이, 계속해서 그리스도를 닮아 갈 수는 있다. 그런 사람들을 어울리지도 않는 자리에 억지로 앉히는 것은 그들을 진정으로 위하는 게 아니다.

서밋교회의 리더십 파이프라인은 다음 그림과 같다. 이 파이프라인을 작성한 덕분에 교인들이 어디서 섬겨야 할지 알도록 도울 수 있게 되었다. 또한 그들이 주어진 단계 내에서 성장할 뿐 아니라 자신에게 다음 단계로 올라갈 재능이 있는지 확인할 수 있도록 적절한 자원과 훈련 경험을 제공할 수 있게 됐다.

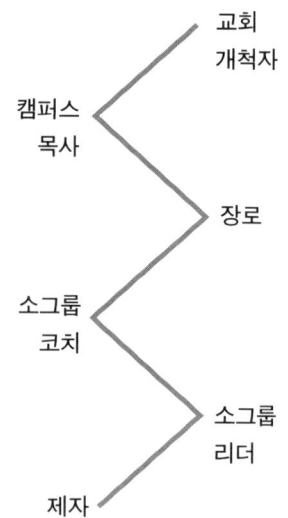

지원: 보내는 일을 계속해서 이어간다

최근에 우리는 몇몇 교회 개척자들과 마주앉아 어떻게 하면 그들을 더 잘 지원할 수 있을지를 논했다. 그때 한 개척자가 이런 말을 했다. "다들 개척한 교회가 너무 자주 실패한다고 불평하지만 개척 교회만 탓할 일이 아닙니다. 사람들은 보내는 교회의 문제점은 잘 생각하지 않아요. 이제 보내는 교회가 보내는 역할을 잘하는 게 무엇인지를 진지하게 고민해야 할 때입니다."

이 말에 우리는 신선한 충격을 받았다. 교회 개척자들에게 무엇이 필요한지 잘 안다고 속단하지 말고 무엇이 필요한지 직접 물어봐야 한다. 그렇게 물은 결과, 자금을 지원하고 가끔씩 방문해 주는 것도 중요하지만 그들이 진정으로 원하는 것은 지속적인 관계 속에서 사랑하고 이끌어 주는 것임을 깨달았다. 그들은 다른 교회와 다른 리더들이 든든하게 뒤를 받쳐 주고 있다는 확신을 원했다.

'무엇이 필요합니까?', '어떻게 도와줄까요?'라고 묻는다고 해서 산타클로스가 되어 주라는 뜻은 아니다. 우리는 요청을 들어 줄 여력이 없어서 혹은 달라는 대로 주는 게 오히려 해가 되리라는 판단에 따라 수많은 요청을 거절했다. 하지만 이런 질문을 던짐으로써 우리끼리 머리를 쥐어짜서는 알 수 없는, 새롭고 창의적인 지원책을 많이 발견할 수 있었다. 또한 그들도 그들대로 '아빠의 지혜에 의지해서 살아가는 의존적인 아이'에서 '이 사명의 주인이 되어, 도와줄 사람들을 스스로 모을 수 있는 존재'로 성장할 수 있었다.

우리의 파송은 개척팀을 보냄으로써 끝나지 않는다. 좋은 부모가 다 그렇듯 우리는 우리 '자녀'가 집을 떠난 뒤에도 계속해서 연락하고 지원하기를 원한다. 바울은 교회를 세운 것으로 자신의 임무가 끝났다고 생각하지 않았다. 그는 자신이 세운 교회를 계속 찾아가고, 연락하고, 물심양면으로 지원하고, 때로는 질책의 편지를, 때로는 눈물의 편지를 보냈다. 바울은 그들이 홀로 설 수 있도록 훈련했지만 그들이 믿음의 경주를 잘 시작할 뿐 아니라 잘 마칠 수 있도록 끝까지 지켜보았다. '항해의 성공을 결정짓는 것은 바다로 나가는 것이 아니라 집으로 무사히 돌아오는 것이다.'

나(그리어)는 보냄의 가장 중요한 작업 중 일부는 교회 개척자가 나간 뒤에 이루어진다고 생각한다. 우리는 목표한 첫 번째 교회를 세우는 날이 아니라 그 교회가 결승선을 넘을 때 비로소 우리의 임무가 끝난다고 믿는다.

국내에 교회를 세우는 일은 대형교회들만 할 수 있는 일이 아니다. 그것은 교단 차원에서만 해야 하는 일도 아니다. 담임목사가 직접 교회 개척자가 되어야 하는 것도 아니다. 모든 그리스도인과 모든 교회는 번식하기 위해 태어났다. 예수님은 모든 제자에게 보냄의 DNA를 불어넣으셨다. 그리고 보냄을 시도하는 모든 자에게 놀라운 약속을 주셨다. 즉 예수님은 음부의 권세도 우리를 막을 수 없다고 약속해 주셨다. 그분을 따르기만 하면 그분이 우리를 사람을 낚는 어부로 만들어 주실 것이다. 교회 개척을 위한 우리의 노력은 이런 약속 위에서 이루어진다.

　　이 부록에서 소개한 모든 원칙이 당신이 사역하는 환경에서도 똑같이 적용되지는 않을 것이다. 하지만 한 가지만은 확실하다. 하나님은 당신이 섬기는 교회 혹은 사역 기관이 번식하기를 원하신다. 하나님의 다른 모든 약속과 마찬가지로 이 약속도 구하기만 하면 당신의 것이다. 배에서 내려 교회 개척이라는 두려운 바다 속으로 한 발을 내딛으라. 그 발을 떠받쳐 주시는 하나님의 은혜에 놀라게 될 것이다.

감사의 말

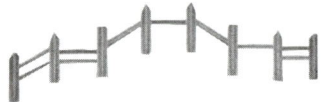

이 책을 완성하는 데 손을 보태 준 많은 사람에게 감사하고 싶다. 생각할수록 하나님이 이 땅에서 내게 주신 가장 귀한 선물은 바로 사람들이 아닌가 싶다. 이 책과 관련해서는 특별히 다음 사람들에게 깊이 감사하고 싶다.

샘 제임스 목사님은 1962년 노스캐롤라이나 주 더럼에 홈스테드하이츠침례교회를 세웠고, 2002년 그 교회는 서밋교회가 되었다. 제임스 목사님은 열국을 위한 교회가 된다는 비전을 이 교회에 불어넣었다. 지금도 여전히 목사님은 우리의 귀한 친구이며, 내가 아는 가장 왕성한 80대다. 그야말로 현대판 갈렙이라고 할 만하다.

마이크 맥대니얼과 커트 앨런, 보니 스럼. 이들은 '보내는 교회'라는 꿈이 현실로 이루어질 때까지 내 곁에서 묵묵히 섬겨 주었다.

서밋교회 교인들. 자신들이 직접 혜택을 누리지 못해도 상관없이 하나님 나라의 성장을 위해 아낌없이 내놓고 이타적으로 섬기는 모습이 정말 아름답다. 대학생 사역을 시작하고, 멀티사이트 교회로 나아가고, 다양성을 추구하고, 교회들을 심기까지 교회 성장의 중요한 길목마다 이들은 개인적인 안위보다 선교 사명을 앞세웠다. 나와 함께 시작했던 300명에게 특히 감사한다. 기드온에게 300용사가 있었듯이, 여러분은 바로 나의 300용사다.

내 아내 베로니카. 아내는 교회 개척의 사명을 위해 우리 가정과 내 시간을 아낌없이 공유한다. 선교 사명을 위해 아내가 견디지 못할 불편이란 세상에 존재하지 않아 보인다. 그저 "귀한 여자"라는 말밖에 떠오르지 않는다.

처음 10년 동안(2005-2015년)의 우리 국내 교회 개척자들. 우리는 함께 교회를 개척하는 법을 알아낸 다음 우리 교회의 그 어떤 교인도 가 본 적이 없는 곳으로 담대히 첫걸음을 내딛었다. 그 첫걸음은 가장 위대한 믿음의 도약이었다. 결과가 어떻게 될지 아무도 장담하지 못하는 상황에서 이들은 기꺼이 자신의 삶을 우리의 손에 맡겼다. 이들은 그야말로 우리의 유산이다.

라이언 파두가 이끄는 존더반(Zondervan)의 뛰어난 팀. 특히, 짐 루아크. 이들은 이 책을 내가 처음 원고를 건넸을 때보다 천 배는 좋게 만들어 주었다. 늘 가장 좋고, 가장 따끈한 정보를 제공하기 위해 보이지 않는 곳에서 부단히 애써 준 내 조사 담당자 크리스 파팔라도에게도 감사한다. 그가 우리 팀에 합류했을 때 농담 삼아 "나를 더 똑똑하게 보이게 해 주세요"라고 부탁했던 기억이 난다. 그래서 내가 더 똑똑하게 보이게 되었는지는 모르겠지만 이 책에서 정말 똑똑해 보이는 건 전부 그에게서 나왔다고 봐도 무방하다.

주

들어가는 글

1. http://www.english.illinois.edu/maps/depression/dustbowl.htm; http://www.pbs.org/wgbh/americanexperience/features/timeline/dustbowl/ (2014년 5월 13일 확인). 나는 보냄과 관련이 있는 이 이야기를 다음 책에서 발견했다. Andy Stanley, *Fields of Gold: A Place Beyond Your Deepest fears, a Prize Beyond Your Wildest Imagination* (Carol Stream, IL: Tyndale House, 2004), 9-13. 앤디 스탠리, 《헌금의 기쁨》(사랑플러스 역간).
2. Dietrich Bonhoeffer, *The Cost of Discipleship*(1959; New York: Touchstone, 1995).
3. Ann Voskamp에게서 이 비유를 빌렸다. http://www.thehighcalling.org/reflection/building-platform-every-platform-altar#. VAtWGWSwKXI

Part 1.

1

1. David Olson, *The American Church in Crisis*(Grand Rapids: Zondervan, 2008), 176-80, Pat Hood, *The Sending Church: The Church Must Leave the Building*(Nashville: B&H Publishers, 2013), 19.
2. Albert Mohler, "Life in Post-Denominational America" (2012년 9월 22일). http://www.albertmohler.com/2009/09/22/life-in-post-denominational-america/ (2014년 1월 15일 확인).
3. Tim Chester and Steve Timmis, *Everyday Church: Gospel Communities on Mission* (Wheaton, IL: Crossway, 2012), 15. 팀 체스터, 스티브 티미스, 《일상 교회》(IVP 역간).
4. "What If a Penny Was Doubled Every Day for a Year?" *Raivyn's Roost*(2007년 2월 2일). http://raivynnsroost.blogspot.com/2007/02/what-if-penny-was-doubled-every-day-for.html (2014년 1

월 15일 확인).

5. Christopher J. H. Wright, *The Mission of God: Unlocking the Bible's Grand Narrative*(Downers Grove, IL: InterVarsity, 2006), 455. 크리스토퍼 라이트, 《하나님 백성의 선교》(IVP 역간).

6. Charles Spurgeon, "A Sermon and a Reminiscence," *Sword and Trowel* 지에서 (1973년 3월). http://www.spurgeon.org/s_and_t/srmn1873.htm (2015년 2월 5일 확인).

7. Timothy Keller, 창세기 12장 1-4절을 본문으로 한 "사명의 대가"(The Cost of Mission)란 설교, (1994년 10월 30일에 전한 설교).

8. "Adoniram Judson, First Missionary from the United States," *Church History for Kids*. http://www.christianity.com/church/church-history/church-history-for-kids/adoniram-judson-firstmissionary-from-the-united-states-11635044.html

9. Rodney Stark, *The Rise of Christianity: How the Obscure, Marginal Jesus Movement Became the Dominant Religious Force in the Western World in a Few Centuries*(San Francisco: Harper Collins, 1996), 7.

10. Pat Hood, *The Sending Church*(Nashville: B&H Publishers, 2012).

11. 라이트의 책 *The Mission of God: Unlocking the Bible's Grand Narrative*(Wheaton, IL: InterVarsity, 2006)의 주제 요약. 크리스토퍼 라이트, 《하나님 백성의 선교》(IVP 역간).

Part 2.

1. 내 소중한 친구이자 캘리포니아 주 비스타 노스코스트교회 목회하는 래리 오스본 목사에게서 이 비유를 얻었다.

1

1. 살짝 변형시켰다. 이 인용문의 출처인 Antoine의 *Citadelle*는 그의 사후 영어로 번역되어 *The Wisdom of the Sands*란 제목으로 출간되었다.

2. Timothy Keller, *Center Church: Doing Balanced, Gospel-Centered Ministry in Your City*(Grand Rapids: Zondervan, 2012), 48.

3. 이에 관해 더 자세히 알고 싶다면 내 책 *Gospel: Recovering the Power that Made Christianity Revolutionary*(Nashville: B&H Publishers, 2011)을 보라. J. D. 그리어, 《복음본색》(새물결플러스 역간).

4. 1달란트는 6천 데나리온 정도였다. 참고로 당시 평균 연봉은 300데나리온 정도였다. Matthew-Luke, Volume 8 of *The Bible Expositor's Commentary*(Grand Rapids: Zondervan, 1984), 516.

2

1. 이에 관해 더 자세히 알고 싶다면 Gene Edward Veith, *God at Work: Your Christian Vocation in All of Life*(Wheaton, IL: Crossway, 2002), 13-14. 진 에드워드 베이스, 《특별한 소명》(멘토 역간).

2. http://www.travelkb.com/Uwe/Forum.aspx/air/2002/American-Airlines-Preaching-Pilot. John Dickson, *The Best Kept Secret of Christian Mission*(Grand Rapids: Zondervan, 2010).

3. Stephen Neill, *A History of Christian Missions*(Harmondsworth, UK: Penguin Books, 1986), 22. 스티븐 닐, 《기독교 선교사》(성광문화사 역간).

4. Patrick Lai, "The Business of Building Bridges," Chapter 5, Mike Barnett and Robin Martin, eds., *Discovering the Mission of God: Supplement*(Downers Grove, IL: InterVarsity Academic, 2012) 중, Kindle을 통해.

5. http://www.aaro.org/about-aaro/6m-americans-abroad. http://www.aboutmissions.org/statistics.html; http://www.christianitytoday.com/gleanings/2013/july/missionaries-countries-sent-received-csgc-gordon-conwell.html?paging=off; http://conversation.lausanne.org/en/resources/detail/13027#article_page_1 (둘 다 2014년 12월 4일 확인).

6. 나는 부분적으로 이 질문을 다루기 위해 *Jesus, Continued…: Why the Spirit Inside You Is Better Than Jesus Beside You*(Grand Rapids: Zondervan, 2014)를 썼다. J. D. 그리어, 《지저스 컨티뉴드》(두란노 역간). Kevin DeYoung, *Just Do Something: A Liberating Approach to Finding God's Will*(Chicago: Moody Publishes, 2009)도 보라. 캐빈 드영, 《왜 우리는 하나님의 인도를 바르게 받아야 하는가》(부흥과개혁사 역간).

7. 팻 후드 목사의 *The Sending Church: The Church Must Leave the Building*(Nashville: B&H Publishers, 2013) 8장에서 이 표현을 빌렸다.

3

1. Lesslie Newbigin, *One Body, One Gospel, One World: The Christian Mission Today* (London: Wm. Carling & Co. Ltd., 1958), 17-27. 뉴비긴 자신은 "선교적"이란 표현을 사용하지 않았다. 대신 교회를 "선교사"로 부르거나 "교회는 곧 선교다"라는 표현을 사용했다. 하지만 어쨌든 선교적 개념들이 그의 저작을 통해 정립되었다.

2. Alan Hirsch and Michael Frost, *The Shaping of Things to Come: Innovation and Mission for the 21st-Century Church*(Peabody, MA: Hendrickson, 2003), 9. 앨런 허쉬, 마이클 프로스트, 《새로운 교회가 온다》(IVP 역간).

3. 구약에서 초점은 '와서 보라'지만 '가서 말하라'의 요소들도 여전히 보인다. 신약에서는 초점이 '가서 말하라'로 이동하지만 여전히 '와서 보라'의 사례들을 발견할 수 있다.

4. Lesslie Newbigin, *The Gospel in a Pluralist Society*(Grand Rapids: Eerdmans, 1989), 120, 133. 레슬리 뉴비긴, 《다원주의 사회에서의 복음》(IVP 역간). Gary Tyra, *The Holy Spirit in Mission: Prophetic Speech and Action in Christian Witness*(Downers Grove, IL: InterVarsity Academic, 2011), 146.

5. "짐승을 비롯해서 포도주, 기름, 소금 같은 제사용 품목을 팔기 위해 노점을 설치한 결과 이방인의 뜰은 동양식 시장과 가축 시장으로 변해 버렸다. 예수님은 아직 완전한 유대인이 되지 못한 이방인을 위해 마련된 장소의 신성함이 무시되는 모습에 경악하셨다." (William Lane, *The Gospel According to Mark*[Grand Rapids: Eerdmans, 1974], 405-6). "성전은 하나님이 온 세상을 위해 이스라엘에 거하심을 상징하도록 만들어졌다. 하지만 예수님의 동시대 사람들이 성전을 사용하는 모습은 하나님이 열국을 환영하는 분이 아니라 배제하는 분으로 보이게 만든다." (Tom Wright, *Mark for Everyone*[Louisville, KY: Westminster John Knox Press, 2004], 152). F. F. Bruce, *The Gospel of John*(Grand Rapids: Eerdmans, 1983), 75.
6. Thomas Hale, *On Being a Missionary*(Pasadena, CA: William Carey Library, 1995), 6.
7. Tim Chester and Steve Timmis, *Everyday Church: Gospel Communities on Mission*(Wheaton, IL: Crossway, 2012), 15. 팀 체스터, 스티브 티미스, 《일상 교회》(IVP 역간).
8. Charles Spurgeon, *Lectures to My Students*(reprint, Grand Rapids: Zondervan, 1954), 343. 찰스 스펄전, 《스펄전의 목사론》(부흥과개혁사 역간).
9. Charles Spurgeon, "How to Become Fishers of Men," Sermon No. 1906). http://www.spurgeon.org/sermons/1906.htm (2014년 12월 5일 확인).

4

1. Jim Collins, *Good to Great: Why Some Companies Make the Leap ... and Others Don't*(New York: Harperbusiness, 2001). 짐 콜린스, 《좋은 기업을 넘어 위대한 기업으로》(김영사 역간).
2. Jack Welch, Piers Morgan Tonight에서 Piers Morgan과의 인터뷰, (2011년 6월 11일). http://transcripts.cnn.com/TRANSCRIPTS/1106/11/pmt.01.html
3. Rowland Forman, Jeff Jones, and Bruce Miller, *The Leadership Baton: An Intentional Strategy for Developing Leaders in Your church*(Grand Rapids: Zondervan, 2004), 24.
4. 이에 관해서 *The Leadership Baton* 외에도 두 책을 추천한다. Andy Stanley, *Visioneering: God's Blueprint for Developing and Maintaining Vision*(Sisters, OR: Multnomah, 1999), 앤디 스탠리, 《비저니어링》(디모데 역간). Bill Hybels, *Courageous Leadership: Field-Tested Strategy for the 360° Leader*(2002; reprint, Grand Rapids: Zondervan, 2012). 빌 하이벨스, 《빌 하이벨스의 리더십》(두란노 역간).
5. Derek Lehmberg 등. "General Electric: An Outlier in CEO Talent Development," *Ivey Business Journal*. http://iveybusinessjournal.com/topics/leadership/general-electric-an-outlier-in-ceo-talent-development#.UwU0UkJdWDo (2014년 2월 10일 확인).
6. Liz Wiseman, *Multipliers: How the Best Leaders Make Everyone Smarter*(New York: Harper Collins, 2010) 37. 리즈 와이즈먼, 《멀티플라이어》(한국경제신문 역간).
7. Kevin Nguyen, "Releasing Your Best for the Mission of God." http://sendnetwork.com/2014/05/12/releasing-your-best-for-the-mission-of-god/ (2014년 5월 13일 확인).
8. 이 인용문은 두 군데서 수집했다. (1) 뉴욕 주 크로톤빌에서 GE의 한 경영자에게 한 말(1987

년 2월 2일). Janet Lowe, *Jack Welch Speaks: Wit and Wisdom from the World's Greatest Business Leader*(Hoboken, NJ: John Wiley & Sons, 2008), 87. (2) 로이터 통신과의 인터뷰, "Jeremy Lin: Lessons from the Linsanity," (http://blogs.reuters.com/jack-and-suzy-welch/2012/02/24/jeremy-lin-lessons-from-the-linsanity).

9. John Calvin, *Commentary on the Epistle of Paul the Apostle to the Corinthians*, trans. John Pringles(Grand Rapids: Baker, 1981), 20:442-43.

5

1. 이 훌륭한 비유는 마크 데버가 서밋교회 교역자들에게 전한 강연에서 들은 것이다.
2. 말을 좀 바꾸긴 했지만 그녀의 심정이 그대로 담겨 있다. 그녀는 *Durham Herald-Sun*에서 처음 인터뷰했다. 그녀가 한 말을 더 보고 싶다면 "Church Efforts Earn Family Status at Elementary School," *Biblical Recorder*, vol. 175, no. 19 (September 12, 2009), 7쪽을 보라.
3. 팀 켈러가 사도행전 3장 2-8, 13-22절을 본문으로 해서 전한 "첫 번째 기적"(The First Miracle)이란 설교 (2013년 1월 6일).
4. N. T. Wright, *Simply Christian*(San Francisco: HarperSanFrancisco, 2006). 톰 라이트, 《톰 라이트와 함께하는 기독교 여행》(IVP 역간).
5. Francis Schaeffer, *The Mark of the Christian*(Downers Grove, IL: InterVarsity, 1970), 29.
6. 사도행전 16장에서 비롯한 이 통찰력들은 팀 켈러에게서 처음 들은 것이다. 최소한 그의 말에서 영감을 얻은 것인데, 어디까지가 내 생각이고 어디까지가 그의 생각인지 헷갈릴 때가 많다.
7. From Eberhard Arnold, *The Early Christians: In Their Own Words*(Farmington, PA: Plough Pub, 1997), 14.
8. 같은 책, 16.

6

1. Robert Coleman, *The Master Plan of Evangelism*(Westwood, NJ: Revell, 1964), 104. 로버트 콜먼, 《주님의 전도 계획》(생명의말씀사 역간).
2. J. D. Payne, "Eleven Implications for the North American Church," Mike Barnett and Robin Martin 편집, *Discovering the Mission of God: Supplement*(Downers Grove, IL: InterVarsity Academic, 2012), Loc. 2631.
3. 같은 책.
4. Dawson Trotman, *Born to Reproduce*(Back to the Bible Publishers 팸플릿, 1957, 현재 공유 저작물).
5. Coleman, *The Master Plan of Evangelism*, 43, 39.
6. 같은 책, 107.

7. 이 모두는 로버트 콜먼의 말이지만 *The Master Plan of Evangelism*의 여러 곳에서 발췌한 것이다.
8. Trotman, *Born to Reproduce*.
9. 이 변명들과 답들을 *Jesus, Continued…: Why the Spirit Inside You Is Better Than Jesus Beside You*(Grand Rapids: Zondervan, 2014), 56-60쪽에서 처음 소개한 바 있다. J. D. 그리어, 《지저스 컨티뉴드》(두란노 역간).

7

1. David Platt, "The Multiplying Community," in *Radical*(Colorado Springs: Multnomah, 2010), chap. 5. 데이비드 플랫, 《래디컬》(두란노 역간).
2. D. A. Carson, "Ongoing Imperative for World Mission," *The Great Commission: Evangelicals and the History of World Missions* 중, Martin I. Klauber and Scott M. Manetsch 편집(Nashville: B&H Publishers, 2008), 179.
3. Christopher J. H. Wright, *The Mission of God: Unlocking the Bible's Grand Narrative*(Wheaton, IL: InterVarsity, 2006).
4. 존 파이퍼가 뉴욕 주 더럼의 Durham Performing Arts Center에서 열린 Advance National Conference에서 "열국이 기뻐하게 하라"(Let the Nations Be Glad)란 제목으로 전한 설교(2009년 3월).
5. David Garrison, *Church Planting Movements*(Midlothian, VA: WIGTake Resources, 2004), 243.
6. Elisabeth Elliot, *Shadow of the Almighty: The Life and Testament of Jim Elliot*, (New York: Harper & Brothers, 1958), 132. 엘리자베스 엘리엇, 《전능자의 그늘》(복있는사람 역간).
7. Reggie Joiner and Carrie Neuwhof, *Parenting Beyond Your Capacity*(Colorado Springs: David Cook, 2010), 180-82.

8

1. Curtiss Paul DeYoung 외, *United by Faith: The Multiracial Congregation as an Answer to the Problem of Race*(Oxford: Oxford University Press, 2003), 2.
2. 어떤 이들은 이 개념을 "transcultural"이란 표현을 사용한다. 예를 들어 http://www.desiringgod.org/blog/posts/tapestry-a-vision-for-trans-cultural-church를 보라.
3. 이 표현은 나의 좋은 친구 반스 피트먼에게서 얻었다. 그는 내가 아는 가장 다문화적인 교회 중 한 곳인 네바다 주 라스베이거스에 있는 호프침례교회를 목회하고 있다.
4. Jonathan Rauch, "Seeing Around Corners," *The Atlantic* (2002년 4월 1일). http://www.theatlantic.com/magazine/archive/2002/04/seeing-around-corners/3024711
5. Tony Evans, *Oneness Embraced-Through the Eyes of Tony Evans: A Fresh Look at Reconciliation, the Kingdom, and Justice*(Chicago: Moody Publishers, 2011), 22-23.

6. 같은 책, 46.

7. http://www.washingtonpost.com/blogs/the-fix/wp/2014/12/11/sony-executive-on-obama-should-i-ask-him-if-he-liked-django/

8. Rodney Stark, *The Rise of Christianity: How the Obscure, Marginal Jesus Movement Became the Dominant Religious Force in the Western World in a Few Centuries* (San Francisco: HarperCollins, 1996), 161.

9

1. Part 2의 1장 4번 후주를 보라.

2. John Piper, *Risk Is Right: Better to Lose Your Life Than to Waste It* (Wheaton, IL: Crossway, 2013), 34-35.

3. Elisabeth Elliot, *Shadow of the Almighty* (New York: Harper & Row, 1958), 108. 엘리자베스 엘리엇, 《전능자의 그늘》(복있는사람 역간).

4. Piper, *Risk Is Right*, 29.

5. 같은 책, 30.

6. 이 시점에서 예수님의 초점은 그분의 백성인 유대인에게 있었다. 그래서 그분은 이방인들에게 아직 자신을 드러내지 않으셨다. 유대인들은 자녀였고 이방인들은 아직 주인의 식탁에 참여하지 못하는 "개들"이었다. 마 15:21-28 참조.

7. C. S. Lewis, *Mere Christianity* (New York: HarperCollins, 1952), 86. C. S. 루이스, 《순전한 기독교》(홍성사 역간).

10

1. Chip Heath and Dan Heath, *Made to Stick* (New York: Random House, 2007). 칩 히스와 댄 히스, 《스틱》(엘도라도 역간).

2. 이에 관해 더 알고 싶다면 내 책 *Gospel: Recovering the Power That Made Christianity Revolutionary* (Nashville: B&H Publishers, 2011)을 보라. J. D. 그리어, 《복음본색》(새물결플러스 역간).

3. Andrew Murray, *The Ministry of Intercession* (New Kensington, PA: Whitaker House, 1982), 189.

4. John Wesley, *How to Pray: The Best of John Wesley* (Uhrichsville, OH: Barbour Publishing, 2008), 25. 존 웨슬리, 《시대를 바꾼 존 웨슬리의 기도》(NCD 역간).

5. Bill Hybels, *Axiom: Powerful Leadership Proverbs* (Grand Rapids: Zondervan, 2008), 55. 빌 하이벨스, 《엑시엄》(IVP 역간).

6. Sun Tzu, *The Art of War* (Lindenhurst, NY: Tribeca Books, 2010). 손자, 《손자병법》.

부록 1

1. 이에 관해 더 읽고 싶다면 존 파이퍼의 역작 *Let the Nations Be Glad*(Grand Rapids: Baker Books, 1993)를 읽으라. 파이퍼는 모든 세대에서 하나님의 가장 강력한 역사가 미전도 지역에서 나타나는 이유를 설명해 준다. 존 파이퍼,《열방을 향해 가라》(좋은씨앗 역간).
2. http://joshuaproject.net/assets/media/assets/articles/amazing-countdown-facts.pdf. 윈터는 1980년에 쓴 글에서 천 개의 교회 당 하나의 미전도 종족이 있다고 말했다. 하나님의 은혜 덕분에 그 뒤로 많은 진전이 있었다! http://www.whatchristianswanttoknow.com/why-are-there-so-many-churches-why-are-there-so-many-denominations/, http://hirr.hartsem.edu/research/fastfacts/fast_facts.html#numcong도 보라.
3. 부모들에게 이를 가르칠 방법들을 알고 싶다면 우리 소그룹 교재 *Ready to Launch: Jesus-Centered Parenting in a Child-Centered World*(J. D. and Veronica Greear) (Nashville: Lifeway, 2014)를 보라.
4. "영역들"이란 개념은 Omar Reyes of Glocal.net에서 발견했다. http://www.glocal.net/2014/06/05/blog-domains-key-transformation/
5. 이에 관한 또 다른 '훌륭한' 자료를 추천한다. Wayne Grudem and Barry Asmus, *The Poverty of Nations: A Sustainable Solution*(Wheaton, IL: Crossway, 2013).
6. Steve Corbett and Brian Fikkert, *Helping Without Hurting in Short-Term Missions: Leader's Guide*(Chicago: Moody Publishers, 2014), 25. 스티브 코벳, 브라이언 피커트, 《헬프》(국제제자훈련원 역간).
7. http://www.bridgesinternational.com/
8. Ben Wolfgang, "Armed with U.S. education, many leaders take on world," *Washington Times*(August 19, 2012). http://www.washingtontimes.com/news/2012/aug/19/armed-with-us-education-many-leaders-take-on-world/?page=all (2014년 12월 4일 확인).
9. Tim Keller, *Center Church: Doing Balanced, Gospel-Centered Ministry in Your City*(Grand Rapids: Zondervan, 2012), 337-43.

부록 2

1. 이 인용문은 피터 드러커가 한 말이라고 하는데, 그의 출간물 어디에서도 발견되지는 않는다.
2. Tim Keller, *Center Church: Doing Balanced, Gospel-Centered Ministry in Your City*(Grand Rapids: Zondervan, 2012), 355.
3. Tim Keller, "Why Plant Churches?" 발표되지 않은 글. http://download.redeemer.com/pdf/learn/resources/Why-Plant_Churches-Keller.pdf (2014년 12월 5일 확인).
4. David T. Olson, *The American Church in Crisis*(Grand Rapids: Zondervan, 2008), 119-20.
5. 같은 책, 43.
6. Keller, *Center Church*, 359.

7. Larry Kreider, *House Church Networks: A Church for a New Generation*(Lititz, PA: House to House Publications, 2001), 19.

8. Keller, *Center Church*, 360ff.

9. Ed Stetzer and Warren Bird, *Viral Churches: Helping Church Planters Become Movement Makers*(San Francisco: Jossey-Bass, 2010), 31. 스테처는 수천 개의 미국 교회를 조사한 FACT2008이라는 전국적인 리서치 프로젝트를 언급한다. 조사 결과 중 하나는 리더십 개발과 (교회 개척을 포함한) 전도에 헌신한 교회들이 가장 건강하고, 가장 많이 성장했다는 것이다.

10. Keller, *Center Church*, 360.

11. 같은 책, 362.

12. 같은 책, 365.

13. 맨해튼 리디머장로교회(Redeemer Presbyterian Church)의 자료가 특히 유용하다. 남침례회연맹 북미 선교국의 자료와 액츠 29(Act 29)나 론치(Lannch) 같은 네트워크의 자료도 도움이 된다.

14. Ram Charan, *The Leadership Pipeline*(San Francisco : Jossey-Bass, 2011). 램 차란, 《리더십 파이프라인》(미래의창 역간).